KB141340

직서기언

이상규는

경북대학교와 동대학원을 졸업하고 한국정신문화연구원 방언조사연구원, 울산대 교수를 거쳐 현재 경북대학교 교수이다. 제7대 국립국어원장, 도쿄대학교 객원연구교수, 칭다오대학교 고문교수, 중국사회과학원, 홋카이도대학교와 브링검영대학교(BYU) 초청 방문연구교수를 역임하였다.

국회 입법고시 출제위원, 교육부 인문학육성위원, 통일부 겨레말큰사전편찬위원 및 동 이사와 경상북도 문화재위원을 역임하였으며, 문화체육관광부에 국립국어원 원장으로서 2007년 한글세계화 교육기관인 세종학당의 설립 기초를 마련하였다. 한국어문학회 회장, 국어학회 평의원, 한국방언학회 부회장 등 학회 활동과 더불어 『경북방언사전』(2002년 학술원우수도서), 『한국어방언학』, 『언어지도의 미래』 (2006년 문화체육관광부 우수도서), 『훈민정음통사』(2014년 한국연구재단 우수도서), 『증보훈민정음발달사』, 『한글고문서연구』(2012년 학술원우수도서), 『사라진 여진어와 문자』(2014년 문화체육관광부 우수도서), 『한글공동체』(2015년 세종도서 학술부분 우수도서), 『명곡 최석정의 『경세훈민정음』』(2017년 한국연구재단 우수저서 선정) 등의 저서와 국어학 관련 다수의 논문을 발표하였다. 일석학술장려상(1986), 대통령 표창(2004), 외솔학술상(2011), 봉운학술상(2012), 한글발전유공자상(2014)을 수상한 바가 있다.

직서기언(直書其言)

© 이상규, 2018

1판 1쇄 인쇄__2018년 01월 10일
1판 1쇄 발행__2018년 01월 20일

지은이__이상규
펴낸이__양정섭

펴낸곳__도서출판 경진
　　　　등록__제2010-000004호
　　　　블로그__http://kyungjinmunhwa.tistory.com
　　　　이메일__mykorea01@naver.com

공급처__(주)글로벌콘텐츠출판그룹
　　　　대표__홍정표　편집디자인__김미미 노경민
　　　　주소__서울특별시 강동구 풍성로 87-6 글로벌콘텐츠
　　　　전화__02) 488-3280　팩스__02) 488-3281
　　　　홈페이지__http://www.gcbook.co.kr

값 15,000원
ISBN 978-89-5996-561-8 93700

직서기언

이상규 지음

머리말

세종 25(1443)년 12월에 세종이 창제한 우리나라의 글자 '훈민정음'의 제정 원리를 요약한 한문본 『훈민정음 예의』와 이것을 훈민정음으로 언해한 『훈민정음 언해』, 그리고 세종과 집현전 학사와 함께 예의를 확대 해설한 『훈민정음 해례』에 대한 연구서들은 지금까지 비교적 많이 있다. 그러나 자세히 들여다보면 저술자의 학문적 입장에 따라 조금씩 차이를 드러내기도 한다. 본서는 그런 면에서 지금까지 논의된 여러 가지 학문적 입장을 총합하여 쓴 전문가용이라기보다는 일반 대중용으로 쓴 책이다. 그리고 이 책의 내용은 이미 홍기문 선생이 짓고 필자가 해설한 『증보 훈민정음』이라는 책의 내용 가운데 일부분 발췌한 뒤 수정 보완하여 완성된 것임을 밝혀 둔다.

우리 민족의 글자인 '훈민정음'과 관련된 주요한 기록물인 『훈민정음 예의』, 『훈민정음 언해』, 『훈민정음 해례』에 대해서는 우리 모두가 상식적인 수준에서라도 이에 대한 이해가 절실하게 필요하다. 인류 역사상 인위적으로 만든 문자 가운데 '한글'이 가장 우수하다는 자부심만 가질 것이 아니라 구체적으로 어떤 내용들로 이루어져 있는지, 어떻게 과학적인 문자인지 좀 더 깊이 있게 이해할 필요가 있다.

훈민정음에 대한 해설을 담고 있는 기록물인 『훈민정음 해례』(간송미술관 소장본)는 유네스코 인류기록문화유산으로 등재되었다. 그리고 2007년 제43차 세계지식재산권기구(WIPO)에서는 한국어를 특허 협력조약(PCT) 공식 공개언어로 지정하였다. 그뿐만 아니라 전세계 많은 학자들이 한글을 매우 우수한 자질문자로 평가하고 있다. 한글 문자와 한국어 모두 세계적으로 공인을 받았다. 이로서 한글이 세계적인 주요 문자로 인정을 받게 되었다. 이처럼 '한글'은 우리들이 선조들로부터 물려받은 매우 자랑할 만한 민족유산이라고 할 수 있다.

우리 문화의 핵심을 이루는 문자 곧 한글에 대한 올바른 이해를 위해서 누구나 한 번쯤 읽어 둘 필요가 있는 교양서라고 할 수 있다. 내용이 다소 어려운 부분도 없지 않지만 전문가가 아니라면 어려운 내용을 뛰어넘어서 읽어도 좋을 것이다.

백성의 소통을 위해 고뇌한 세종의 애민사상의 결과물이기도 한 이 훈민정음은 무엇보다 한문으로 글을 쓸 수 없었던 다수의 백성들에게 직서기언(直書其言, 언문일치)의 기회를 만들어 준 것이다. 이 배우기 쉬운 훈민정음을 통해 백성들의 지식과 교양을 높이고자 했던 세종의 숭고한 뜻이 유학자들의 중화모화의 힘에 억눌려 오랜 기간 동안 제대로 사용되지 못하였다. 조선 중기 이후 조선 말기에 이르러 서서히 한글의 우수한 위력을 깨닫게 되면서 사용자가 늘어나자 고종이 언문일치에 따른 한글 병용화를 시행하였다. 그 후 1970년 박정희 정부가 한글전용화를 선언하였고 동아일보와 한겨레를 비롯한 많은 언론사가 한글

전용을 이끌어 주었다. 2005년에 노무현 정부에서 '국어기본법'을 제정함으로써 한글이 비로소 나랏글로서 제자리를 차지하게 되었다. 돌이켜 보면 우리나라는 한글 소통의 위대한 힘으로 가장 단기간에 민주화라는 기적을 그리고 세계적으로 지식정보화 IT산업의 발전을 이끄는 주요 국가가 될 수 있었던 것이다.

그러나 현재 우리들이 사용하고 있는 말과 글 속에 넘쳐나는 외래어와 외국어음차표기어, 한자 어휘의 남용으로 우리의 언어 환경은 매우 혼란스러운 지경에 처해 있다. 우리말과 글에 대한 사랑을 실천하는 일은 나라와 한글공동체를 사랑하고 아끼는 첫걸음이다.

그러한 노력의 일부로 훈민정음의 제정과 운용의 원리가 담겨 있는 '훈민정음' 관련 옛 책들과 자료를 오늘날의 말로 풀이하여 문고본으로 보급하고자 이 책을 출판하게 되었다. 어려운 출판 환경에서도 도서출판 경진의 나라말 사랑 정신이 훈훈하게 배어 있는 이번 문고본 기획시리즈 첫 번째로 필자의 글을 싣게 해주어서 매우 기쁘다.

2018년 1월
여수제如水齊에서
이상규

목차

제2편 『훈민정음 해례(解例)』

제3편 언해본

제1편 『훈민정음 예의』

『훈민정음 예의(訓民正音 例義)』[1]

[어제 서문]

國之語音。異乎中國。與文字不相流通。[2] 故愚民[3] 有所欲言而終 不得伸其情者多矣。[4] 予爲此憫然。新制二十八字。[5] 欲使人人易 習。便於日用矣。[6]

---

1) 언해본에는 "세종어제훈민정음"으로 되어 있으나 문화재청 복원본에는 '훈민정음'으로 되어 있다. '훈민정음'은 두 가지 의미로 사용되었다. 곧 '훈민정음'을 해설한 책이름으로 또 새로 창제한 글자 이름으로 사용된 것이다. "訓民正音은 百姓 マ른치논 正흔 소리라"(『훈민정음 해례』 언해본)라고 하였기 때문에 글자 이름으로 보기는 어려우나 "이제 정음을 지을 때 정음 28자를 각각 상형으로 만들었다[今正音之作 正音二十八字各象形而制之]"(『훈민정음 해례』 해례본)라고 하여 새로 만든 글자 이름으로도 사용되었다.

2) 國之語音。異乎中國。與文字不相流通。: 이 대목은 여러 가지 의미로 해석이 가능하다. 먼저 '國之語音'은 조선의 입말과 글말에서 입말만 있고 글만이 없음을 말한다. 당시 조선에서는 글말을 한자를 빌려 쓴 이두나 구결뿐이었다. '異乎中國'은 '異乎中國(之語音)'의 의미로 해석한다면 역시 중국의 입말과 글말을 뜻한다. 곧 조선과 중국의 입말도 다르고 글말은 중국의 한자밖에 없으니 조선의

우리나라의 말(語音, 입말)이 중국(입말)과 달라 문자(한자)로

글말을 한자로 적기에 부적당함을 말한다. 따라서 '與文字不相流通'은 중국 한
자로는 조선의 입말을 적어서 소통할 수 없으며, 중국의 입말과 조선의 입말이
서로 소통되지 않음을 뜻한다. "國之語音 異乎中國"에 대한 해석을 "(한자의)
국어음이 중국과 달라서 문자가 서로 통하지 않는다"(정광, 2006: 34)라고 하여
'국어음(國語音)'을 한자의 동음(東音)으로 규정하여 "세종은 중국과 우리 한자
음의 규범음을 정하기 휘하여 발음기호로서 훈민정음을 고안하였다"(정광,
2006: 34), "훈민정음은 실제로 한자음의 정리나 중국어 표준발음의 표기를
위하여 제정되었다가 고유어 표기에도 성공한 것이다. 전자를 위해서는 훈민정
음, 또는 정음으로 불리었고 후자를 위해서는 언문이란 이름을 얻게 된 것이다"
(정광, 2006: 36)라는 논의는 한글 창제의 기본 정신을 심하게 왜곡시킨 견해라
고 할 수 있다. 세종 25년 세종이 창제한 문자는 정음이 아닌 '언문 28자'였으나
그 후 해례를 제작하는 과정에서 한자의 표준발음 표기 문자로 확대되면서
'정음'이라는 용어로 정착된 것으로 보아야 한다. 그 근거는 세종 26년 2월
16일『운회』를 언문으로 번역하라는 지시나 동년 2월 20일 최만리의 상소문에
도 '정음'이라는 용어는 나타나지 않고 '언문'이라는 용어만 사용되고 있다. 또
한 세종 28년 11월에 궁중 내에 '언문청'이 설치되었다가 문종 원년 1450년에
정음청으로 바꾼 사실을 고려하면 세종이 창제한 당시 언문 28자는 우리말
표기를 위한 문자였음이 분명하다. 그러나 그 이후 한자음 교정 통일을 위해
활용되면서 정음이라는 용어로 전환된 것이다. 따라서 "國之語音 異乎中國"에
대한 해석은 "국어음(우리말)이 중국과 달라서 문자가 서로 통하지 않는다."로
해석해야 할 것이다.

3) 우민(愚民): 어리석은 백성. 곧 한문을 이해하지 못하는 백성.『국조보감』5권에
『삼강행실』을 반포한 〈하교문〉에서도 "어리석은 백성들이 쉽게 이해하지 못할
까 염려되어 도형을 그려서 붙이고[尙慮愚夫愚婦未易通曉。附以圖形]"라고 하
고『세종실록』갑자 2월조에는 "만일『삼강행실』을 언문으로 옮겨 민간에 반포
하면 우부우부가 모두 깨치기 쉽다[矛若以諺文譯三綱行實。頒諸民間。愚夫愚婦
皆得易曉。]"라고 하였다. 따라서 우부란 한문을 모르는 그 당시의 문맹을 우부
우부(愚夫愚婦)했으며 이것을 줄여서 곧 우민의 뜻으로 우부라 하였다.

4) 有所欲言而終不得伸其情者。多矣。: 조선에서는 글말이 없기 때문에 한문을
이해하지 못하는 계층의 사람은 말하고자 하는 바를 한문으로는 나타낼 수
없는 사람이 많다는 뜻을 말한다.

5) 新制二十八字。: '字'는 곧 글자 음소 문자로서 자모 28자를 말한다. 한자를
'文字'라고 한 반면에 한글 자모는 '字'로 표현하였고 어휘나 문장은 '諺字' 혹은
'諺文', '諺語'로 표현하였다.

6) 。便於日用耳: 훈민정음 해례본이 발견된 이후 떨어져 나간 1~2엽에서 '耳'를
보사하는 과정에서 '便於日用矣'로 잘못 쓴 결과였다.

는 서로 통하지 않으므로 어리석은 백성이 말하고자 하는 바(문자로 표현하고자 함)가 있어도 마침내 제 뜻을 능히 펴지 못하는 사람이 많으니, 내가 이를 불쌍히 여겨 새로 스물여덟 글자를 만들었으니, 사람들마다 쉽게 익혀서 날마다 사용함에 편안하도록 하고자 할 따름이다.

[초성의 글꼴과 음가]

ㄱ。牙音。如君字初發聲[7]

　並書。如虯字初發聲[8]

ㅋ。牙音。如快字初發聲[9]

ㆁ。牙音。如業字初發聲[10]

ㄷ。舌音。如斗字初發聲

　並書。如覃字初發聲

ㅌ。舌音。如呑字初發聲

ㄴ。舌音。如那字初發聲

ㅂ。脣音。如彆字初發聲[11]

　並書。如步字初發聲

ㅍ。脣音。如漂字初發聲

ㅁ。脣音。如彌字初發聲

ㅈ。齒音。如卽字初發聲

　並書。如慈字初發聲

ㅊ。齒音。如侵字初發聲

ㅅ。齒音。如戌字初發聲

並書。如邪字初發聲

ㆆ。喉音。如挹字初發聲

ㅎ。喉音。如虛字初發聲

並書。如洪字初發聲

ㅇ。喉音。如欲字初發聲

ㄹ。半舌音。如閭字初發聲

ㅿ。半齒音。如穰字初發聲[12]

---

7) 안병희, 「『훈민정음』 해례본의 복원」, 『훈민정음연구』, 서울대학교출판부, 2007, 21쪽.

(御製)訓民正音

國之語音。異乎中國。與文字

不相流通。故愚民有所欲言。

而終不得伸其精者多矣。予

爲。此憫然新制二十八字。欲

使人人易。習。便於日用耳

ㄱ。牙音。如君字初發聲。並書。

如叫字初發聲

ㄱ。牙音。如君字初發聲。: 'ㄱ'자는 아음 곧 연구개음으로 중국 운서의 오음(아, 설, 순, 치, 후)에 따라 배치한 다음 중국 운서의 성모 글자를 우리말에 맞도록 바꾼 '君'자의 첫소리 곧 [k, g]와 같다는 말이다. 『동국정운』의 한자음으로는 '군(君, 평성)'이다.

8) 並書。如虯字初發聲。: 아음 'ㄱ' 자를 나란히 쓰면(並書) 'ㄲ'자가 되고 이 글자의 음은 '虯'의 첫소리 곧 [kʼ, g]가 된다는 말이다. 중국 운도의 종도는 '전청(무성음)', '차청(유기음)', '불청불탁(유성음)', '전탁(경음)'으로 배열되는데 이는 여기서는 '전청-전탁-차청-불청불탁'의 순서로 되어 있다. 한자음 표기를 위한 글자였기 때문에 한글 28자에서 6자(ㄲ, ㄸ, ㅃ, ㅉ, ㅆ, ㆅ)는 제외되었다. 『동국정운』의 한자음으로는 '뀰(평성)'이다. 『동국정운』의 한자음에서 효(效)섭과 유(流)섭 한자는 음성운미 'ㅂ'를 부기하였다.

9) ㅋ。牙音。如快字初發聲。: 'ㅋ'자는 아음의 차청 글자로 연구개음으로 중국 운서의 오음(아, 설, 순, 치, 후)에 따라 배치한 다음 중국 운서의 성모 글자를 우리말에 맞도록 바꾼 '快'자의 첫소리 곧 [kh, gh]와 같다는 말이다. 『동국정운』의 한자음으로는 '쾡(거성)'이다. 『동국정운』에서는 역시 종성에서 지섭, 우섭, 과섭, 가섭, 해섭에 속하는 한자음에는 종성에 'ㅇ'자를 표기하였다.

ㄱ[k, g]는 아음이나 君(군－평성)13)자 첫소리와 같으며 나란히 쓰면(ㄲ[kk]) 虯(끃－평성)자 첫소리와 같다.

---

10) ㆁ。牙音。如業字初發聲。: 'ㆁ'자는 아음의 불청불탁의 연구개음으로 중국 운서의 아음에 따라 배치한 다음 중국 운서의 성모 글자를 우리말에 맞도록 바꾼 '業'자의 첫소리 곧 [ng]와 같다는 말이다. 『동국정운』의 한자음으로는 '업(입성)'이다. 중국 한자음에서도 초성에서 [ng]는 오방언을 제외하고는 소멸되었는데 이를 반영한 이상적 표기의 하나이다.

11) ㅂ。脣音。如彆字初發聲。: 'ㅂ'자는 순음으로 전탁의 연구개음으로 중국 운서의 순음에 배치한 다음 중국 운서의 성모 글자를 우리말에 맞도록 바꾼 '彆'자의 첫소리 곧 [p, b]와 같다는 말이다. 『동국정운』의 한자음으로는 '볋(입성)'이다. 훈민정음 해례본에서는 '볃'으로 표기하였고 훈민정음 언해본에서는 『동국정운』의 한자음 표기와 동일한 '볋'로 표기되었다. 훈민정음 창제 이후 해례본과 『동국정운』의 운서를 제작하는 과정에서 종성 입성자의 표기 방식이 변개가 있었음을 확인할 수 있다. 한자음 표기에서 입성자의 처리 방식이 『월인천강지곡』에서는 음성 운미의 한자음은 곧 '－ㅇ'(步뽀, 慈쯔), '－j'(快 ·쾌), '－w'(後:ᅘᅮᇢ) 처럼 표기하여 훈민정음 언해본의 표기와 차이를 보여준다. 다만 입성자 '－p, －t, －k' 가운데 '－t'는 훈민정음 해례본에서는 'ㄷ'으로 『동국정운』에서는 '－ㄹㆆ'로 표기하다가 『육조법보단경언해』에서부터 'ㄹ'로 바뀌었다.

12) 초성 17자에 대한 음가는 『동국정음』음으로 나타내면 아래의 도표와 같다.

	전청	전탁	차청	불청불탁
아음	ㄱ:君－군(평성)	ㄲ:虯－끃(평성)	ㅋ:快－쾡(거성)	ㆁ:業－업(입성)
설음	ㄷ:斗－듷(상성)	ㄸ:覃－땀(평성)	ㅌ:呑－튼(평성)	ㄴ:那－낭(평성)
순음	ㅂ:彆－볋(입성)	ㅃ:步－뽕(거성)	ㅍ:漂－푱(평성)	ㅁ:彌－밍(평성)
치음	ㅈ:卽－즉(입성)	ㅉ:慈－쭝(평성)	ㅊ:侵－침(평성)	
	ㅅ:戌－숧(입성)	ㅆ:邪－썅(평성)		
후음	ㆆ:挹－흡(입성)	ㆅ:洪－홍(평성)	ㅎ:虛－헝(평성)	ㅇ:欲－욕(입성)
반설음				ㄹ:閭－령(평성)
반치음				ㅿ:穰－샹(평성)

세종 25(1443)년에 창제한 언문 28자의 청탁에 따른 배열이 중국 운서와 달랐고 또 언문 28자를 해설한 해례본에서도 역시 오음 음계가 중국의 운서와 다른 점이 있었다. 예의에서의 'ㄱ－ㄲ－ㅋ－ㆁ'과 같은 초성의 배열은 "전청－전탁－차정－불청불탁"의 순서인데 중국 각종 운서에서의 "전청－차정－전탁－불청불탁" 배열과는 달랐다. 이것은 채원정의 『경세성음도』에서 청탁 배열순서가 '전청－전탁－차청－불청불탁'의 순서를 답습한 결과로 보인다.

13) 창제 당시의 표음은 정확하게 알 수가 없다. 여기서는 그 후의 『동국정운』식 음으로 나타낸다. 이하 동일하다.

ㅋ[kh]는 아음이니 快(쾡−거성)자 첫소리와 같다.

ㆁ[ng]는 아음이니 業(업−입성)자 첫소리와 같다.

ㄷ[t, d]는 설음이니 斗(듐−상성) 첫소리와 같으며
나란히 쓰면(ㄸ[tt]) 覃(땀−평성)자 첫소리와 같다.

ㅌ[th]는 설음이니 呑(튼−평성) 첫소리와 같다.

ㄴ[n]는 설음이니 那(낭−평성) 첫소리와 같다.

ㅂ[p, b]는 순음이니 彆(볋−입성) 첫소리와 같으며
나란히 쓰면(ㅃ[pp]) 步(뽕−거성)자 첫소리와 같다.

ㅍ[ph]는 순음이니 漂(푬−평성) 첫소리와 같다.

ㅁ[m]는 순음이니 彌(밍−평성) 첫소리와 같다.

ㅈ[c]는 치음이니 卽(즉−입성) 첫소리와 같으며
나란히 쓰면(ㅉ[cc]) 慈(쫑−평성)자 첫소리와 같다.

ㅊ[ch]는 치음이니 侵(침−평성) 첫소리와 같다.

ㅅ[s]는 치음이니 戌(슗−입성) 첫소리와 같으며
나란히 쓰면(ㅆ[ss]) 邪(썅−평성)자 첫소리와 같다.

ㆆ[?]는 후음이니 挹(흡−입성) 첫소리와 같다.

ㅎ[h]는 후음이니 虛(헝−평성) 첫소리와 같으며
나란히 쓰면(ㆅ[hh]) 洪(홍−평성)자 첫소리와 같다.

ㅇ[?]는 후음이니 欲(욕−입성) 첫소리와 같다.

ㄹ[r]는 반설음이니 閭(령−평성) 첫소리와 같다.

ㅿ[z]는 반치음이니 穰(샹−평성) 첫소리와 같다.

[중성의 글꼴과 음가]

· 。如吞字中聲14)

一。如卽字中聲

ㅣ。如侵字中聲

ㅗ。如洪字中聲

ㅏ。如覃字中聲

ㅜ。如君字中聲

ㅓ。如業字中聲

ㅛ。如欲字中聲15)

ㅑ。如穰字中聲

ㅠ。如戌字中聲

ㅕ。如彆字中聲16)

· [ㅇ]는 吞(ᄐ-평성)자 가운뎃소리와 같다.

---

14) ·。如吞字中聲: 중성 '·'자는 '吞'자의 가운데 소리 곧 [ㅇ]와 같다는 말이다.

15) ㅛ。如欲字中聲: 중성 'ㅛ'자는 '欲'자의 가운데 소리 곧 [yo]와 같다는 말이다.

16) 중성 11자에 대한 음가는 초성에서 사용한 성모 글자의 중성을 활용하여 그 음가를 표시하였다. 초성의 음가를 밝히기 위해 사용한 성모 글자는 "君, 虯, 快, 業, 斗, 覃, 吞, 彆, 步, 漂, 彌, 卽, 慈, 侵, 戌, 那, 挹, 虛, 洪, 欲, 閭, 穰" 23자이다. 그 가운데 종성이 있는 글자는 "君, 業, 覃, 吞, 彆, 卽, 侵, 戌, 挹, 洪, 欲, 穰" 12자이고 종성이 없는 글자는 "虯, 快, 斗, 那, 步, 漂, 彌, 慈, 那, 虛, 閭" 11자이다. 종성이 있는 글자 12자 가운데 '挹'를 제외하고는 각각 초성과 종성에 각각 두 번씩 사용되었는데 중성에 사용된 글자는 모두 "吞, 卽, 侵, 洪, 覃, 君, 業, 欲, 穰, 戌, 彆" 11자이다.

글꼴	상형자			초출자				재출자			
	·	一	ㅣ	ㅗ	ㅏ	ㅜ	ㅓ	ㅛ	ㅑ	ㅠ	ㅕ
음가	吞	卽	侵	洪	覃	君	業	欲	穰	戌	彆
	ᄐ	즉	침	뽕	땀	군	업	욕	샹	슝	볃

ㅡ[ɯ]는 卽(즉-입성)자 가운뎃소리와 같다.

ㅣ[i]는 侵(침-평성)자 가운뎃소리와 같다.

ㅗ[o]는 洪(홍-평성)자 가운뎃소리와 같다.

ㅏ[a]는 覃(땀-평성)자 가운뎃소리와 같다.

ㅜ[u]는 君(군-평성)자 가운뎃소리와 같다.

ㅓ[ə]는 業(업-입성)자 가운뎃소리와 같다.

ㅛ[jo]는 欲(욕-입성)자 가운뎃소리와 같다.

ㅑ[ja]는 穰(샹-평성)자 가운뎃소리와 같다.

ㅠ[ju]는 戌(슗-입성)자 가운뎃소리와 같다.

ㅕ[jə]는 彆(볋-입성)자 가운뎃소리와 같다.

[종성]

終聲復˚用初聲˚.17)

---

17) 終聲復˚用初聲˚.: "종성은 초성을 쓴 글자를 다시 쓸 수 있다"는 훈민정음 창제 당시의 매우 간략한 종성 규정이다. 오늘날과 같이 기본형을 밝혀 적는 형태음소론적인 규정이다. 곧 모든 초성을 종성에서 쓸 수 있다고 규정했으나 이어쓰기 방식 때문에 철자법이 매우 혼란스러울 염려가 없지 않았던 탓인지 『용비어천가』와 『월인천강지곡』에서만 '옆이 갗처럼 시험 운용을 한 뒤 훈민정음 해례본에서는 "然ㄱㆁㄷㄴㅂㅁㅅㄹ八字可足用也。"라고 하여 종성에 여덟 글자(ㄱ, ㆁ, ㄷ, ㄴ, ㅂ, ㅁ, ㅅ, ㄹ)만 쓸 수 있도록 규정을 변개하였다. 다만 '빗곶(梨花)', '옆의갖(狐皮)'에서처럼 종성의 마찰음(ㅅ, ㅿ)이나 파찰음(ㅈ, ㅊ)을 'ㅅ'으로 통용할 수 있는 예외 규정으로 "ㅅ字可以通用˚故只用ㅅ字。"(훈민정음 해례본)을 두었다. 종성에서 '잇느니>인느니'와 같은 자음동화의 예외적인 사례를 근거로 하여 /ㄷ/:/ㅅ/이 변별적이었다는 논거로 삼을 수 없다. 당시 종성 'ㅅ'의 표기가 'ㄷ'으로 혼기되는 예가 많기 때문에 8종성 표기법의 규정에 적용된 사례라고 할 수 있다. 이 규정은 연서 규정과 이어져 있기 때문에 '종성 제자 규정'과 '종성 표기규정'이라는 두 가지의 중의적 의미로 해석할 수 있다. 일종의 '세종의 코드'(정우영, 2014: 32)라고 지칭하고 있다. 매우 적절한 표현이라고 생각한다.

종성에는 초성 글자를 다시 쓴다.

[연서]

> ○連書 脣音之下。則爲脣輕音。[18]

○을 순음 아래에 이어 쓰면 순경음이 된다.

[병서]

> 初聲合用則並書。[19]終聲同。

초성을 합해 쓸 때에는 나란히 써야 하고 종성도 마찬가지다.

---

18) 連書。: '○'를 순중음(ㅂ, ㅍ, ㅃ, ㅁ) 아래에 이어 쓰면 순경음(ㅸ, ㆄ, ㅹ, ㅱ)이 된다는 규정이다. 중국 한음에서는 순중음과 순경음이 변별적이지만 조선에서는 고유어에서만 'ㅸ'이 사용되었고 『동국정운』과 『홍무정운』 한자음에서 음성 운미 표기로 'ㅱ'이 사용되었을 뿐이다.

　훈민정음 합자해에 반설경음 'ㆆ'을 만들 수 있다는 규정이 있었지만 실제로 사용되지는 않았다. 훈민정음 해례에서 "반설은 경중 두 가지 음이 있으나 운서의 자모에서도 오로지 하나만 있고 우리말에서는 경중이 구분하자 않아도 다 소리가 이루어진다. 다만 만약의 쓰임을 위해 '○'을 'ㄹ' 아래에 쓰면 반설경음이 되며 혀를 입천장에 살짝 닿는 소리[半舌有輕重二音。然韻書字母唯一。且國語雖不分輕重。皆得成音。若欲備用。則依脣輕例。○連書ㄹ下。爲半舌輕音。舌乍附上腭。]"로 규정하고 있다.

19) 병서(竝書): 병서는 왼쪽에서 오른쪽으로 어울러 쓰는 것을 말하는데 동일한 초성자를 어울러 쓰는 것을 각자병서(ㄲ, ㄸ, ㅃ, ㅆ, ㅉ, ㆅ), ㅅ, ㅂ, ㅄ 글자를 초성에 어울러 쓰는 것을 합용병서(ㅅ, ㅼ, ㅳ, ㅴ)라고 한다.

[부서]

> ·ㅡㅗㅜㅛㅠ。附書[20]初聲之下。
>
> ㅣㅏㅓㅑㅕ。附書於右。

· ㅡ ㅗ ㅜ ㅛ ㅠ는 초성 아래에 붙여 쓰고

ㅣ ㅏ ㅓ ㅑ ㅕ는 초성 오른쪽에 붙여 쓴다.

[성음]

> 凡字必合而成音。[21]

---

[20] 부서(附書): 부서는 위쪽에서 아래쪽 혹은 왼쪽에서 오른쪽으로 초성자와 중성자를 합하여 쓰는 것을 말한다. '·'와 'ㅣ'가 어울러 'ㅓ'가 되거나 '·'와 'ㅡ'가 어울러 'ㅗ'가 되는 것을 부서라고 할 수 있다. 그러나 여기서는 음절의 초성과 중성 그리고 종성이 합자되는 것까지를 포괄해서 부서로 규정하고 있다.
　훈민정음 해례본에서는 이 부서 규정을 합자 규정과 구분하고 있다. 곧 "초, 중, 종 3성은 합한 연후에 소리가 이루어지니 초성은 혹 중성 위에나 왼편에 어울러 쓴다[初中終三聲。合而成字。初聲或在中聲之上。或在中聲之左。]"는 규정으로 변개가 이루어졌다.

[21] 성음(成音): "무릇 모든 글자는 합한 연후에 소리가 이루어진다"는 음절 구성에 대한 규정이다. 여기서 '字'는 음소를 나타내는 개념이다. 이 음소를 나타내는 글자는 초성과 중성 그리고 종성이 합해야 곧 음절이 구성된다는 의미이다. 한글은 이처럼 음소문자이면서 음절문자의 성격을 띤 것이다. 음절 구성에서 초성, 중성, 종성을 다 갖추어야 하는 원칙으로 해석하여 『훈민정음 언해』와 『동국정운』 등의 표기법으로 사용되었다. 다만 『훈민정음 해례』에서는 적용되지 않았는데, 그 이유는 더욱 정밀한 연구가 필요하다. 곧 『훈민정음 해례』 종성해에서 "且ㅇ聲淡而虛, 不必用於終, 而中聲可得成音也"라 하여 중성으로 끝나는 글자이더라도 'ㅇ'을 갖추지 않아도 한 음절로 고정된다고 설명하고 있다. '凡字必合而成音' 규정은 『훈민정음 해례』, 『훈민정음 언해』, 『동국정운』, 『훈민정운 역훈』, 『사성통해』에 이르기까지 종성이 없는 음절의 글자 표기 규정이 조금씩 번개되었다. 이 규정 역시 단순한 성음 규정인지 아니면 음절제약 규정인지 더 논의를 해야 될 것이다.

무릇 글자는 반드시 합해야 소리를 이룬다.[22]

[사성]

> 左加一點則去聲。二則˚上聲。無則平聲。入聲加點同而促急[23]

(글자의) 왼쪽에 한 점을 더하면 거성이요, 두 점을 더하면 상
성이요, 점이 없으면 평성이다. 입성은 점 더하기는 (그와) 같으
나 촉급하다.

---

22) 이 규정은 소리를 이루는 원칙을 의미하기도 하지만 철자에서도 초성, 중성,
종성을 모두 갖추는 것을 원칙으로 삼는다는 의미도 있다. 곧 음절 구성에 대한
규정이다. 〈중성해〉에서는 '合初終而成音'으로, 〈종성해〉에서는 '承初中而成
字韻'으로, 〈합자해〉에서는 '初中終三聲, 合而成字'로 설명하고 있다. 『사성통
고』「서」에서는 '凡字音必有終聲'이라고 설명하면서 "무릇 자음에서는 반드시
종성이 있어야 하니 평성의 '지(支), 제(齊), 어(魚), 모(模), 개(皆), 회(灰)' 등의
운자도 마땅히 후음 'ㅇ'으로 보충하지 아니 하더라도 제대로 음을 이루기 때문
에 상, 거의 모든 운도 마찬가지다[凡字音必有終聲, 如平聲支齊魚模皆灰等韻之
字, 當以喉音ㅇ爲終聲, 而今不爾者, 以其非如牙舌脣終之爲明白, 且雖不以ㅇ補
之, 而自成音爾, 上去諸韻同]"라고 설명하고 있다. 이 규정이 『동국정운』이나
『홍무정운역훈』 등에서 약간의 변개를 불러오게 된다.

23) 사성: 左加一點則去聲。二則˚上聲。無則平聲。入聲加點同而促急: 이 문장은 "左
加一點則去聲。左加一點則˚上聲。左加無點則平聲。左加點則入聲。左加點同而促
急"이라는 문장으로 재구성할 수 있다.

제2편 『훈민정음 해례(解例)』

※『訓民正音 解例』: 세종 28(1446)년에 간행된 이 책은 오랜 시간 자취를 감추었다가 1940년 안동에서 발견되었다. 현재 간송미술관에서 소장하고 있다. 이『훈민정음』해례본은 1940년, 경북 안동군 와룡면 주하동 이한걸(李漢杰) 씨의 셋째 아들 용준(容準) 씨의 소개로 김태준 선생을 통해 학계에 알려지게 되었다. 발견될 당시에 원본의 표지와 앞의 2장이 떨어져 나간 상태였기 때문에『세종실록』본의 본문을 참고하여 보사를 하는 과정에서 실수하여 '便於日用耳'를 '便於日用矣'로 잘못을 범하였을 뿐만 아니라 구두점과 권점의 오류도 있다. 보사한 상태로 현재 간송미술관에 소장되어 있으며, 이 책은 1962년 12월 20일 국보 제70호로 지정되었고, 1997년 10월 9일 유네스코 세계기록문화유산으로도 등재되었다. 그러나 이『훈민정음』해례본의 원 소장처에 대한 논란이 없지 않다. 잔본 상주본『훈민정음』해례본도 알려졌으나 그 원본이 현재 어디에 있는지 알 수 없다.

제1장 제자해(制字解)[1]

[제자의 성리학적 배경]

天地之道。[2]一陰陽[3]五行[4]而已。[5]坤復之間爲太極[6]。而動靜之後爲陰陽。[7]凡有生類[8]在天地之間者。捨陰陽而何之。故人之聲音。[9]皆有陰陽之理。[10]顧人不察耳。[11]

천지의 도道(순환하는 우주의 원리)는 오로지 음양陰陽과 오행五

---

1) 제자해(制字解): 훈민정음의 제자 원리, 음가와 글자를 만든 원리를 성운학과 성리학적 관점에서 해설한 부분이다. 당시 동아시아의 통합적 우주관이 담긴 곧 송대의 성리학의 자연철학적 순환 이론을 기반으로 훈민정음 창제의 기본 원리로 활용하고 있다.

2) 천지지도(天地之道): 하늘과 땅의 도리. 하늘과 땅의 도리는 오직 하나 곧 태극 의도이며 이는 우주의 섭리를 말한다. 곧 하늘과 땅의 도가 태극인데 태극은 음과 양의 조화에 의해 상생 발전한다. 『태극도』에 의하면 오행은 "양이 변해 음에 합한다[陽變陰合]"에서 생긴 것으로 "오행이 하나의 음양이다[五行一陰陽]"인 것이다.

무극	태극	하늘(天)	음(陰)		곤(坤)	동(動)	청(淸)	율(律)
		시람(人)		오행(五行)				
		땅(地)	양(陽)		복(復)	정(靜)	탁(濁)	려(呂)

무극은 우주의 생성 이전이라면 하늘과 땅으로 그리고 음과 양으로 역학의 곤복으로 나뉜 시초를 태극이라 하며 태극의 상태에서 동정이 이루어지면서 우주의 만물이 생성 소멸하는 순환이 진행된다는 순환적 자연철학이 훈민정음 제자의 기본 철학이다. 『역경계사』 상 제2장에 "육효의 변동이 천, 지, 인 삼재의 도리다[六爻之動 三極之道也]"라고 설명하였다. 천지는 하늘과 땅만이 아니고 우주 자연을 뜻하기도 한다.

정인지의 '훈민정음 서문'에서도 "天地自然之聲(천지 자연의 소리)"이라고 한 바 있다.

3) 음양(陰陽): 태극의 상태에서 하늘과 당으로 나뉘면 동시에 음양과 오행이 갖추어진다.

주염계(周濂溪)의 『태극도설』에서는 태극(太極)이 '동(動, 움직임)'해서 '양(陽)'을 만들고 '동(動)'이 극에 달하면 '정(靜, 멈춤)'이 되고, '정(靜)'에서 '음(陰)'을 만들고 '정(靜)'이 극에 달하면 다시 '동(動)'한다는 순환이론에 기본이다. 『태극도설』에는 "양이 변해 음에 합쳐 수, 화, 목, 금, 토가 생성되며 오기가 두루 퍼져 사시로 나가니 오행이 하나의 음양이다[陽變陰合。而生水火木金土。五氣順布。四時行焉。五行一陰陽也。]"라고 하였다. 곧 한 번 동하고 한 번 정하는 것이 서로 뿌리가 되어 음으로 갈리고 양으로 갈리어 양의가 맞서게 된다고 하고, 이것이 우주만물의 대립되는 원리가 되는데, 다시 '양이 변하여 음에 합한다[陽變陰合]'어 오행이 생긴다고 했고, 우주만물은 오행인 물(水), 불(火), 나무(木), 쇠(金), 흙(土)이 결부되어 있다.

『역경계사』 상 제4장에서 '易與一天地凖陰 故一能陽彌綸天地之道'라 했고 제5장에서 '一陰一陽之謂道'라고 한 것을 여기서는 '天地之道 一陰陽五行而已'라고 한 것임.

4) 오행(五行): 만물을 생성하는 5가지 원소, 곧 물(水), 불(火), 나무(木), 쇠(金), 흙(土). 『서경』〈홍법〉에도 "오행의 하나가 물(水)이오, 둘은 불(火)이오, 셋은 나무(木)이오, 넷은 쇠(金)요, 다섯은 흙(土)이다[五行一日水。二日火。三日水。四日金。五日土。]"라고 하였다.

5) 天地之道。一陰陽五行 而已。: 이 대목은 『황극경세서』 서에서도 "천지는 오로지 음양의 동정과 순환하는 것일 뿐[天地陰陽動靜循環而己]"의 내용과 같다.

6) 坤復之間: '坤'이나 '復'이나 역의 패명인데, '坤復之間'이란 역의 패도 '상곤패(上坤卦)'에서 '부패(復卦)'에 이르는 사이이며(순서는 복패에서 시작해서 곤패로 끝남), 곤(坤)이나 복(復)이나 모두 역의 패명(卦名)인 바 '곤과 복 사이[坤復之間]'란 역의 패도상 곤패에서 복패에 이르는 사이를 이름이다. 어떤 사람의 질문에 대한 주회암의 말로(『역학계몽』 집주) "어떤 사람이 묻기를 무극 앞을

어떻게 설명하면 좋겠습니까라고 하니 주자가 말하기를 소옹은 괘도상에서 순환의 의미를 가지고 설명했다. 후에 구(姤)괘로부터 곤(坤)괘까지는 음이 양을 포함하나 복(復)괘로부터 건(乾)괘까지는 양이 음을 나누기 때문에 곤(坤)괘부터 복(復)괘까지의 사이는 무극이다. 곤(坤)괘로부터 구(姤)괘까지 되돌아오기 까지가 무극이 모두 앞이다[或問 無極如何說前。朱子曰邵子就圖上。說循環之意。自姤至坤是陰含陽。自復至乾是陽分陰。坤復之間乃無極。自坤反姤是無極之前。]"라고 하였으니 괘도상 곤괘로부터 구(姤)괘까지 거꾸로 올라가는 그 사이가 '무극 앞[無極前]'임에 대하여 복 괘까지 이르는 그 사이가 무극이다.

7) 동정지후위음양(動靜之後爲陰陽): 동(움직임)과 정(멈춤) 이후에 음양이 되니. 이 말은 『태극도설』에서 "무극이면서 태극이다. 태극이 동해서 양을 생하고, 동이 극에 달하면 정해지니, 정하여서 음을 생하고, 정이 극에 달하면 다시 동해진다. 한 번 동하고 한 번 정하는 것이 서로 뿌리가 되어, 음으로 갈리고 양으로 갈리니 양의가 맞서게 된다[無極而太極 太極動而生陽 動極而靜 靜而生陰靜極復動 一陽一陰 互爲其根 分陰分陽 兩儀立焉]"라고 한 말을 요약한 것이다. 태극을 『황극경세서』 서에서는 성수론과 관련하여 "1은 태극이다. 곧 일동과 일정 사이이다[一者太極也. 所謂一動一靜之間者也]"라고 하고 있다.

8) 유생류(有生類): 생명을 가진 것. 곧 하늘과 땅 사이에 모든 살아 있는 것을 말한다.

9) 성음(聲音): 세상 만물에는 모두 소리가 있음을 말한다. 『황극경세서』〈찬도지요〉 하에서는 "하나의 물(物)이 있으면 하나의 성(聲)이 있다. 성(聲)이 있으면 음(音)이 있고 율(律)이 있으며 려(呂)가 있다[有一物別有一聲, 有聲則有音, 有律則有呂, 故窮聲音律呂以 萬物之數]"라고 하여 '성/율-음/려'의 대응관계로 파악하고 있다.

10) 개유음양지리(皆有陰陽之理): 모두 음양의 이치가 있다. 여기서 하늘과 땅(우주) 사이 모든 것이 음양의 이치와 결부되어 있다고 설명하고 있으나 『태극도설』에서 "태극에는 일동과 일정의 양의로 나누어져 있으며 음양이 곧 한 번 변하고 합치는데 오행을 갖추지만 그러나 오행이라는 것은 바탕이 땅에서 갖추어지고 기는 하늘에서 행해지는 것이다[有太極則一動一靜而兩儀分 有陰陽則一變一合而五行具 然五行者 質具於地而氣行於天者也]"라고 하였고, 『성리대전』 권27에서도 "주자가 말하기를 음양은 기(氣)이며, 오행은 바탕인데 이 바탕(質)이 있음으로써 물건과 일이 이루어져 나오는 것이다[朱子曰 陰陽是氣 五行是質 有這質所以做得物事出來]"라고 한 것처럼 우주 만물을 음양과 오행으로 순환에 이루어지고 소멸하는 것으로 파악하고 있다.

　　언어의 생성 원리를 음양설로 설명. 이는 역학 원리에 근원하고 있는 성리학의 이론을 그대로 받아들인 것으로, 우주와 인간사의 모든 생성 원리가 음양설로 구명된다면 언어 문자의 원리도 동일 범주 안에 포괄되는 것이다(서병국, 1964). 주엄계(周濂溪)의 『태극도설』에서는 태극이 동(動)해서 양(陽)을 생(生)하고 동이 극에 달하면 정(靜)이 되고, 정(靜)해서 음(陰)을 생(生)하고 정이

行뿐이니 곤坤과 복復12)괘의 사이가 태극太極13)이 되고, 동動(움직
이거나)과 정靜(멈춤)의 뒤가 음양이 된다. 무릇 천지간에 있는
생류生類(살아 있는 생명)로써 음양을 버리고 어디로 갈 수 있겠는
가? 그러므로 사람의 말소리(聲音)에도 다 음양의 이치가 있는
것인데, 다만 사람이 살피지 못할 뿐이다. 14)

극에 달하면 다시 동한다 하였다. 한 번 동하고 한 번 정하는 것이 서로 뿌리가
되어 음으로 갈리고 양으로 갈리어 양의(兩儀)가 맞서게 된다고 하고, 이것이
우주만물이 대립되는 원리가 되는데, 다시 양변음합(陽變陰合)해서 오행(五行)
이 생긴다고 했고, 우주만물은 오행인 물(水), 불(火), 나무(木), 쇠(金), 흙(土)와
결부되어 있다고 보았다(강신항, 2006).

11) 『훈민정음』 해례본의 글씨체는 세종 30(1448)년 효령대군과 안평대군이 소헌왕
후의 추천을 빌며 『묘법연화경』(보물 제766호)을 간행했는데, 권말에 안평대군
이 쓴 발문이 있는 『묘법화경』과 글씨체가 완전 일치하고 있어 안평대군의
글씨임을 알 수 있다. 안병희, 『훈민정음연구』, 서울대학교출판부, 2007, 40~42
쪽. 대왕의 어제를 신하가 대필하는 경우 대개 해서체로 썼는데, 현재 해례본의
본문(서문, 예의)의 2장은 그 뒷부분의 집현전 학사들이 지은 해례가 해행서체
인 것과 서로 대조가 된다. 최근 남권희 교수가 발굴한 『당송팔대가시선』(1444)
서문 〈몽유도원도〉에 실린 안평대군의 글씨체와 대비해 보더라도 흡사하게
같다.

12) 곤복지간(坤復之間): 곤(坤)과 복(復)의 사이는 곧 태극이라는 말이다. 『주역』의
괘명(卦名). 곤괘는 64개 중 2번째 괘이고 복괘는 24번째 괘이다. 그 사이를
무극 혹은 태극이라고 한다. 우주 곧 태극의 양극단을 말한다.

13) 우주의 본체는 하늘과 땅[天地]가 아직 열리지 않고 음양(陰陽)의 두 기(氣)가
나누어져 있지 않을 때 단 하나의 존재로 고 보고 『태극도설』에서는 '태극 →
음양 → 오행 → 만물'이 되어 자연철학의 순환적 체계의 구조로 설명하고 있다.

14) 병와 이형상의 『자학』 〈성운의 역사〉에는 "우리나라 세종대왕이 지은 훈민정음
은 바로 언문을 말한다. 소옹(1011~1077)의 〈경세성음〉 곧 〈황극경세서 창화
도〉 또한 훈민정음과 서로 표리가 되는 것이다我世宗大王御製, 訓民正音, 郎所
謂諺文, 邵氏 經世聲音, 亦如 訓民相表裏.]"라고 하여 훈민정음 제자해의 기본
이론이 소옹에 유래됨을 말하고 있다.

[제자의 성리학적 배경]

今正音[15]之作。初非智營而力索。[16]但因其聲音而極其理而已。理既不二。[17]則何得不與天地鬼神[18]同其用[19]也。

---

15) 정음(正音): 훈민정음을 줄여서 쓴 말. 해례에서는 "正音二十八字, 各象其形而制之"(제자해), "正音初聲, 卽韻書之字母也"(초성해), "殿下創制正音二十八字"(정인지 서) 등에서처럼 '正音'이라고 한 경우가 많다. 여기서는 정음(正音)과 정성(正聲)의 개념으로도 해석할 수 있다.

16) 지영이력색(智營而力索): 지혜로서 이루고 힘씀으로써 찾은 것이 아니다. 『황극경세서』 〈찬도지요〉 상에서 "태극이 갈라져서 음과 양이 되고 음과 양 속에 또 음양이 있어 자연이 나오게 되는 것이며 지혜로서 알게 되고 힘으로 찾아지는 것을 기다려야 하는 것이다[太極判而爲陰陽, 陰陽之中又有陰陽出於, 自然不待智營而力索也]"라는 표현과 같다.

17) 이기불이(理既不二): 이치는 둘이 아니다. 천지간의 모든 이치는 이 제자해의 첫머리에서 "천지의 도(道, 순환하는 우주의 원리)는 한 음양오행뿐이니[天地之道, 一陰陽五行而已]"라고 말한 것처럼 둘이 아니라 '음양오행' 하나의 원리뿐이라는 뜻이다.

18) '鬼'와 '神'의 자형이 '鬼'는 머리에 점이 없으며 '神'은 점획이 하나 더 추가되어 있다. 『훈민정음 해례』은 일종의 상주문이기 때문에 사서의 기록과 달리 편방점획(偏旁點畫)이 나타난다. 이형상의 『자학』에서 "자획이 많고 적음은 모두 『설문해자』를 기준으로 삼았는데 편방점획에 착오가 있는 것은 (…중략…) 당시에 법으로 매우 엄격하여 이를 범한 사람은 반드시 벌을 받았는데 그 후로는 점점 법의 적용이 느슨하게 되어 편방점획은 단지 임금에게 올리는 상주장(上奏章)에서만 쓰게 되었고"라는 기술과 같이 『훈민정음 해례』는 어서로서 매우 엄격한 편방점획의 제약과 함께 서체나 문장 양식의 제약이 많았던 것이다. 해례본의 한자 자체를 정밀하게 분석해 보면 편방점획이나 옛 속자가 『실록본』과 상당한 차이가 난다. 예를 들면 '類'자에서 '犬'의 점을 가감하거나 '鬼'에서도 마찬가지로 한 점 삭제하였다. 곧 불길한 의미를 지닌 한자의 경우 이처럼 감획을 하거나 '申', '秋'의 경우 점을 가획하고 있다. '爲'의 경우에도 동일한 문장이나 연이어지는 문장에서 반복하여 사용하는 경우 '爲'와 '爲'를 번갈아 다른 서체로 바꾸어 씀으로써 도형의 단조로움을 피하고자 하였다. 그리고 '殿下'나 '명(命)' 글자 다음은 행간을 낮추거나 혹은 공격으로 하였으며, 신하의 이름을 나타내는 '臣申叔舟'처럼 '臣'자나 이름 '叔舟'는 적은 글씨로 기록하고 있다. 이처럼 고도의 켈리그라프로서 기획된 글쓰기의 결과물이었음을 알 수 있다.
　여기서 귀신은 천지간에 음양 변화의 굴신왕래(屈伸往來)를 표명하는 것을 뜻한다.

이제 정음을 만든 것도 애초부터 지혜로써 이루고 힘써서 억지로 찾은 것이 아니라, 단지 그 말소리에 따라서 그 이치를 철저하게 밝혔을 뿐이다. 이치는 이미 둘이 아니니 어찌 능히 천지 귀신과 더불어 그 씀(用, 쓰임)이 같지 않을 수 있겠는가?

[제자의 일반 원리]

正音二十八字。各象其形而制之。[20]

정음 28자는 다 각각 그 형상을 본떠서 만든 것이니라.

---

19) 용(用): 송학에서는 모든 사물의 근본이나 바탕이 되는 것을 '체(體, 근본 바탕)', 그 작용이나 응용, 활용을 '용(用, 쓰임)'이라고 하는데, 해례에도 이 개념을 도입하여 '체(體)'와 '용(用)'이라는 용어를 사용하고 있다. 체(體)를 '본체(體)─하늘(天)─해(日), 달(月), 별(星) 별(辰)─물(水), 불(火), 흙(土), 쇠(金)'의 관계로 용(用)은 '쓰임(用)─땅(地)─추위(寒), 더위(暑), 낮(晝), 밤(夜)─비(雨), 바람(風), 이슬(露), 우레(雷)'의 관계로 파악하고 있다.

20) 각상기형이제지(各象其形而制之): 다 그 형상을 모상하여 만든 것이다. 훈민정음의 글자 제작 원리를 분명히 밝힌 구절이다. 곧 '상형(象形)'을 훈민정음의 제자 원리로 삼고, 자음자는 조음기관 또는 자음을 조음할 때의 조음기관의 모양을 본떠서 만들고, 제자 순서는 먼저 아, 설, 순, 치, 후음별로 기본 글자 ㄱㄴㅁㅅㅇ를 제자한 다음 이를 바탕으로 해서 '인성가획(因聲加畫)'의 원리에 따라 발음이 센(厲)음의 순서대로 획을 더하여 다른 자음 글꼴을 만들었다. 모음 역시 하늘(天), 땅(地), 사람(人)의 삼재를 상형한 · ─ ㅣ를 기본으로 하고 합성의 원리에 따라 글꼴을 만들었다.

음성 분류	기본자	상형 내용	가획자	이체자
어금니(牙)	ㄱ	象舌根閉喉之形	ㅋ	ㆁ
혀(舌)	ㄴ	象舌附上齶之形	ㄷ ㅌ	ㄹ
입술(脣)	ㅁ	象口形	ㅂ ㅍ	
이(齒)	ㅅ	象齒形	ㅈ ㅊ	ㅿ
목구멍(喉)	ㅇ	象喉形	ㆆ ㅎ	
		不厲 → 厲		

[초성 제자 원리]

初聲凡十七字。[21]牙音ㄱ。象舌根閉喉之形。舌音ㄴ。象舌附上腭
之形。脣音ㅁ。象口形。齒音ㅅ。象齒形。喉音ㅇ。象喉形。ㅋ比ㄱ。聲
出稍厲。故加畫。ㄴ而ㄷ。ㄷ而ㅌ。ㅁ而ㅂ。ㅂ而ㅍ。ㅅ而ㅈ。ㅈ而ㅊ。
ㅇ而ㆆ。ㆆ而ㅎ。其因聲加畫之義[22]皆同。而唯ㆁ爲異。[23]半舌音ㄹ
。半齒音ㅿ。亦象舌齒之形而異其體。[24]無加畫之義焉。

초성은 모두 17자이다. 아음牙音(어금닛소리) ㄱ는 혀뿌리(舌根)
가 목구멍을 막는 형상을 본뜬 것이요. 설음舌音(혓소리) ㄴ는 혀
끝이 윗잇몸에 닿는 모양을 본뜬 것이다. 순음脣音(입술소리) ㅁ는
입 모양을 본뜬 것이다. 치음齒音(잇소리) ㅅ는 이의 모양을 본뜬
것이요. 후음喉音(목구멍소리) ㅇ는 목구멍의 모양을 본뜬 것이다.
ㅋ는 ㄱ에 비하여 소리가 조금 거센(稍厲) 까닭에 획을 더하였
다. ㄴ에서 ㄷ, ㄷ에서 ㅌ, ㅁ에서 ㅂ, ㅂ에서 ㅍ, ㅅ에서 ㅈ, ㅈ에서

---

21) 초성범십칠자(初聲凡十七字): 전탁자(ㄲ, ㄸ, ㅃ, ㅆ, ㅉ, ㆅ) 6자를 제외한 17자
를 초성 글자로 채택한 것은 한글 표기 중심으로 한글이 제작되었음을 의미한
다. 한자음 표기 등 외래어 표기를 위해서는 합자 방식으로 운용한다는 기본원
리이다. 한글 창제를 한자음 표기를 위해 만들었다는 논거의 타당성이 없음을
알 수 있다.

22) 가획지의(加劃之義): 가획의 의미는 한자어에서도 '尸 → 戶, 心 → 必, 刀 → 刃'
과 같은 가획의 원리가 적용되었다.

23) 유ㆁ위이(唯ㆁ爲異): 다만 ㆁ은 이체이다. 다른 자음 글자들은 모두 기본 글자에
다가 획을 더하여 만든 글자지만 ㆁ만은 기본자인 ㄱ에 획을 더하여 만든 글자
가 아니라는 뜻. 즉 ㆁ은 ㅇ에서 나온 이체(異體) 자라는 뜻이다.

24) 이기체(異其體): ㆁ, ㄹ, ㅿ도 각각 그 기본 글자인 ㄴ과 ㅅ에 획을 더하여 만든
글자가 아닌 상형의 방법이나 가획의 방법에서 어긋나는 글자이다. 즉 체(體,
바탕 글자)인 ㄱ, ㄴ, ㅅ을 바탕으로 한 것이 아니고 달리 제자하였다는 뜻이다.
여기의 체(體)를 자형으로 보고 '그 자형이 다르다'고 보는 견해도 있다.

ㅊ, ㅇ에서 ㆆ, ㆆ에서 ㅎ가 되는 것도 소리에 따라 획을 더한
뜻이 다 같으나, 오직 ㆁ만은 다르다. 반설음半舌音 ㄹ와 반치음半齒
音 ㅿ는 역시 혀와 이의 형상을 본뜨되 그 모양을 달리 한 것(이체
자)이지. 획을 더하는 뜻은 없다.

[초성 제자의 운학과 성리학적 원리]

。夫人之有聲本於五行。25)故合諸四時而不悖。叶26)之五音不戾。
喉邃而潤。水也。聲虛而通。27)如水之虛明而流通也。於時爲冬。於
音爲羽。28)牙錯而長。木也。聲似喉而實。如木之生於水而有形也。
於時爲春。於音爲角。舌銳而動。火也。聲轉而颺。如火之轉展而揚
揚也。於時爲夏。於音爲＂徵29)。齒剛而斷。金也。聲屑而滯。如金之
屑瑣而鍛成也。於時爲秋。於音爲商。脣方而合。土也。聲含而廣。如
土之含蓄萬物而廣大也30)。於時爲季夏。於音爲宮。然水乃生物之
源。火乃成物之用。故五行之中。水火爲大。喉乃出聲之門。舌乃辨
聲之管。故五音之中。喉舌爲主也。31)喉居後而牙次之。北東之位也
。舌齒又次之。南西之位也。脣居末。土無定位而寄旺四季之義32)也
。是則初聲之中。自有陰陽五行方位之數也。

대저 사람의 말소리(聲)는 모두 오행에 근본을 두고 있어 사시

---

25) 부인지유성본어오행(夫人之有聲本於五行): 제자해 첫머리에서 사람의 성음도
오행에 바탕을 둔 것이라고 하였으므로 여기서도 다음과 같이 『고금운회거요』
나 『절운지장도』의 〈변자모차제례〉 등을 참고하여 오행, 오시, 오방 등과 결부
하여 설명한 것임. 다만 본문에서는 '합제사시(合諸四時)'라고 하였으나 실지로
는 오시로 설명되어 있다.

五音(聲)	牙	舌	脣	齒	喉
五行	木	火	土	金	水
五時	春	夏	季夏	秋	冬
五音(樂)	角	徵	宮	商	羽
五方	東	南	무정위(중앙)	西	北
五常	仁	禮	信	義	智
五臟	肝	心	脾	肺	腎
四德	元	亨		利	貞
五色	靑	赤	黃	白	黑

오행(五行)을 기준으로 하여 오방위(五方位), 오상(五常)이나 오장(五臟) 등을 연계시킨 것은 대단히 관념적인 기술인 것처럼 보이지만 성리학에서는 이들 모두를 우주 생성과 소멸의 인자로 보고 순환하는 일련의 상관관계로 파악하고 있다.

26) 협음(叶音)은 협운(叶韻)이라고도 한다. 협운은 당시의 음으로 고대의 운문을 읽을 경우 운이 맞지 않는 글자의 음을 운에 맞도록 임시로 고쳐 읽는 것을 협운이라 한다. 주자가 『시경』이나 『초사』를 해석할 때 협운을 적용한 것이 대표적인 사례이다. 고염무는 "옛날에는 문자가 같아서 소리(聲)와 형상(形象)이 통하였으므로 무릇 글자 곁에 어떤 글자가 따르면 음도 반드시 그대로 따랐는데, 후세에는 그 음이 그릇된 것을 깨닫지 못하고 도리어 고음이라 하여 원래 다른 운을 협음이라 하여 통용하는 것은 잘못이다. 그 까닭을 따지면 강동(江東) 사람들이 본디 사부만을 배우고 고훈(古訓)에 통달하지 못하였으므로 성음이 하나인데도 문자가 더욱 많아지게 되었고, 사부를 짓는 것은 정교하나 경전을 연구하는 데는 졸렬할 뿐 아니라 지금 사람과 옛날 사람을 마치 서로 알지도 못하는 딴 나라 사람들처럼 만들어서 협음설이 생긴 것이라고 하였다. 병와 이형상의 『자학제강』〈협운설〉에서 통운은 한시를 지을 때 서로 통용될 수 있는 운부를 말한다. 예컨대 평성(平聲) 동운(東韻)과 동운(冬韻)에 속하는 글자들은 서로 운자로 통용될 수 있다.

27) 성허이통(聲虛而通): 소리가 비고 통하여. 오음을 아, 설, 순, 치, 후의 순으로 설명한 것이 아니라 목부터 조음기관의 순서에 따라 입술까지 조음기관의 모양 또는 각 조음기관에서 조음되는 각 음에 대하여 생리적 특징 곧 목에서 입까지 조음의 음상을 중심으로 설명한 부분이다. 여기서는 목과 목에서 발음되는 후음에 대하여 설명하였다.

28) 주자는 『주역본의』에서 "'원(元)'은 계절로써 봄(春)으로 사람의 덕성으로는 인(仁)이라 하면서 원은 사물을 낳는 시작이니 천지의 덕이 이것보다 앞서는 것이 없기 때문에 철(時)로는 봄이 되고 사람에게 있어서는 인(仁)이 되어 선(善)의 으뜸이 된다[元者, 生物之始, 天地之德莫先於此, 故於時爲春, 於人則爲仁而衆善之長也]"라고 하여 '元貞移貞'을 4계로 설명하듯이 여기서는 오음을

四時(네 계절)에 어울려 어그러지지 않고, 오음五音(궁, 상, 각, 치, 우)에 맞추어도 어긋나지 않는다.33)

　목구멍은 입 안 깊숙한 곳에 있고 젖어 있어 오행의 수水(물)에 해당한다. 소리는 비(虛)고 막힘이 없는 듯(通)하여, 마치 물이 투명하게 맑고(虛明) 두루 흘러 통하는(流通) 것과 같다. 계절(時)로는 겨울(冬)이요. 오음으로는 우(羽)이다. 어금니는 울퉁불퉁하고 길어서 오행의 목木(나무)에 해당한다. 소리는 후음과 비슷해도 여문 것은 마치 나무가 물에서 나되 형체가 있는 것과 같다.

　　오시로 대응시켜 설명하고 있다.

29) '徵'자는 화음치. 보통 '징'이라고 발음하나 여기서는 火音을 뜻하는 '치'이다.

30) 위의 본문에서 오음과 오행을 결부하여 설명하고 이를 다시 조음 작용면에서 음상과 관련하여 설명한 것을 정리하면 다음과 같음.

五聲	조음기관 모양	오행	사시	오음	오방	설명내용
喉	邃而潤	水	冬	羽	北東南西無定位	如水之虛明而流通
牙	錯而長	木	春	角		似喉而實 如木之生於水而有形
舌	銳而動	火	夏	徵		轉而颺 如火之轉展而揚揚
齒	剛而斷	金	秋	商		屑而滯 如金之屑瑣而鍛成
脣	方而合	土	季夏	宮		含而廣 如土之含蓄萬物而廣大

31) "然水乃生物之源, 火乃成物之用, 故五行之中, 水火爲大, 喉乃出聲之門, 舌乃辨聲之管, 故五音之中, 喉舌爲主也": 오행과 조음기관을 결부하였을 때 물(水)＝목구멍(喉), 불(火)＝혀(舌)이므로 오행 중에서 물(水)과 불(火)이 중요하듯, 조음기관 중에서도 후(喉), 설(舌)이 가장 중요하다는 설명이다. 후(喉)는 소리의 문이고 설(舌)은 가장 중요한 조음체이다.

32) 기왕사계지의(寄旺四季之義): 흙(土)은 중앙에 있으므로 사방에 배치되어 있는 4계절에 기댈 수 있다는 뜻이다. 『성리대전』 권27 이기 2의 오행조에는 "오직 토는 정한 방위가 없으며 사계에 기댈 수 있다[惟土無定位, 寄旺於四季]"라고 있다.

33) 초성의 제자 원리를 요약하면 사람의 오성(五聲)을 오행(五行), 오시(五時), 오방(五方) 등과 결부시켜 설명하고 있는데 주자학의 통합적 설명 방식이다. 본문에서는 '사시(四時)'라고 하였으니 '계하(季夏)'를 넣어 실제로는 오시(五時)로 설명하고 있다.

계절로는 봄(春)이요. 오음으로는 각(角)이며, 혀는 날카롭고 움직이니 오행의 화火(불)에 해당한다. 소리는 입 안을 구르고 날리어 마치 불이 구르고 펼쳐지며(轉展, 굴러 퍼져 나감) 활활 타오르는(揚揚, 활활 타오름) 것과 같다. 계절로는 여름(夏)이요. 오음으로는 치(徵)이다. 이는 단단하고 물건을 끊으니 오행의 금金(쇠)에 해당한다. 소리는 부스러지고 막히어 쇠의 쇄설瑣屑(가루가 부스러짐)한 것이 단련되어(鍛鍊, 쇳가루를 불리어서) 형체가 이루어지는 것과 같다. 계절로는 가을(秋)이요. 오음으로는 상(商)이다. 입술은 모지고 다물어지니 오행의 토土(흙)에 해당한다. 소리는 머금었다가 넓어지는 듯한 것은, 마치 흙이 만물을 머금어(含蓄) 품으면서도 넓고 광대한 것과 같다. 계절로는 늦여름(季夏)이요, 오음으로는 궁宮이다.

그러나 물은 만물을 생장시키는 근원이요. 불은 만물을 이루는 작용인 때문에 오행 중에는 물과 불(水火)이 중요한 것이 된다. (마찬가지로) 목구멍은 소리를 내는 문이고, 혀는 바로 소리를 가려내는 기관(管)이기 때문에 오음 중에 후음과 설음이 으뜸이 된다. 목구멍은 맨 뒤에 있고 어금니는 그 다음에 있으니, 각각 북北과 동東의 자리이다. 혀와 이가 또 그 다음이니 남南과 서西의 자리이다. 입술은 맨 끝에 있으니 이는 흙(土)이 일정한 자리(位圖)가 없이 네 계절(四時)에 기대어서 왕성함(寄旺)이라는 뜻이다. 이는 곧 초성 중에 스스로 음양, 오행, 방위의 수를 가지는 것이다.[34]

---

34) 초성 제자 원리를 요약하여 표로 나타내면 다음과 같다. 초성의 배열순서가

[초성 제자와 소리 체계]

又以聲音淸濁[35]而言之。ㄱㄷㅂㅈㅅㆆ。爲全淸。ㅋㅌㅍㅊㅎ。爲
次淸。ㄲㄸㅃㅉㅆㆅ。爲全濁。ㆁㄴㅁㅇㄹㅿ。爲不淸不濁。ㄴㅁㅇ。
其聲最不厲。故次序雖在於後。而象形制字則爲之始。[36] ㅅㅈ雖皆
爲全淸。而ㅅ比ㅈ。聲不厲。故亦爲制字之始。唯牙之ㆁ。雖舌根閉
喉聲氣出鼻。而其聲與ㅇ相似。故韻書疑與喩多相混用。[37] 今亦取
象於喉。而不爲牙音制字之始。[38] 盖喉屬水而牙屬木。ㆁ雖在牙而
與ㅇ相似。猶木之萌芽生於水而柔軟。尙多水氣也。[39] ㄱ木之成質。
ㅋ木之盛。長。ㄲ木之老壯。故至此乃皆取象於牙也。

예의와 달라졌다. 예의에서는 '아 → 설 → 순 → 치 → 후'의 순서였는데 해례에
서는 '후 → 아 → 설 → 치 → 순'의 순서로 배열한 것은 성문(出聲之門)인 목구
멍에서 입(聲之出口)까지 조음위치(point of articulation)에 따라 순차적으로 배
열하였다. 이 점은 당시 집현전 학사들이 현대 음성학적 조음의 원리를 충분하
게 인식하고 있었음을 말한다. 또한 세종이 창제한 초성 17자의 배열 구도가
해례에 와서 약간의 변개가 이루어졌음을 알 수 있다.

오음(聲)	어금닛소리(牙)	혓소리(舌)	입술소리(脣)	잇소리(齒)	목구멍소리(喉)
오행	나무(木)	불(火)	흙(土)	쇠(金)	물(水)
오시	봄(春)	여름(夏)	늦여름(季夏)	가을(秋)	겨울(冬)
오성(樂)	각(角)	치(徵)	궁(宮)	상(商)	우(羽)
오방	동(東)	남(南)	중앙(中央) 무정위(無定位)	서(西)	북(北)

35) 성음청탁(聲音淸濁): 중국 음운학에서는 중고한어의 어두자음을 조음위치별로
나누어 아, 설, 순, 치, 후의 오음으로 분류하고(반설음, 반치음까지 합하면 칠
음), 같은 조음위치에서 발음되는 음들을 다시 음의 성질에 따라 다음과 같이
나누었다. 전청음은 무기무성자음(unaspirated sound)을, 차청음은 유기무성자
음(aspirated sound)을, 전탁음은 무기유성자음(sonant)을, 불청불탁음(nasal,
liquid)은 유성음이다.
　　이런 기준에 의하여 당말, 북송 초에 36자모를 선정하여 한어의 어두자음을
표시하는 음성기호처럼 사용해 왔다. 훈민정음은 이 36자모표와는 따로 15세기
중세국어에 맞는 자음을 선정하여 23자음자를 창제하였는데 그 분류방식은
중국 36자모표를 본받은 바가 있다. 그리하여 훈민정음해례에서도 이 분류법을

38

따라서 국어의 자음을 분류하였는데, 전탁음만은 한어 자음의 유성음과는 달리 국어의 된소리(硬音)에 해당된다고 볼 수 있다. 그래서 15세기 문헌에서는 전탁음들이 두 가지 구실을 해서 『동국정운식』 한자음이나 『홍무정운역훈』의 한음 표기에는 한자음의 유성음을 나타내려 하였고, 국어를 표기할 때에는 된소리를 나타내기 위하여 쓰였다. 다만 당시의 우리 선인들이 유성음의 음가를 된소리처럼 인식하고 있었는지는 모른다. 그렇다면 『동국정운』의 '전탁음'을 된소리 표기로 볼 수도 있다. 중국 36자모표와 훈민정음 23자모표를 보이면 다음과 같다.

〈중국 36자모표〉

七音	牙音	舌頭音	舌上音	脣重音	脣輕音	齒頭音	正齒音	喉音	半舌	半齒
全清	見	端	知	幫	非	精	照	影		
次清	溪	透	徹	滂	敷	清	穿	曉		
全濁	群	定	澄	並	奉	從	牀	匣		
不清不濁	疑	泥	孃	明	微			喩	來	日
全清						心	審			
全濁						邪	禪			

〈훈민정음 23자모표〉

七音	牙音	舌音	脣音	齒音	喉音	半舌	半齒
全清	君ㄱ	斗ㄷ	彆ㅂ	卽ㅈ	挹ㆆ		
次清	快ㅋ	吞ㅌ	漂ㅍ	侵ㅊ	虛ㅎ		
全濁	虯ㄲ	覃ㄸ	步ㅃ	慈ㅉ	洪ㆅ		
不清不濁	業ㆁ	那ㄴ	彌ㅁ		欲ㅇ	閭ㄹ	穰ㅿ
全清				戌ㅅ			
全濁				邪ㅆ			

36) 次序雖在於後, 而象形制字則爲之始: 전청, 차청, 전탁, 불청불탁의 순으로 보면 ㄴㅁㆁ은 불청불탁 소속음이라 그 순서가 뒤가 되지만, 각 조음기관에서 가장 약한 음을 골라 조음 상태를 상형하여, 제자할 때의 순은 이들 글자가 각 음의 맨 앞이라는 뜻이다.

37) 의여유다상혼용(疑與喩多相混用): '의(疑)'와 '유(喩)'는 각각 중국 등운학에서 말하는 36자모의 하나인데, 중국 음운학에서는 한어의 어두자음을 분류하여 36자모표를 만들고, 각 자모로 하여금 각 어두자음을 대표케 하였을 때, 의(疑) 모는 ŋ-을, 유(喩)모는 j-, ɦ-를 나타내게 하는 것이었다. 그러나 12세기경부터 한어의 어두 ŋ-음이 소실되어, 원래 ŋ-음을 가졌던 한자들의 자음이 j-, ɦ-을 가졌던 한자들과 같아졌으므로 여러 운서에서 한어 자음을 자모로 표시할 때 '疑'모자와 '喩'모자를 엄격히 구별하여 표음하지 못하고 '疑'모와 '喩'모의 사용에 혼동이 생기게 되었다. 이러한 사실을 알고 있었던 해례 편찬자들은 훈민정음의 ㆁ자가 '疑'모에 해당되고, ㅇ자가 '喩'모에 해당되므로 의모계 자음과 유

또 말소리의 청탁淸濁에40) 대해서 말해 보자. ㄱㄷㅂㅅㅈㅎ는 전청全淸이며, ㅋㅌㅍㅊㅎ는 차청次淸이다. ㄲㄸㅃㅉㅆㆅ는 전탁全濁이나.41) ㆁㄴㅁㅇㄹㅿ는 불청불탁不淸不濁이다.

ㄴㅁㅇ는 그 소리가 가장 세지 않은(不厲) 까닭에 비록 차서次序(차례)로는 뒤에 있으나, 모양을 본떠서 글자를 만드는 데 있어서

모계 자음이 혼용되는 모습을 설명하기 위하여 ㆁ음과 ㅇ음이 '상사(相似, 서로 비슷하다)'라고 표현하고 있는 것이다. 그러나 중세국어를 기록한 ㆁ자와 ㅇ자는 그 음가 면에서 도저히 비슷할 수가 없다. 제자해에서 ㆁ의 음가를 '설근폐후성기출비(舌根閉喉聲氣出鼻)'라고 해서 [ŋ]임을 말하였고, 종성해에서 ㅇ의 음가를 '성담이허(聲淡而虛)'라고 해서 zero임을 말하였으므로, 훈민정음해례 편찬자들도 ㆁ과 ㅇ의 음가 차이를 알고 있었다.

38) 今亦取象於喉. 而不爲牙音制字之始: 해례 편찬자들은 ㆁ자가 ㅇ자와 음가가 비슷하여 ㆁ자도 ㅇ자와 마찬가지로 목구멍 모양을 본떠서 글자를 만들었다고 생각하고 있었으므로, ㆁ자는 아음의 불청불탁 소속자이면서도 아음의 기본 문자가 되지 않았다고 설명한 것임. 다른 조음위치에서 발음되는 글자들은 불청불탁자가 기본 문자가 되었음.

39) ㆁ雖在牙而與ㅇ相似 … 尙多水氣也: 여기서는 ㆁ와 ㅇ가 자형상 비슷하다는 뜻이며, ㆁ자는 아음이라 오행으로는 나무(木)이고, ㅇ자는 후음이라 물(水)인데, 다른 아음자와는 달리 ㆁ자가 ㅇ자를 본받아 제자되었으므로 마치 나무가 물에서 생겨났으나 아직 물기가 있는 것과 같다는 뜻임.

40) '청탁(淸濁)'은 자음의 자질 중 하나인데, 성운학에서는 오음(五音)과 함께 성(聲)을 분류하는 기준으로 삼아 왔다. 곧 오음의 각각을 다시 청탁에 따라 '전청, 차청, 전탁, 불청불탁'으로 분류한 것이다. 그런데 해례본에서는 '청탁'을 다시 소리의 세기인 '려(厲)'의 정도에 따라 '최불려(崔不厲)'한 소리, '불려(不厲)'한 소리, '려(厲)'한 소리로 나누어 이를 『훈민정음 해례』의 제자 과정에 반영하고 있다(임용기, 2010).

41) 전탁 글자 6자 가운데 'ㄲ, ㄸ, ㅃ, ㅉ'는 『동국정운식』 한자음에서만 사용되고 'ㅆ, ㆅ'은 우리말 표기에도 사용되었는데 『원각경언해』(1465년)에서부터 'ㆅ'이 사용되지 않는다. 우리말 표기에서 'ㅂㄹ 끼름, 수물 띠, 녀쑵고, 마쯔비'와 같은 예외적 표기는 음가가 된소리 표기는 아니었던 것으로 보인다.

	어금닛소리(牙)	혓소리(舌)	입술소리(脣)	잇소리(齒)	목구멍소리(喉)
전청	ㄱ	ㄷ	ㅂ	ㅅㅈ	ㅎ
전탁	ㄲ	ㄸ	ㅃ	ㅆㅉ	ㆅ

이들을 시초로 삼았다. ㅅㅈ는 비록 다 전청이라도 ㅅ는 ㅈ에 비해 소리가 거세지 않은 때문에 글자를 만드는 데 있어서 시초로 삼았다.

다만 아음의 ㆁ는 비록 설근舌根(혓뿌리)이 목구멍을 닫고 소리 기운이 코를 통하여 나오는 소리이지만, 그 소리가 ㅇ와 서로 비슷해서 중국의 운서42)에도 '의(疑)'모와 '유(喩)'모가 서로 혼용되는 경우가 많으므로, 이것 또한 목구멍의 모양을 취하여 아음(어금닛소리) 글자를 만들 시초(기본자)로 삼지 않은 것이다. 대개 목구멍은 오행의 수(물)에 속하고 어금닛소리(아음)는 목(나무)에 속하는데, ㆁ가 비록 아음 위치에 있으면서도 ㅇ와 비슷한 것은, 마치 나무의 새싹이 물에서 생장하여 부드럽고 연약하면서 (柔軟, 부드러움) 여전히 물 기운을 많이 가진 것과 같은 것이다. ㄱ는 나무의 성질이요, ㅋ는 나무의 성장(무성함)이요, ㄲ는 나무의 노장(늙어서 굳건함)인 것이므로 이렇게 되어서 모두 어금니 모양을 본뜬 것이다.

[전탁음과 병서]

> 全淸並書則爲全濁。以其全淸之聲凝則爲全濁43)也。唯喉音次淸
> 爲全濁者。盖以ㆆ聲深不爲之凝。ㅎ比ㆆ聲淺。故凝而爲全濁也。44)

---

42) 훈민정음 창제 시에 가장 많이 이용했던 중국 운서인 『고금운회거요』, 『광운』, 『집운』, 『예부운략』, 『홍무정운』 등을 말한다.

43) 全淸之聲凝則爲全濁: 훈민정음해례의 이론적 기반이 비록 중국음운학에 있었다고 하더라도 새 고유문자인 훈민정음의 음가에 대한 설명 내용은 국어를 가지고 설명한 부분이 많다. 여기의 전탁음에 대한 설명도 중세국어의 된소리에

전청 글자를 병서竝書(나란히 쓰면)하여 전탁으로 삼으니 전청의 소리가 엉기면(凝) 전탁이 되는 까닭이다. 오직 후음(목구멍소리)만은 차청인 ㅎ에시 전탁이 되는 것은 대개 ㆆ 소리가 깊어서 엉기지 않는 데 비해, ㅎ는 ㆆ에 비하여 소리가 얕으므로 엉겨서 전탁이 되기 때문이다.

[순경음과 연서]

ㅇ連書脣音之下ᴼ則爲脣輕音者ᴼ以輕音脣乍合而喉聲多也ᴼ45)

관한 것임. 『동국정운』(1447)의 서문에서 "我國語音 其淸濁之辨 與中國無異(우리나라 말소리는 그 청탁의 구별에 있어서 중국과 다를 바가 없다)"라 하여 '語音'의 '淸濁' 구분을 인식하고 있었는데, 그 '濁'(여기서는 全濁)의 음가를 "以其全淸之聲 凝則爲全濁也(그 전청의 소리를 가지고 엉기게 발음하면 전탁음이 된다)"라 하여 '된소리'로 설명하고 있는 것임. '凝'은 성문폐쇄음을 설명한 것으로 볼 수 있음.

44) 唯喉音次淸爲全濁者. 盖以ㆆ聲深不爲之凝. ㅎ比ㆆ聲淺. 故凝而爲全濁也: ㆆ자의 음가가 성문폐쇄음 [?]임을 말하고 이를 '심'으로 표현한 것임. 중국음운학에서 어두자음을 조음위치별로 분류하여 牙, 舌, 脣, 齒, 喉音으로 하였으나 중국 36자모 가운데 후음에 배열된 음들은 엄격히 말하면 모두 성문음이 아니어서, 影母[?]만이 성문음이고 曉母[x], 匣母[ɣ]는 아음(연구개음)이라고 할 수 있으며, 喩母는 zero 또는 반모음[j](일부는 [ɦ]로 볼 수 있음). 훈민정음의 후음을 挹ㆆ[?], 虛ㅎ[h], 洪ㆅ[h?], 欲ㅇ[zero 또는 ɦ]으로 본다면 이들은 모두 성문음이라고 할 수 있음. 그러나 같은 후음이라도 ㆆ음은 성문 그 자체에서 발음되는 폐쇄음이므로, 된소리 요소인 성문폐쇄음을 중복시켜 된소리를 만들 수 없고, 같은 성문음인 ㅎ[h]음에 된소리 요소를 더하여 성문폐쇄 수반음인 ㆅ[h?]음이 되도록 한다는 설명이다.

45) 以輕音脣乍合而喉聲多也: 순경음의 음가가 양순마찰음임을 말한 것. 「번역노걸대」, 「박통사범례」(1510년경)에서는 "合脣作聲 爲ㅂ而曰脣重音 爲ㅂ之時 將合勿合 吹氣出聲 爲ㅸ而曰脣輕音(입술을 합하여 소리를 낼 때 ㅂ음이 되는 것을 순중음이라고 하고, ㅂ음을 낼 때에 입술에 입술이 합하는 듯 마는 듯하며, 날숨이 나오면서 ㅸ음이 되는 것을 순경음이라고 한다)"이라고 더 구체적으로 설명하고 있음. 그러나 둘 다 순경음 ㅸ음이 유성음인지 무성음인지는 밝히지 않고 있음. 여러 (초기 정음) 문헌의 용례로 보아 ㅸ음은 유성음인 [β]이었고, 한음을

42

○을 순음 아래 연서連書(이어서 쓰면)하여 쓴 것을 순경음脣輕音 (입시울 가벼운 소리) 글자로 삼는 것은 그 경음輕音(소리의 가벼움)은 입술을 살짝 다물면서 목구멍소리가 많이 섞여진 때문이다.46)

[중성 글자의 제자 원리]

1. [상형의 제자]

中聲凡十一字。47)・舌縮而聲深。天開於子也。形之圓。48)象乎天地。一舌小縮而聲不深不淺。地闢於丑也。形之平。象乎地也。ㅣ舌不縮而聲淺。人生於寅也。形之立。象乎人也。

표기한 ㅸ은 [f]이었음.

46) 최세진의 『번역노걸대박통사』 범례에도 순중음과 순경음에 대해 "입술을 닫아서 소리를 내면 'ㅂ'이 되는데 이를 순중음이라고 한다. 'ㅂ'이 될 때 입술을 닫으려 하다가 닫지 않고 공기를 불어서 소리를 내면 'ㅸ'이 되는데 이를 순경음이라고 한다. 글자를 만들 때 동그라미를 'ㅂ' 아래에 붙이면 곧 입술을 비워서 소리를 낸다는 뜻이다[合脣作聲, 爲ㅂ而曰脣重音. 爲ㅂ 之時, 將合物合吹氣出聲, 爲ㅸ而曰脣輕音. 制字加空圈於ㅂ下字, 卽虛脣出聲之義也]"라고 하였다.

47) 中聲凡十一字: 15세기 중세국어의 단모음은 7개였으나 훈민정음 창제 때에는 ㅛㅑㅠㅕㅕ도 각각 단일 단위 문자로 생각하고 있었으므로, 중성자를 11자라고 한 다음, 易의 天地人三才를 상형하여 국어 모음자의 기본자로 창제하고 다음과 같이 설명했음.

기본자	자형	상형 내용	조음 때 혀 모양	혀의 전후 위치와 개구도의 차이에서 오는 느낌(음향감)	음양
·	形之圓	天開於子	縮	深	양
—	形之平	地闢於丑	小縮	不深不淺	중
ㅣ	形之立	人生於仁	不縮	淺	음

48) 『황극경세서』〈찬요지요〉에서 공자의 '계사'를 인용하면서 "둥근 것은 하늘이요, 모진 것은 땅이 되어 천지의 이치가 모두 여기에 있다[圓者爲天, 方者爲地,

중성은 무릇 11자이다.

·는 혀가 옴츠러들어(縮, 오그람듬) 소리는 깊다(深). 하늘이 자子(자시)에서 열리는바, 그 둥근 형상은 하늘을 본 뜬 것이다. ㅡ는 혀가 조금 옴츠러들어(小縮) 소리는 깊지도 얕지도 않다(不深不淺). 땅이 축丑(축시)에서 열리는바, 그 모양이 평평한 것은 땅을 본뜬 것이다. ㅣ는 혀가 옴츠러들지 않아(不縮) 소리가 얕다(淺). 사람이 인寅(인시)의 위치에서 생기는바, 그 모양이 서 있는 것은 사람을 본뜬 것이다.

2. [초출자의 음가와 제자 방법]

> 此下八聲。一闔一闢。[49]ㅗ與·同而口蹙。其形則·與ㅡ合而成。取天地初交之義也。ㅏ與·同而口張。其形則ㅣ與·合而成。取天地之用發於事物待人而成也。ㅜ與ㅡ同而口蹙。其形則ㅡ與·合而成。亦取天地初交之義也。ㅓ與ㅡ同而口張。其形則·與ㅣ合而成。亦取天地之用發於事物待人而成也。ㅛ與ㅗ同而起於ㅣ。ㅑ與ㅏ同而起於ㅣ。ㅠ與ㅜ同而起於ㅣ。ㅕ與ㅓ同而起於ㅣ。[50]

天地之理皆在是也]"라고 하였다.

[49] 此下八聲 一闔一闢: 소옹은 『황극경세서』에서 '合'을 '翕'자로, '開'를 '闢'자로 썼는데, 『훈민정음 해례』에서는 '翕'자와 뜻이 같은 '闔'자를 써서 '闔, 闢'으로 표현했다. 또 闔闢은 '口蹙', '口張'과도 상호 연관 관계에 있으므로 이들은 모음을 원순성 여부와 개구도를 참고로 해서 분류한 기준으로 볼 수 있음.

ㅗ	ㅜ		闔 ㅗ ㅜ ㅛ ㅠ(口蹙)
↑	↑	口蹙	闢 ㅏ ㅓ ㅑ ㅕ(口張)
·	ㅡ		
↓	↓	口張	
ㅏ	ㅓ		初出 　　　　　　　再出

44

이 아래 8성은 하나는 닫힘(闔, 입이 닫김 곧 원순성 모음)이요,
하나는 열림(闢, 입이 열림, 곧 비원순성 모음)이다. ㅗ는 ·와 같
되 입이 오므라드니(口蹙) 그 모양은 바로 ·와 ㅡ가 합한 것인데
하늘과 땅이 처음으로 만난다는 뜻을 취한 것이다. ㅏ는 ·와 같으
나 입이 벌어지니(口張), 그 모양은 바로 ㅣ와 ·가 합한 것인데
하늘과 땅의 작용이 사물에서 나타나되 사람(人)을 기다려서야
비로소 이루어진다는 뜻을 취한 것이다. ㅜ는 ㅡ와 같으나 입이
오므라드니(口蹙) 그 모양은 바로 ㅡ와 ·가 합한 것인데, 이 역시
하늘과 땅이 처음으로 만난다는 뜻을 취한 것이다. ㅓ는 ㅡ와
같으나 입이 벌어지는바, 그 모양은 곧 ·가 ㅣ와 합하여 된 것이
다. 또한 천지의 쓰임이 사물에서 출발하여 사람(人)의 힘을 입어
이루는 뜻을 취한 것이다.[51]

『역경계사』 상 11장에는 "是故闔戸謂之坤, 闢戸謂之乾, 一闔一闢謂之變"이
라는 구절이 있어서, 여기의 '一闔一闢'은 이를 따온 것으로 보임.

50) 起於ㅣ : 『훈민정음해례본』 제자해에서는 같은 이중모음인데도 ㅛㅑㅠㅕ는 ㅣ
로 시작되는 이중모음으로 설명하고, ㅘㅝ는 중성해에서 합용으로 설명하고
있음. 그러면서 다시 역학 이론으로 ㅛㅑㅠㅕ를 설명하여 "ㅛㅑㅠㅕ起於ㅣ而兼
乎人"이라고 하여 ㅣ모음으로 시작되는 이중모음은 ㅣ＝사람(人)이므로 모두
사람이 들어있다고 하였음.

51) 구축(口蹙, 입을 오므림)과 구장(口張, 입을 벌림) 그리고 합벽(闔闢, 입을 닫고
염)에 따른 모음의 상관도는 아래 도표와 같다. 샘슨(Sampson, 1985) 선생은 축
(蹙)back, 불축(不蹙)front, 천(淺)grave, 합(闔)acute, 벽(闢)round와 같은 변별적
자질을 나타내는 문자이기 때문에 한글을 변별적 문자라고 규정하고 있다.

자형	음성	제자방법	제자원리	음양	입술모양
ㅗ	·同而口蹙	·+ㅡ	天地初交之義	양	합(闔)
ㅏ	·同而口張	ㅣ+·	天地之用發於事物待人而成	음	벽(闢)
ㅜ	ㅡ同而口蹙	ㅡ+·	天地初交之義	음	합(闔)
ㅓ	ㅡ同而口張	·+ㅣ	天地之用發於事物待人而成	음	벽(闢)

3. [제출자의 음가]

> ㅛ與ㅗ同而起於ㅣ。ㅑ與ㅏ同而起於ㅣ。ㅠ與ㅜ同而起於ㅣ。ㅕ
> 與ㅓ同而起於ㅣ。

ㅛ는 ㅗ와 같으나 (소리가) ㅣ에서 일어나고, ㅑ는 ㅏ와 같으나 (소리가) ㅣ에서 일어나고, ㅠ는 ㅜ와 같으나 (소리가) ㅣ에서 일어나고, ㅕ는 ㅓ와 같으나 (소리가) ㅣ에서 일어난다.[52]

4. [초출자와 재출자의 제자 원리]

> ㅗㅏㅜㅓ始於天地。爲初出也。ㅛㅑㅠㅕ起於ㅣ而兼乎人。爲再
> 出也。ㅗㅏㅜㅓ之一其圓者。取其初生之義也。ㅛㅑㅠㅕ之二其圓
> 者。取其再生之義也。ㅗㅏㅛㅑ之圓居上與外者。以其出於天而爲
> 陽也。[53]ㅜㅓㅠㅕ之圓居下與內者。以其出於地而爲陰也。‧之貫於
> 八聲者。猶陽之統陰[54]而周流萬物也。ㅛㅑㅠㅕ之皆兼乎人者。以
> 人爲萬物之靈而能參兩儀[55]也。取象於天地人而三才之道備矣。[56]
> 然三才爲萬物之先。而天又爲三才之始。猶‧ㅡㅣ三字爲八聲之首
> 。而‧又爲三字之冠°也。

---

52) 제출자의 제자원리와 그 음가를 요약하면 아래 도표와 같다.

재출자	입의 모양 변화		음양	입술모양
	시작모양 → 끝모양			
ㅛ	ㅣ → ㅗ		양	합
ㅑ	ㅣ → ㅏ		양	벽
ㅠ	ㅣ → ㅜ		음	합
ㅕ	ㅣ → ㅓ		음	벽

ㅗㅏㅜㅓ는 하늘(天)이나 땅(地)에서 비롯하니 초출初出(처음 나옴)이 되고, ㅛㅑㅠㅕ는 ㅣ에서 일어나서 사람을 겸하니 재출再出(다시 나옴)이 된다. ㅗㅏㅜㅓ가 둥근 점이(圓, ·) 하나인 것은 그 초생初生(처음 생김)의 뜻을 취한 것이요, ㅛㅑㅠㅕ의 둥근 점이 둘인 것은 재생再生의 뜻을 취한 것이다. ㅗㅏㅛㅑ의 둥근 점이 위와 바깥쪽(오른쪽)에 놓인 것은 그것이 하늘(天)에서 나와서 양(陽)이 되는 때문이다. ㅜㅓㅠㅕ의 둥근 점이 (一의) 아래와 (ㅣ의) 안쪽(왼쪽)에 놓인 것은 그것이 땅(地)에서 생기어 음(陰)이

---

53) ㅗㅏㅛㅑ之圓居上與外者. 以其出於天而爲陽也: 『역학계몽』의 "양은 위에서 음과 교합하며 음은 아래에서 양과 교합한다[陽上交於陰 陰下交於陽]", 또는 『역경』 부괘록에 있는 '內陰而外陽(즉 內三爻는 음, 外三爻는 양. 이것은 外三爻는 양이기 때문에 건괘의 성격 건, 활동적으로 보이며, 內三爻는 음이기 때문에 곤의 성격 순, 유순하게 보이지만 실은 내심 뼈가 없기 때문에 소인의 모습이다. 음은 소인, 양은 군자이기 때문에, 소인이 조정에 있고 군자가 밖에 내몰린 모습이기도 하다)과 같은 사상을 응용한 설명임.

54) 양지통음(陽之統陰): 양이 음을 그느른다는 뜻. 『역학계몽』의 "낙서에서는 5의 기수로 4의 우수를 통어하기 때문에 각각 그 자리에 있다. 대개 양을 주로 하여 음을 통어하며, 그 변수의 용(用)을 시작한다[洛書以五奇數統四偶數 而各居其所 盖生於陽以統陰而肇其變數之用]"을 응용한 설명임. ·는 하늘(天)을 상형한 것이나 하늘(天)을 또 양으로 본 데서 나온 설명임.

55) 능참양의(能參兩儀): 양의는 하늘과 땅을 말한다. 『황극경세서』의 채원정 주에 있는 "천지만물은 모두 음양, 강유의 구분이 있다. 사람은 음양, 강유를 겸비하고 있어서 만물보다 영묘하기 때문에 천지에 참여할 수 있다[天地萬物皆兼陽剛柔之分 人則兼備乎陰陽剛柔 故靈於萬物 而能與天地參也]"와 같은 내용의 설명임. 양의는 천지이다. 양의는 곧 『주역』 〈계사〉에서 "역에는 태극이 있으며 이것이 양의를 생성한다[易有太極。是生兩儀]"의 '양의'는 천지(天地)를 이름이다.

56) 삼재지도비의(三才之道備矣): 삼재의 시초가 되는 것과 같다. 『역경계사』 하 제10장에서 "역이라는 책은 광대하여 모두 갖추어져 있어서, 여기에는 하늘의 도가 있으며 사람의 도가 있고 땅의 도도 있다. 삼재를 겸하고 있어서 이것을 곱치기 때문에 육, 육이란 딴 것이 아니고 바로 삼재의 도다[易之爲書也 廣大悉備 有天道焉 有人道焉 有地道焉 兼三才而兩之 故六 六者 非它也 三才之道也]"라고 한 것을 여기서는 훈민정음의 기본 모음자와 결부하여 설명한 것이다.

되기 때문이다.

·가 이 여덟 소리에 다 들어 있는 것은(貫, 꿰여 있는) 마치 양이 음을 이끌어 만물에 두루 흐르는 것과 같다. ㅛㅑㅠㅕ가 모두 사람(人)을 겸한 것은 사람은 만물의 영장으로서 능히 양의兩儀(양과 음, 하늘과 땅)에 참여하는 때문이다. (이상과 같이) 하늘(天), 땅(地), 사람(人)에서 본떠서 삼재ㅡㅓ의 이치가 갖추어졌다. 그러나 삼재가 만물의 으뜸이고 하늘(天)이 그 삼재의 시초가 되는 것 같이 ·ㅡㅣ의 세 글자가 여덟 글자의 첫머리인 동시에 ·가 다시 세 글자(·, ㅡ, ㅣ) 중의 꼭대기(으뜸)인 것과 같은 것이다.[57]

[중성의 역학과 성수]

ㅗ初生於天。天一生水之位也。ㅏ次之。天三生木之位也。ㅜ初生於地。地二生火之位也。ㅓ次之。地四生金之位也。ㅛ再生於天。天七成火之數也。ㅑ次之。天九成金之數也。ㅠ再生於地。地六成水之數也。ㅕ次之。地八成木之數也。[58] 水火未離。乎氣。陰陽交合之初。故闔。[59] 木金陰陽之定質。故闢。·天五生土之位也。ㅡ地十成土之數也。ㅣ獨無位數者。盖以人則無極之眞。二五[60]之精。妙合而凝[61]。固未

---

57) 초출자와 재출자의 제자 원리를 요약하면 아래 도표와 같다.

	재출 초출	상형자	초출 재출
양	ㅛ ← ㅗ	← · →	ㅏ → ㅑ
음	ㅠ ← ㅜ	← ㅡ →	ㅓ → ㅕ
원	2 1		1 2

58) ㅗ初生於天 … 地八成木之數也: 『역경』〈계사〉에서는 1부터 10까지의 수에서

可以定位成數論°也。是則中聲之中。亦自有陰陽五行方位之數也。

　　기수를 하늘(天)에, 우수를 땅(地)에 배합했는데, 정현의 『역법』에서는 하늘과 땅(天地)의 수를 1에서 5까지를 생위, 6에서 10까지를 성수라 하고, 여기에다가 오행과 사계, 사방을 결부하였으며, 奇를 양, 偶를 음으로 보았다. 『훈민정음해례본』에서는 여기의 奇에 양성모음, 偶에 음성모음을 배합시켰다. 건은 하늘(天), 곤은 땅(地), 하늘(天)은 음수, 지는 음수, 양은 기수이기 때문에 1, 3, 5, 7, 9가 이에 속한다. 음은 우수이므로 2, 4, 6, 8, 10이 이에 속한다. 하늘(天)의 수가 다섯, 땅(地)의 수가 다섯, 기수, 우수의 오위가 1, 2, 3 4, 5 6, 7 8, 9, 10처럼 각각 가까운 것끼리 짝을 이루어 각각 화합한다. 1과 6이 화합한 불(火), 3과 8이 화합한 나무(木), 4와 9가 화합한 쇠(金), 5와 10이 화합한 흙(土) 등이다. 하늘(天)의 수인 1, 3, 5, 7, 9를 합하면 30, 하늘과 땅(天地) 수의 총계는 55가 된다. 이 양수, 음수가 음양의 변화와 진행 운행의 자취를 상징한다[天一地二, 天三地四, 天五地六, 天七地八, 天九地十, 天數五, 地數五, 五位相得而各有合, 天數二十有五, 地數三十. 凡天地之數五十有五, 此所以成變化而行鬼神也].

　　정현의 『역법』에서도 하늘(天) 1이 북에 있어서 물(水)을 낳아 ☵(坎), 땅(地) 2가 남에 있어서 불(火)을 낳아 ☲(離), 하늘(天) 3이 동에서 나무(木)를 낳아 ☴(巽), 땅(地) 4가 서에서 쇠(金)를 낳아 ☱(兌), 하늘(天) 5가 중앙에서 흙(土)을 낳는다. 양과 음에 배우가 없으면 상성할 수가 없다. 지 6이 북에서 물(水)을 성생하고 하늘(天) 1과 나란히 서며, 하늘(天) 7이 남에서 불(火)을 성생하여 땅(地) 2와 나란히 서며, 땅(地) 8이 동에서 나무(木)를 성생하여 하늘(天) 3과 나란히 서며, 하늘(天) 9가 서에서 쇠(金)를 성생하여 땅(地) 4와 나란히 서며, 땅(地) 10이 중앙에서 흙(土)을 성생하여 하늘(天) 5와 나란히 선다[天一生水于北, 地二生火于南, 天三生木于東, 地四生金于西, 天五生土于中, 陽無耦陰無配, 未得相成, 地六成水于北, 與天一並 天七成火于南, 與地二並, 地八成木于東, 與天三並, 天九成金于西, 與地四並, 地十成土于中 與天五並]. 공영달(孔穎達)의 『역경정의』만물이 형성될 때 미소한 것부터 점점 나타나며, 오행의 전후도 또 미소한 것부터 먼저 나타난다. 물(水)은 가장 미소한 것으로서 1이 되며, 불(火)은 점점 나타나서 2가 된다. 나무(木)의 형체는 실지로는 3이 되며, 쇠(金)는 고체이기 때문에 4가 되며, 흙(土)는 바탕(質)이 크기 때문에 5가 된다[萬物成形以微著爲漸, 五行先後亦以微著爲先, 水最微爲一, 火漸著爲二, 木形實爲三, 金體固爲四, 土質大爲五].

59) 水火未離乎氣 … 故闔: 『위수도』에서 水는 ㅗㅠ, 火는 ㅜㅛ라고 하였으므로 ㅗㅠㅜㅛ는 합(闔, 원순모음)이요, 나무(木)는 ㅏㅕ, 쇠(金)는 ㅓㅑ라고 하였으므로 ㅏㅕㅓㅑ는 벽(闢, 장순모음)이라는 뜻임.

60) 이오(二五): 이오의 2는 음양을 5는 오행을 말하는데 곧 이오는 음양오행을 뜻한다. 음양은 1, 2로 구성되고 오행은 1, 0, 2로 구성되는데 결국 오행의 중위 (0, 무극)을 제외하면 음양의 대립 곧 2원의 음양이론과 같다. 『태극도설』에

ㅗ가 맨 처음 하늘(天)에서 생겨나니 천일생수天一生水(하늘의 수)로 1이며 물을 낳는 자리의 위位(자리)요, ㅏ가 그 다음이니 천삼생목天三生木(하늘의 수)로 3이며 나무을 낳는 자리)의 위요, ㅜ가 맨 처음 땅(地)에서 생기니 지이생화地二生火(땅의 수로 이이며 불을 낳는 자리)의 위요, ㅓ가 그 다음이니 지사생금地四生金(땅의 수로 4이며 금을 낳는 자리)의 위이다. ㅛ가 거듭 하늘(天)에서 생기니 천칠성화天七成火(하늘의 수로 7이며 불을 낳는 자리)의 수數요, ㅑ가 다음이니 천구성금天九成金(하늘이 수로 9이며 금을 낳는 자리)의 수요, ㅠ가 거듭 땅(地)에서 생기니 지육성수地六成水(땅의 수로 6이며 물을 낳는 자리)의 수요, ㅕ가 다음이니 지팔성목地八成木(땅의 수로 8이며 나무을 낳는 자리)의 수이다.

물(水 ㅗ, ㅛ)과 불(火 ㅜ, ㅠ)은 기에서 벗어나지 않아, 음양이 교합하는 시초이므로 합(闔, 닫음)이 된다. 나무(木 ㅏ, ㅑ)와 쇠(金 ㅓ, ㅕ)는 음양의 정해진 바탕(定質, 성질을 정함)이므로 벽(闢, 열림)이 된다.

"무극은 진(眞, 참)이고 이오는 정(情, 본성)인데 묘하게 합하여 엉긴다[無極之眞, 二五之情, 妙合而凝]"이라 하였다. 오늘날 디지털의 기본 원리가 0. 1의 2원 대립으로 구성된 원리와 동일하다.

61) ㅣ獨無位數者 … 妙合而凝: 앞의 『위수도』에서 ㅣ모음은 아무데도 배정이 안되었는데 그 이유를 설명한 부분이다. 중성자의 제자 원리를 설명할 때 ㅣ모음에 대하여 '形之立 象乎人也'라고 하였으므로, ㅣ모음은 사람(人)이 되는데, 이 사람(人)에 대해서는 『태극도설』에서 다음과 같은 설명을 그대로 인용한 구절이다. "무극의 참모습은 음양과 五行의 精이 기묘하게 배합하여 응결하는 것이다. 天道는 男이 되며 地道는 女가 된다. 음양의 二氣가 교감하여 만물을 화생하며, 만물은 발육, 변화하여 그 변화는 무궁하다[無極之眞 二五之精 妙合而凝 乾道成男 坤道成女 二氣交感 化生萬物 萬物生生而變化無窮焉]." 2는 음양이며 5는 오행이다.

·는 천오생토天五生土(하늘의 수로 오이며 흙을 낳는 자리)의 위
요, ㅡ는 지십성토地十成土(땅의 수로 십이며 흙을 낳는 자리)의
수이다. ㅣ는 홀로 위位나 수數가 없는 것은 대개 사람(人)이란
무극無極(태극 곧 우주 만물의 근원)의 진리와 이오二五(2는 음양을
5는 오행임)의 정교精巧함이 오묘하게 합하여 엉킨 것으로서 본디
일정한 위(定位)와 이루어진 수(成數)를 가지고 논의할 수가 없기
때문이다.[62] 이는 중성 가운데에 스스로 음양, 오행, 방위의 수를
갖추고 있는 것이다.[63]

---

62) 이를 표로 정리하면 다음과 같다.

방위	오행	생위(生位)		성수(成數)	
북(北)	물(水)	하늘(天)일(一)	ㅗ	땅(地)육(六)	ㅠ
남(南)	불(火)	땅(地)이(二)	ㅜ	하늘(天)칠(七)	ㅛ
동(東)	나무(木)	하늘(天)삼(三)	ㅏ	땅(地)팔(八)	ㅕ
서(西)	쇠(金)	땅(地)사(四)ㅓ	ㅓ	하늘(天)구(九)	ㅑ
중(中)	흙(土)	하늘(天)오(五)。		땅(地)십(十)ㅡ	

63) 중성의 제자 원리와 음양, 상수, 오방, 오행의 관계를 표로 정리하면 다음과
같다.

	중성	음양(天地)	상수(象數)	오행－오방
초출자	ㅗ	初生於天－양	1	水－北
	ㅏ	初生於天－양	3	木－東
	ㅜ	初生於地－음	2	火－南
	ㅓ	初生於地－음	4	金－西
재출자	ㅛ	再生於天－양	7	火－南
	ㅑ	再生於天－양	9	金－西
	ㅠ	再生於地－음	6	水－北
	ㅕ	再生於地－음	8	木－東
기본자	·	天－양	5	土－中
	ㅡ	地－음	10	土－中
	ㅣ	人－무	무	무

[초성과 중성의 비교]

> 以初聲對中聲而言之。陰陽。天道也。剛柔。64)地道也。65)中聲者。一深一淺一闔一闢。是則陰陽分而五行之氣其焉。天之用也。66)初聲者。或虛或實或颺或滯或重若輕。67)是則剛柔著而五行之質成焉。地之功也。68)中聲以深淺闔闢唱之於前。初聲以五音淸濁和之於後。而爲初亦爲終。亦可見萬物初生於地。復歸於地也。

---

64) 강유(剛柔): 강(剛, 강함)과 유(柔, 유연함, 약함)에 대해 『주역』에서는 음양이 서로 대립한 개념인데 '양→강', '음→유'의 관계로 설명하고 있다. 입천의 도를 음과 양, 입지의 도를 강유, 입인의 도를 인(仁)과 의(義)로 대응시키기도 한다. 곧 삼재의 도는 천도→음양, 지도→강유, 인도→인의가 된다. 『역경』〈설괘〉(제2장)에 "천지의 도는 음과 양에서 고 땅의 도리가 강유에서 사람의 도리는 인의에서 선다[立天之道曰陰與陽。立地之道曰剛與柔。立人之道曰仁與義。]"라고 하였는데〈잡봉(雜封)〉에는 "건은 강이고 곤은 음이다[乾剛坤柔]"라고 하여 강유(剛柔)는 결국 음양에 대비되는 성질의 것이다.

65) 以初聲 … 地道也: 여기서는 소옹의 『황극경세성음창화도』의 술어를 훈민정음과 결부하여 설명하였다. 소옹은 운모음을 천성(天聲), 성모음을 지음(地音)이라고 했는데, 운모음은 훈민정음의 중성(모음)과 관련이 있는 동시에 음양과 관련하므로 천도라 하였고, 성모음은 훈민정음의 초성(자음)과 관련이 있는 동시에 창화도에서 剛柔와 결부하였으므로 여기서는 地道라 하였음.

66) 中聲者 … 天之用也: 앞에서 설명하였던 모음의 모든 성질을 한 데 모아 설명한 것임. 예컨대 ·는 深 ㅣ는 淺, ㅏ는 闢임. 그리고 주 65에서 설명한 대로 소옹은 운모음(중성)과 하늘을 결부하였으므로, 중성의 모든 성질을 '天'의 '用'으로 설명한 것이다.

67) 或虛或實或颺或滯或重若輕: 초성의 자질을 설명한 대목이다. 이를 요약하면 다음 표와 같다.

	후음	허(虛)	聲虛而通	후음 자질
	아음	실(實)	聲似喉而實	아음 자질
초성의 자질	설음	양(颺)	聲轉而颺	설음 자질
	치음	체(滯)	聲屑而滯	치음 자질
	순중음	중(重)	脣重	순중음 자질
	순경음	경(輕)	脣輕	순경음 자질

68) 初聲者 … 地之功也: 앞에서 설명하였던 자음의 모든 성질을 한 데 모아 설명한

초성을 중성에 대비하여 말해 보자. 음양陰陽은 하늘(天)의 도道
(이치)요, 강유剛柔(단단하고 부드러움)는 땅(地)의 도道(이치)이
다.[69] 중성은 하나가 깊으면 하나가 얕고 하나가 닫히면 하나가
열리니, 이는 바로 음양이 나뉘고 오행의 기氣가 갖추어져 있는
것이니, 하늘(天)의 작용(用)이다.

초성은 어떤 것은 비어 있고, 어떤 것은 차 있으며, 어떤 것은
날리고, 어떤 것은 걸리며, 어떤 것은 무겁거나 가벼우니, 이는
바로 강유剛柔(강함과 부드러움)가 드러나서 오행의 바탕이 이루
니 땅(地)의 공(功)이다.

중성이 깊고 얕음과 오므라지고 펴짐으로써(深淺闔闢)[70] 앞에
서 부르면 초성이 오음 청탁으로써 뒤에서 화답하니, 초성도 되
고 종성도 된다. 또한 만물이 맨 처음 땅에서 생기어 다시 땅으로
돌아가는 것을 볼 수 있다.

것임. 예컨대 虛는 후음, 實은 아음, 颺는 설음, 滯는 치음, 或重若輕은 순중음과
순경음. 그리고 여기서도 초성과 땅이 결부된 것으로 보고 초성의 모든 성질을
'地'의 '功'으로 설명한 것이다. 즉 여기서는 소옹의 견해에 따라 초성(자음)을
地(지음)로 보고 설명한 것임.

69) 『주역』〈설괘전〉에 "하늘의 도를 세워 음과 양이라 하고 땅의 도리를 세워
유와 강이라 하고 사람의 도리를 세워 인과 의라 하니 천지인 삼재를 겸하여
둘로 겹쳤기 때문에 여섯 획으로 괘를 이루었다[是以立天地道曰陰陽, 立地之道
曰柔與剛, 立人之道曰仁與義, 兼三才而兩之, 故易六畫成卦, 分陰分陽迭用剛柔,
故六位而成章]"라고 하였다.

70) 중성의 자질. '심천(深淺)'은 'ㆍ, ㅡ, ㅣ'를 구별하기 위한 자질인데 세 중성이
나는 자리에 따라 입의 뒤쪽 깊은 데로부터 입안의 앞쪽 얕은 데로, 차례에
따라 벌인 것이다. '합벽(闔闢)'은 'ㅗ, ㅏ, ㅜ, ㅓ, ㅛ, ㅑ, ㅠ, ㅕ'의 여덟 중성을
'ㆍ, ㅡ, ㅣ'의 세 중성과 구별하기 위한 자질이다. '합벽'은 해례본에서 입의 오므
림(口蹙)과 벌림(口張)으로 바꾸어 설명하기도 한다(임용기, 2010).

以初中終合成之字言之。亦有動靜互根陰陽交變之義焉。動者。
天也。靜者。地也。兼乎動靜者。人也。[71]盖五行在天則神之運也。在
地則質之成也。在人則仁禮信義智神之運也。肝心脾肺腎質之成也
。[72]初聲有發動之義。天之事也。終聲有止定之義。地之事也。中聲
承初之生。接終之成。人之事也。盖字韻之要。在於中聲。初終合而
成音。亦猶天地生成萬物。而其財成補相°則必賴乎人也。[73]

。終聲之復°用初聲者。以其動而陽者乾也。靜而陰者亦乾也。乾
實分陰陽而無不君宰也。[74]一元之氣。周流不窮。[75]四時之運。循環
無端。故貞而復°元。[76]冬而復°春。初聲之復°爲終。終聲之復°爲初
。亦此義也。

---

71) 以初中終 … 兼乎動靜者 人也: 초성자, 중성자, 종성자를 각각 字素처럼 생각하
고 이들이 합해져 하나의 문자 단위, 즉 음절문자처럼 쓰이는 것을, 천지인
삼재와 음양설을 가지고 설명한 것임. 하늘(天)과 초성, 사람(人)과 중성, 땅(地)
과 종성을 결부하여 생각하고, 『태극도설』에 있는 "태극이 움직여 양을 낳고,
동(動)이 극에 이르면 정(靜)이 되며, 정(靜)이 음(陰)을 낳는다. 정(靜)이 극에
이르면 또 동(動)이 된다. 한 번 움직이고 한 번 멈춤[一動一靜]이 서로 그 뿌리
가 되어 음을 나누고 양을 나누어서 하늘과 땅(天地)이 성립한다[太極動而生陽
動極而靜 靜而生陰靜極復動 一動一靜 互爲其根 分陰分陽 兩儀立焉]"라는 말을
요약한 다음, 하늘(天)은 동(動)이며 초성이고, 땅(地)은 정(靜)이며 종성이고,
사람(人)은 동과 정이 겸함(動兼靜)으로 중성임을 설명하고 있다.

72) 盖五行 … 質之成也: 『성리대전』 권24 『홍범황극』 내편에는 "오행이 하늘(天)에
서는 오기(五氣, 다섯가지 기운)가 된다. 雨, 暘(晴), 燠(暖), 寒, 風이다. 땅(地)에
서는 오질(五質, 다섯가지 바탕)이 된다. 水, 火, 木, 金, 土이다[五行在天則爲五
氣雨暘 燠寒風也 在地則爲五 質水火木金土也]"라 하고 있다. 권25 〈오행인체성
정도(五行人體性情圖)〉에는 二陰欄에 肝心脾肺腎이 배열되어 있으며, 권27
〈오행조〉에는 "주자가 말하기를 기의 정영이 신이다. 金, 木, 水, 火, 土는 신이
아니다. 그래서 金, 木, 水, 火, 土를 신으로 보는 것은, 인간에 있어서는 이(理,
이치)가 된다. 그리하여 仁, 義, 禮, 智, 信으로 보는 것이 이것이다[朱子曰 氣之
精英者爲神 金木水火土非神 所以爲金木水火土者是神 在人則爲理 所以爲仁義

초성, 중성, 종성이 합하여 이루어진 글자(字, 글자 곧 음절구성)에 대하여 말하자면 또한 움직임과 멈춤(動靜)이 있음이 서로 근본이 되고, 음양이 만나 변하는 뜻이 있다. 동(動)이란 하늘(天)이요, 정(靜)이란 땅(地)요, 동정(動靜)을 겸한 것은 사람(人)이다. 대개 오행은 하늘(天)에 있어서는 신(神)의 운행이고, 땅에 있어서는 바탕이 이루는 것이며, 사람에게 있어서는 인(仁), 예(禮), 신(信), 의(義), 지(智)

禮智信者是也]” 등이 있어서 이를 종합하여 기술한 대목이다.

73) 其財成輔相 則必賴乎人也: 『역경』〈태괘〉에 “하늘(天)과 땅(地)이 교감하는 것이 태(泰)괘다. 군왕은 그것으로 하늘과 땅의 도를 재성하고, 하늘과 땅의 의(義)를 상보해서 백성을 부양한다[象曰, 天地交泰, 后以, 財成天地之道, 輔相天地之宜, 以左右民]”에서 따온 내용이다. 財는 裁의 뜻이며, 相은 佐의 뜻이고, 재성보상(財成輔相)은 재성은 천지의 도이며, 보상은 전지의 의(宜)인데 과오를 다스려 이루게 하고 부족한 것을 기워 도운다는 뜻. 곧 ‘잘 마름하여 지나치지 않도록 억제하고, 잘 도와서 미치지 않은 바를 깁도록 한다’는 뜻이다.

74) 終聲之復用初聲者 … 無不君宰也: 초성 글자가 그대로 종성 글자로 사용되는 것을 역리로 설명한 것임. 『태극도설』에서는 “그래서 동(動, 움직임)하는 것은 양(陽), 정(靜, 멈춤)인 것은 음의 본체다[所以動而陽 靜而陰之本體也]”라 했고 『통서』 순화 제11에서는 “하늘은 양(陽)을 가지고 만물을 생성하며, 음(陰)을 가지고 만물을 육성한다[天以陽生萬物 以陰成萬物]”라고 하였으며, 『역학계몽』에서는 “건으로 나누어 동(動)하여 양이 되는 것은 건(乾)이며, 정(靜)하여 음이 되는 것도 역시 건(乾)이다. 건(乾)은 실로 음과 양을 나누면서도 그것을 주재하지 않는 것이 없다는 것을 말한 것이다[蝟乾以分之, 則動而陽者乾也, 靜而陰者亦乾也, 乾實分陰陽而無不君宰也]”라고 한 것을 응용한 대목이다.

75) 一元之氣周流不窮: ‘一元’은 큰 근본(大本), 〈관윤자(關尹子)〉에 ‘先想乎一元之氣, 具乎一物’이라고 있음. 『황극경세서』〈經世一元消長之數圖〉에서는 30년을 一世, 12세를 一運, 30운을 一會, 12회를 一元이라 하고, 천지는 일원을 단위로 해서 변천한다고 하였으며, ‘窮則變, 變則生, 蓋生生而不窮也’라고 하였음.

76) 貞而復元: 『성리대전』 권26 〈이기(理氣) 1조〉에는 “주자가 이르되 모든 정이 다시 원을 생성하며 이와 같이 무궁하다[朱子曰…蓋是貞復生元 無窮如此]”라는 말이 있다. 또 권27 〈사시조〉에는 “주가가 이르되 일세로 말하면 춘하추동이 있고 건으로 말하면 원형이정이 있다[朱子曰…以一歲言之, 有春夏秋冬, 以乾言之, 有元亨利貞云云]”라고 있는데, ‘元=春, 亨=夏, 利=秋, 貞=冬’의 관계로 파악하고 있다.

가 신의 운행이요, 간肝, 심心, 비脾, 폐肺, 신腎(간장, 심장, 비장, 폐장, 신장)이 바탕을 이루는 것이다.

초성은 펼쳐져서 움직이는 뜻이 있으니 하늘(天)의 일이다. 종성은 그쳐 정해지는(止定) 뜻이 있으니 땅(地)의 일이다. 중성은 초성의 생겨남을 이어받아 종성의 이룸을 이으니 사람(人)의 일이다.[77]

대개 자운字韻(글자의 소리, 음절)의 핵심은 중성에 있으니, 초성에서 종성이 합하여 음(음절)을 이룬다. 이 또한 마치 하늘과 땅이 만물을 생성하나 그것을 재단하여 돕는 일(財成輔相)은 반드시 사람(人)에게 힘입는 것과 같다.

종성에 초성을 다시 쓰는 것은 동動하여 양陽인 것도 건乾이고, 정靜하여 음陰인 것도 또한 건乾으로, 건乾이 음양으로 갈라지더라도 주관하고 다루지 않는 것이 없는 때문이다. 일원一元(우주의 근원)의 기운이 두루 흐르고 통하여(周通) 사시의 운행이 순환循環하여 끝이 없는 때문에 원형이정元亨利貞의 정貞에서 다시 원元으로 돌아가고, 겨울(冬)에서 다시 봄(春)으로 돌아가는 것이다. 초성이 다시 종성이 되고 종성이 다시 초성이 되는 것도 또한 같은 뜻이다.[78]

---

77) 초성, 중성, 종성의 합성 원리를 요약하면 다음과 같다. 현대 분절음운론(Syllable phonology) 부합한다.

	음성원리	삼재	역학원리		
초성	發動(on-set)	하늘(天)	動	天之事	神之運
중성	承接(core)	사람(人)	兼動靜	人之事	人之事
종성	止定(cord)	땅(地)	靜	地之事	質之成

78) 천도(天道)인 "乾元亨利貞(건은 하늘을 뜻한다. 곧 크게 형통하고 바르면 이롭

[제자해 결사]

> 吁。正音作而天地萬物之理咸備。其神矣哉。是殆天啓
> 聖心而假手焉者乎。訣曰[79)]

아아! 정음正音이 만들어지는데 천지만물의 이치가 다 함께 갖추었으니 그 신비함이여, 이것은 아마도 하늘이 임금(聖上)의 마음을 열어서 (성인의) 솜씨를 빌려주신 것이로다.

결에 이르되[80)]

> 天地之化本一氣[81)]
> 陰陽五行相始終
> 物於兩間有形聲
> 元本無二理數[82)]通
> 正音制字尙其象[83)]
> 因聲之厲每加畫[84)]

다.)"는 말은 공영달(孔穎達, 574~648)의 『주역정의』에 네 덕으로 또는 사시로 해석한 것을 원용한 내용이다.

천도(天道)	건(乾)	원(元)	생겨남	봄(春)
		형(亨)	자람	여름(夏)
		이(利)	삶을 이룸	가을(秋)
		정(貞)	완성됨	겨울(冬)

79) '결(訣)'은 신민(信敏) 작으로 추정(박해진, 2015)하거나 후대에 추가된 것으로 추정(권재선, 1998)하기도 한다. 『절운지장도』〈변자모청탁가〉에서도 자모의 청탁 관계를 7언시의 형식으로 설명한 내용과 흡사하다.

80) 총 70행의 칠언고시.

81) 天地之化本一氣: 『역학계몽』에 '天地之間 一氣而已'라고 있어서 모든 것이 氣

音出牙舌脣齒喉

是爲初聲字十七

牙取舌根閉喉形

唯業似欲取義別。85)

舌迺86)象舌附上腭

脣則實是取口形

齒喉直取齒喉象

知斯五義87)聲自明

又有半舌半齒音

取象同而體則異

那彌戌欲聲不厲

次序雖後88)象形始

配諸四時與沖氣89)

五行五音無不協

維喉爲水冬與羽

牙迺春木其音角

。徵音夏火是舌聲

齒則商秋又是金

脣於位數本無定

土而季夏爲宮音

聲音又自有淸濁

要。於初發細推尋

全淸聲是君斗彆

卽戌挹亦全淸聲

若迺快吞漂侵虛

五音各一爲次淸

全濁之聲虯覃步

又有慈邪亦有洪

全淸並書爲全濁

唯洪自虛是不同

業那彌欲及閭穰

其聲不淸又不濁

欲之連書爲脣輕

喉聲多而脣乍合

中聲十一亦取象

精義未可容易。觀

吞擬於天聲最深90)

所以圓形如彈丸

卽聲不深又不淺

其形之平象乎地

侵象人立厥聲淺

三才之道斯爲備

洪出於天91)尙爲闔92)

象取天圓合地平

覃亦出天爲已闢

發於事物就人成

用初生義一其圓

出天爲陽在上外

欲穰兼人⁹³⁾爲再出

二圓爲形見°其義

君業戌彆出於地⁹⁴⁾

據例自知何須評

呑之爲字貫八聲⁹⁵⁾

維天之用徧流行

四聲⁹⁶⁾兼人亦有由

人參天地爲最靈⁹⁷⁾

且就三聲⁹⁸⁾究至理

自有剛柔與陰陽

中是天用陰陽分⁹⁹⁾

初迺地功剛柔彰

中聲唱之初聲和¹⁰⁰⁾

天先乎地理自然

和°者爲初亦爲終

物生復歸皆於坤

陰變爲陽陽變陰

一動一靜互爲根

初聲復°有發生義

爲陽之動主於天

終聲比地陰之靜

字音於此止定焉¹⁰¹⁾

韻成要在中聲用

人能輔相°天地宜¹⁰²⁾

陽之爲用通於陰

至而伸則反而歸103)

初終雖云分兩儀

終用初聲義可知

正音之字只卄八

探賾錯綜窮。深。幾104)

指遠言近牖民易°105)

天授何曾智巧爲

로 이루어지는 듯이 이해되기 쉬우나, 제자해의 첫머리에 있는 '天地之道 一陰陽五行而已'의 내용과 같은 말을 한 것으로 봄이 좋을 것임.

82) 리수(理數): 여기의 수는 우주 만물의 모든 현상을 수를 가지고 설명한 소옹의 설 등을 말하는 것임.

83) 상기상(尙其象): 정음 창제 때 자음자는 발음기관을, 모음자는 천, 지, 인 삼재를 상형하여 제자한 것을 이렇게 표현한 것. 尙其象은 그 모양 본뜨기를 주로 하였다(존중하였다)고 보는 것이 좋을 듯.

84) 화(畫): '획(劃)'의 의미로도 사용된다. 강신항(2003) 선생은 '劃'으로 바꾸어 놓았다.

85) 취의별(取義別): 여기의 '義'자는 ㆁ자의 상형 내용이 다른 아음자와 마찬가지로 ㄱ에서 나온 것이 아니고 ㆁ에서 나왔으므로 혀뿌리가 목구멍을 막은 모양을 본뜬 아음과는 그 제자 방식이 서로 다르다는 뜻.

86) 迺: 乃(내), 곧.

87) 오의(五義): 초성의 다섯 기본 글자를 상형한 뜻(이치)을 말하는 것.

88) 次序雖後: 제자해의 주에서 이미 설명한 바와 같이 不淸不濁에 속하는 那(ㄴ), 彌(ㅁ), 欲(ㅇ)은 중국 36자모표의 전청, 차청, 전탁, 불청불탁의 순서로 보아 끝이라는 뜻인데, 전청에 속하는 戌(ㅅ)자까지도 한 데 묶어 설명한 것은 사실과 어긋나나, '不厲'를 기준으로 삼아 기본 문자를 만들었음을 설명한 것이라고 할 수 있음.

89) 충기(冲氣): 『성리대전』 권1의 '태극도설해'(주자)에서 '土冲氣 故居中'이라고 하여 五行圖 中 가운데에 위치한 土를 '冲氣'라고 설명했음. '冲氣'는 '沖氣'이며 '천지간의 조화된 원기'를 말함.

90) 성최심(聲最深): 모음 글자에 대한 설명이 때로는 자형을, 때로는 음가를 중심으

로 하여 전개되고 있음. 여기서는 음가를 설명한 것임.

91) 출어천(出於天): ㅣ(洪)나 ㅏ(覃)가 ·(하늘)에서 나온 글자라는 뜻임.

92) 闔: 제자해의 주에서 설명한 대로 闔은 合口를 뜻하며 원순모음을 가리키고, 闢은 開口를 뜻하며 비원순모음을 가리킴. 따라서 여기서는 ㅗ모음이 闔(합구모음)이라는 뜻임.

93) 겸인(兼人): ㅛㅑ 등 이중모음이 ㅣ모음(즉 사람을 상형해서 만든 글자)과 결합된 것이라는 뜻.

94) 출어지(出於地): ㅜㅓㅠㅕ가 모두 ㅡ모음과 한 부류라는 뜻.

95) 관팔성(貫八聲): ㅗㅏㅜㅓㅛㅑㅠㅕ의 8모음에는 모두 ·자(즉 呑튼의 중성인 ·자)가 포함되어 있다는 뜻.

96) 四聲: 여기서는 ㅛㅑㅠㅕ를 말하는 것임.

97) 人參天地爲最靈: ㅛㅑㅠㅕ의 구조를 人(ㅣ모음)과 결합된 것으로 보고 붙인 설명임.

98) 三聲: 초성, 중성, 종성을 말하는 것임.

99) 陰陽分: 『성리대전』 권8 〈황극경세서〉 二 正聲正音表에서 소옹은 운모(중성 포함)를 天聲이라 하고서 陰陽과 결부하였고, 성모(초성)를 地音이라 하고서 剛柔와 결부하였는데 여기의 설명도 이런 이론을 바탕으로 한 것임. 즉 초성, 중성, 종성을 깊이 살피면 초성과 결부된 강유와, 운모와 결합된 음양이 있는 것을 알게 되고, 중성은 하늘의 쓰임(天用)이며 또 음양으로 나뉜다는 설명임.

100) 中聲唱之初聲和: 운도에서 성모(地)와 운모(天)의 결합으로 字音을 표시하는 원리를 한글과 결부하여 설명한 것.

101) 字音於此止定焉: 한자음이 초성, 중성, 종성으로 갖추어진다고 보고, 초성을 陽(動)과 天, 종성을 陰(靜)과 地로 본 설명임. 그래서 종성에 따라 자음이 정해진다고 한 것임.

102) 人能輔相天地宜: 人, 즉 ㅣ모음이 포함되어 있는 중성이, 天=초성, 地=종성을 도와 하나의 자음을 형성한다는 뜻임.

103) 至而伸則反而歸: 『태극도설』의 '太極動而生陽 動極而靜 靜而生陰靜極復動 一動一靜 互爲其根 分陰分陽 兩儀立焉'의 개념을 응용하여 설명한 것임. 즉 지극한 데 이르러 펴면 돌이켜 되돌아온다는 것은 양이 극에 이르면 음이 생겨나듯이 종성 글자에 초성 글자를 다시 쓰는 것을 말함.

104) 探賾錯綜窮深幾: '探賾'은 '감추어져 있어서 분명치 않은 것을 찾아내어 밝히는 것', '錯綜'은 '복잡하게 서로 얽힌 것, 또는 여러 가지로 서로 얽은 것', '深'은 '깊은 이치', '幾'는 '시초, 까마득한 것, 玄妙한 것'을 뜻하며 모두 『역경계사』편에 나오는 말로서 원래는 모두 역에 관련된 설명이었으나, 해례 편찬자들은 이 내용을 훈민정음과 결부하여 설명한 것임. 즉 '훈민정음은 겨우 28자이지만 깊은 이치와 복잡한 내용을 찾아낼 수 있고, 깊고 玄妙한 원리를 밝혀낼 수

(초성의 제자 원리)

하늘과 땅의 조화는 본래가 하나의 기운이며

음양과 오행이 서로 시종終始(처음과 끝) 관계하네.

만물은 (하늘과 땅) 둘 사이에 형形과 소리聲가 있으니

근본은 둘이 아니니 이치와 수가 통하도다.

정음의 제자 원리는 그 모양을 모상하되

소리가 거셈에 따라 획을 더하였네

아牙, 설舌, 순脣, 치齒, 후喉에서 소리가 나니

이것이 초성의 열일곱 글자라.

아음牙音은 혀뿌리가 목구멍을 막는 그 모양은

오직 ㆁ(業)는 ㅇ(欲)과 소리 비슷하니 뜻을 취함이 다르고

설음舌音은 윗 잇몸과 입천장에 혓바닥 닿는 모양 본떴고

순음脣音은 그 실상 입 모양 취한 것이네.

치음齒音와 후음喉音도 바로 이와 목구멍의 모양 취한 것이니

그 다섯 뜻 알면 소리는 저절로 밝혀지리.

그러고 반설半舌과 반치半齒의 음이 있는데

본뜬 것은 같아도 모양이 달리 하네.

ㄴ(那)와 ㅁ(彌) ㅅ(戌)과 ㅇ(欲) 소리가 세지 않아서

순서로는 뒤에 있으나 모양을 본뜨는 데는 시초로 삼네.

있다'고 설명한 것임. 〈동국정운 서문〉에도 '探賾鉤深'이라는 말이 있는데 역시 〈계사〉편에 있는 말임.

105) 유(牖): 『시경』〈대아〉〈生民之什 板〉편에 '天之牖民'이란 말이 있음. '유(牖)' 는 인도할 유.

(초성의 글자와 음양오행)

사시四時와 충기冲氣(오행도 가운데 중앙 곧 토)에 맞추어 보면
오행과 오음에 맞지 않는 것이 없네.

후음喉音은 오행으로는 수水가 되고 계절로는 겨울冬, 오성으로
는 우羽가 되며

아음牙音은 계절로는 봄(春)과 오행으로는 목木, 그 소리는 각角
이네.

오성으로 치음徵音은 계절로는 여름夏과 오행으로 화火, 그것이
곧 설음이며

치음徵音은 오성으로는 상商, 계절로는 가을秋, 오행으로는 금金
이네.

순음脣音만이 위位(자리)와 수數(성수)가 본래 정定한 바 없어도
오행은 흙土이요, 계절로는 늦여름季夏요, 오음은 궁宮음이로다.

(초성 글자의 음성적 특징)

말소리聲音엔 제 각각 청탁淸濁이 있으니
첫소리 거기서 자세히 살펴야 하네.
전청全淸의 소리는 ㄱ(君)과 ㄷ(斗) 또는 ㅂ(彆)
ㅈ(卽), ㅅ(戌) ㆆ(挹) 그 또한 전청의 소리네.
ㅋ(快), ㅌ(呑), ㅍ(漂), ㅊ(侵), ㅎ(虛)로 넘어가면
이 오음 중 하나씩 차청次淸이 되네.
전탁全濁의 소리는 ㄲ(虯)와 및 ㄸ(覃)과 ㅃ(步)
또 다시 ㅉ(慈)와 ㅆ(邪) 또 다시 ㆅ(洪)이 있네.
전청全淸의 글자를 병서並書하면 전탁全濁이 되지만

오직 ㆅ(洪)만은 ㆆ(虛)로부터 오는 것만 다르네.

ㅇ(業)과 ㄴ(那) ㅁ(彌)와 ㅇ(欲) 그리고 ㄹ(閭)와 △(穰)

그 소린 불청불탁不淸不濁이네.

(순음 밑에) ㅇ(欲)자를 연서連書하면 순경음脣輕音 글자 되는데

후성喉聲이 많고도 입술 잠깐 다무는 것이네.

(중성 열 한자 제자 원리)

열한 자 중성도 모양 본떴으니

그 깊은 뜻 쉽사리 살펴 볼 수 없으리.

·(呑)은 하늘(天) 본떠 소리도 가장 깊은데

그래서 둥근 모양 탄환과 같네.

ㅡ(卽) 소린 깊지도 얕지도 않아서

그 형상이 평평함은 땅을 본떴네.

사람 선 ㅣ(侵)의 모상, 그 소린 얕으니

삼재ㅡㅓ의 도가 여기서 갖추어졌네.

ㅗ(洪)은 하늘天에서 나왔으나 아직 닫혀 있으니

하늘의 둥긂과 땅의 평평함을 본땄네.

ㅏ(覃) 또한 하늘天에서 나오되 이미 열렸으니(闢, 개구, 개모음)

사물에서 나와서 사람을 통해 이루는 진 것을 뜻하네.

처음 생겨난다는初生 뜻으로 둥근 점이(·) 오직 하나요

하늘에서 나와서 양陽이 되니 점이 위와 밖에 있네.

ㅛ(欲) ㅑ(穰)는 사람ㅅ 겸兼해 재출再出이 되나니

두 둥근 점으로 그 모양 만들어 그 뜻을 보였네.

ㅜ(君)와 ㅓ(業) ㅠ(戌)와 ㅕ(彆)가 땅地에서 나온 건

앞의 예로 미루어 저절로 알 수 있는데 또 무엇을 물으리오.
·(呑)자가 여덟 소리에 고루 들어간 것은
하늘(天)의 작용(用, 쓰임)이 두루 흘러가기 때문이네.
네 소리四聲(ㅛㅑㅠㅕ)가 사람을 겸함한데 또 까닭 있으니
하늘과 땅에 참여해 사람이 가장 신령하기 때문이네.

(초성과 중성의 대비)
삼성三聲(초, 중, 종)에 대해 깊은 이치至理(이치에 이름)를 살피면
그 안에 강剛(단단함)과 유柔(부드러움)와 음陰과 양陽 있네.
중성은 하늘의 작용用이니 음과 양으로 나뉘고
초성은 땅地의 공功, 강과 유가 드러나네.
중성이 부르면 초성이 화답하는데
하늘이 땅보다 앞 섬은 자연한 이치요.
화답하는 그것이 초성初聲되고 종성終聲도 되니
만물이 생겨 되돌아가는 곳이 땅坤이기 때문이네.
음이 변해 양이 되고 양이 변해 음이 되니
일동一動과 일정一靜에 서로 근본이네.

(초성을 다시 종성으로 쓰는 이치)
초성엔 또 다시 발생發生(피어서 생겨남)의 뜻이 있어
양의 동動이 되므로 하늘天에서 주관하는 일이네.
종성은 땅地에 비기어 음의 멈춤(靜)이 되니
글자의 소리가 여기서 그쳐 정定했는 것이네.
자운字韻을 이루는 요점은 중성의 작용에 있으니

사람ㅅ이 능히 보필하고 도아 천지가 편안한 것과 같네.

양의 작용은 음에도 통하여

(양이 음에) 지극한 데에 이르러 펴면 도로 되돌아오네.

초성과 종성이 비록 양의兩儀로 나뉘어진다 하나

종성에 초성을 쓰는 그 뜻을 알 만하네.

(마무리)

정음 글자는 다만 스물과 여덟이나

얽힌 것을 찾으며 깊은 것 뚫었네.

뜻은 심원하지만 말은 비근하여 계몽啓蒙에 쓰임이 많으니

하늘이 주신 바라. 어찌 지교智巧(지혜와 재주)로 만든 것이리요?[106]

---

106) 이상규,『한글공동체』, 박문사, 2015, 37~39쪽 참조. 책의 크기는 32.2×16.3cm
또는 29×20cm로 보고 있는데, 뒤의 것은 개장한 뒤에 측정한 크기이다. 반곽의
크기는 23.2×16.5cm 또는 23.3×16.8cm, 29.3×20.1cm 등을고 들쭉날쭉하다.
대체로 반곽의 크기는 22.6×16cm 정도라고 볼 수 있다. 그리고『훈민정음』
해례본의 글자 숫자는 아래와 같다.
　　예의편은 총 405인데, 어제 서문이 53자이며, 예의는 총 348자이다. 초성
자형 음가를 밝힌 내용은 203자, 중성 자형 음가는 66자, 종성 규정은 6자,
기타 운용에 대한 내용은 73자이다. 한편 해례편은 본문 곧 어제 서문과 예의편
이 438자이며, 해례 부분의 제자해는 2,320자, 초성해는 169자, 중성해는 283자,
종성해는 487자, 합자해는 673자, 용자례는 431자, 정인지 서문은 558자이다.
세종의 서문의 한자수는 53자이고, 언해문은 108자인데, 이 숫자에 맞추기 위하
여 언해나 한자 사용에 인위적인 조절이 있었다는 주장도 있다. 예를 들면 김광
해,「훈민정음의 우연들」,『대학신문』(서울대학교) 1982년 11월 19일자 및「훈
민정음과 108」,『주시경학보』제4호(탑출판사, 1989), 158~163쪽의 논설이 있
다. 해례본은 현재 간송미술관본과 상주본 두 종류가 있다. 이상규,『잔본 상주
본『훈민정음』」,『한글』제298집, 한글학회, 2012 참조.

제2장 초성해(初聲解)

正音初聲。卽韻書之字母也。[1] 聲音由此而生。故曰母。[2] 如牙音
君字初聲是ㄱ。ㄱ與ㅜ而爲군。快字初聲是ㅋ。ㅋ與ㅙ而爲:쾌。虯
字初聲是ㄲ。ㄲ與ㅠ而爲뀨。業字初聲是ㆁ。ㆁ與ㅓ而爲·업之類。
舌之斗呑覃那。脣之彆漂步彌。齒之卽侵慈戌邪。喉之挹虛洪欲。半
舌半齒之閭穰。皆倣此。訣曰

　정음의 초성은 곧 운서의 자모字母니 성음(말소리)이 이로부터
생기므로 모(母)라고 이르느니라. 아음의 군(君)자 초성은 곧 ㄱ이
니 ㄱ이 ㅜ과 더불어 군이 된다. 쾌(快)자의 초성은 ㅋ이니 ㅋ가

---

1) 正音初聲 韻書之字母也: 중국 성운학(음운학)에서 말하는 36자모가 한자음의
　모든 頭子音을 조음 위치와 조음 방식 그리고 음의 성질에 따라서 분류 정리하고
　하나의 한자로써 하나의 자음을 표시하도록 마련된 것이므로, 그 성격에 있어서
　는 표음문자인 훈민정음의 초성 글자와 같음. 그래서 이렇게 표현한 것임.

내와 어울려 :쾌가 된다. 규(虯)자의 초성은 ㄲ이니, ㄲ가 ㅠ로
더불어 뀨가 된다. 업(業)자의 초성은 ㆁ이니 ㆁ가 ㅓㅂ과 어울려
·업이 되는 류와 같다. 설음舌音의 ㄷ(斗), ㅌ(呑), ㄸ(覃) ㄴ(那),
순음脣音의 ㅂ(彆), ㅍ(漂), ㅃ(步), ㅁ(彌), 치음齒音의 ㅈ(卽), ㅊ(侵),
ㅉ(慈), ㅅ(戌), ㅆ(邪), 후음喉音의 ㆆ(挹), ㅎ(虛), ㆅ(洪), ㅇ(欲), 반
설음半舌音과 반치음半齒音의 ㄹ(閭)와 ㅿ(穰)은 모두 이와 같다.

  결에 가로되

　君快虯業其聲牙
　舌聲斗呑及覃那
　彆漂步彌則是脣
　齒有卽侵慈戌邪
　挹虛洪欲迺喉聲
　閭爲半舌穰半齒

	전청	차청	전탁	불청불탁
어금닛소리(牙)	君(군)	快	虯	業
혓소리(舌)	斗	呑	覃	那
입술소리(脣)	彆	漂	步	彌
잇소리(齒)	卽	侵	慈	
	戌		邪	
목구멍소리(喉)	挹	虛	洪	欲
반혓소리(反舌)				閭
반잇소리(反齒)				穰

2) 聲音由此而生 故曰母: 여기서는 해례 편찬자들이 자모에 대하여 설명한 것은
   사실을 반대로 설명한 것이다. 자모란 각 어두자음을 분류해서 하나의 어두자음
   을 나타내도록 그 대표로 정해진 것을 말하는 것이지, 자모가 먼저 있어 거기서
   성음이 생겨나는 것이 아니므로, '故曰母'라는 표현은 정당하지 않음.

二十三字是爲母[3)]

萬聲生生皆自此

ㄱ(君)과 ㅋ(快) ㄲ(虯)와 ㆁ(業) 그 소리가 아음이고

설음舌聲은 ㄷ(斗)와 ㅌ(呑) 그리고 ㄸ(覃)과 ㄴ(那)이네

ㅂ(彆)과 ㅍ(漂) ㅃ(步)와 ㅁ(彌) 그 모두 입술소리(脣)이요

치음齒聲에는 ㅈ(卽), ㅊ(侵), ㅉ(慈), ㅅ(戌), ㅆ(邪)가 있네.

ㆆ(挹)과 ㅎ(虛) ㆅ(洪)과 ㅇ(欲) 그는 곧 후음喉聲이며

ㄹ(閭)는 반설半舌이요 ㅿ(穰)은 반치半齒이다.

스물세 글자가 자모를 이루어

온갖 소리가 나고 모두다 여기서 시작되네.

---

3) 二十三字是爲母: 훈민정음의 자음(子音)은 제자해에서 '初聲凡十七字'라고 했
   으나 전탁(全濁: 각자병서)까지 합하면 23자이므로 여기에서 이렇게 말하였음.

70

제3장 중성해(中聲解)

[중성의 정의와 음절 구성]

> 中聲者◦居字韻之中◦合初終而成音◦[1]如呑字中聲是·◦·居ㅌㄴ
> 之間而爲튼◦即字中聲是ㅡ◦ㅡ居ㅈㄱ之間而爲즉◦侵字中聲是ㅣ◦
> ㅣ居ㅊㅁ之間而爲침之類◦洪覃君業欲穰戌彆◦皆倣此◦

　중성은 자운字韻(한자음 가운데 운모)의 한 가운데 있어서 초성

---

1) 中聲者 居字韻之中 合初終而成音: 여기에서는 중성이 자운의 초성, 종성 가운
데 있다고 설명하였으나 자음 중에는 반모음 j, w로 끝내는 快/kʼwaj/, 好/xaw/
같은 것도 있는데, 훈민정음 창제자들은 음절말의 j도 중성에 포함시켰다(-w는
ㅂ로 표기하여 종성으로 처리하였음). 따라서 여기의 설명이 중성의 개념과
꼭 일치하는 것은 아니다. '자운'은 하나의 음절을 구성하는 한자음을 가리키며
'성음'은 음절을 이룬다는 뜻으로 쓰이고 있다. 흔히 말하는 '운'이란 하나의
음절을 이루는 자음에서 어두자음을 제외한 나머지 요소 전부를 가리키는데,
해례 편찬자들은 중성해와 종성해에서 '居字韻之中'이니 '成字韻'이라 해서 '字
韻'이라는 술어를 하나의 음절을 이루는 한자음처럼 쓰고 있음.

과 종성을 어울러서 음을 이룬다.

탄(呑 튼)자의 중성은 곧 ·인데 ·가 ㅌㄴ의 사이에 있어서 튼이 된다. 즉(卽)자의 중성은 곧 ㅡ인데 ㅡ가 ㅈ와 ㄱ의 사이에 있어서 즉이 된다. 침(侵)자의 중성은 곧 ㅣ인데 ㅊ와 ㅁ의 사이에 있어서 침이 되는 류와 같다. 홍(洪), 땀(覃), 군(君), 업(業), 욕(欲), 샹(穰), 슌(戌), 볃(彆)도 모두 이런 식으로 한다.[2]

[중성 합용]

二字合用[3]者。ㅗ與ㅏ同出於·。故合而爲ㅘ。ㅛ與ㅑ又同出於ㅣ。故合而爲ㆇ。ㅜ與ㅓ同出於ㅡ。故合而爲ㅝ。ㅠ與ㅕ又同出於ㅣ。故合而爲ㆊ。以其同出而爲類[4]故相合而不悖也。一字中聲之與ㅣ相合者十。ㆍㅣㅢㅚㅐㅟㅔㅚㆉㅞㆌ是也。二字中聲之與ㅣ相合者四。[5]ㅙㅞㅙㆋ是也。ㅣ於深淺闔闢之聲[6]並能相隨者以其舌展聲淺而便於開口也。亦可見人之參贊開物[7]而無所不通也。訣曰

---

2) 중성의 음절 구성 방식을 설명한 내용이다. 이를 요약하면 다음 표와 같다.

중성(음절핵)	초성	중성	종성	자운(음절)
·	ㅌ	·	ㄴ	呑
ㅡ	ㅈ	ㅡ	ㄱ	卽
ㅣ	ㅊ	ㅣ	ㅁ	侵

3) 합용(合用): 두 글자 이상을 합해서 쓰는 것을 『훈민정음 해례』에서는 초성에서와 마찬가지로 중성에서도 합용이라고 했음.

4) 同出而爲類: 두 가지 모음 글자를 아울러 쓸 때에도 원래 ·모음을 바탕으로 해서 만들어진 양성모음은 양성모음끼리, 원래 ㅡ모음을 바탕으로 해서 만들어진 음성모음은 음성모음끼리 결합됨을 설명한 글임. 그래서 ㅗ+ㅏ → ㅘ, ㅜ+ㅓ → ㅝ가 되었음.

5) 與ㅣ相合者四: 『훈민정음 해례』 중성해에서는 단모음과 중모음을 합해서 29개 모음자를 제시하였으나 이들 가운데 'ㅙ' 등 2개 모음은 국어나 한자음 표기에

72

두 자를 합용하는 것은 ㅗ와 ㅏ가 똑같이 ·에서 나온 까닭에 합해서 ㅘ가 된다. ㅛ와 ㅑ가 똑같이 ㅣ에서 나온 까닭에 합해서 ㆇ가 된다. ㅜ가 ㅓ로 똑같이 ㅡ에서 나온 까닭에 합해서 ㅝ가 된다. ㅠ가 ㅕ로 똑같이 ㅣ에서 나온 까닭에 합해서 ㆊ가 되는 것이다. 함께 나온 것 끼리 유가 됨으로써 서로 합해서 어그러지지 않는다.

한 글자(字)로 된 중성으로서 ㅣ와 서로 합한 것은 열이니 곧 ㆎ ㅢ ㅚ ㅐ ㅟ ㅔ ㆉ ㅒ ㆌ ㅖ가 그것이다. 두 글자로 된 중성으로서 ㅣ와 서로 합한 것은 넷이니, 곧 ㅙ, ㅞ, ㅙ, ㅞ가 그것이다. ㅣ가 깊고(深), 얕고(淺), 합(闔)되고, 벽(闢)되는 소리에 아울러 능히 서로 따를 수 있는 것은 혀가 펴지고 소리가 얕아서 입을 열기에 편한 때문이다. 또한 가히 사람이 물건을 여는데 참찬參贊(일에 관여하고 돕는 것)하여 통하지 않는 바가 없음을 알 수 있다.[8]

결訣에 가로되

쓰이지 않았음.

6) 深淺闔闢之聲: 제자해에서 각 모음의 성격에 대하여 따로따로 설명한 것을 여기에서 한꺼번에 종합하여 설명한 것임. 예를 들면 ·는 심(深), ㅡ는 합(闔)임. 그러나 ㅣ모음은 천(淺)이나 여기서는 ㅣ모음과 결합되는 중모음을 설명한 것이므로 여기의 천모음은 불심불천인 ㅡ모음을 가리킴.

7) 開物: 개발한다는 뜻. 또 『역경계사』 상에는 '開物成務'라 하여 '태고 시대에 人知가 발달하기 전에 사람으로 하여금 卜筮에 의하여 길흉을 알고, 害를 피하는 지혜를 계발하여, 이로써 사업을 이루게 하는 일'이라는 뜻으로 쓰이고 있었으나, 후에 '사람의 지식을 계발하여 사업을 달성시킨다'는 뜻으로 쓰이게 되었음. 物은 사람. 務는 사업.

8) 중성자의 기본자와 합용 방식을 설명한 애용이다. 이를 요약하면 다음 표와 같다.

母字之音[9]各有中

須就中聲尋闢闔

洪覃自吞可合用

君業出則亦可合

欲之與穰戌與彆

各有所從義可推

侵之爲用最居多

於十四聲徧相隨

자모의 소리마다 제각기 중성이 있으니

모름지기 중성에서 열리고(闢) 닫힘(闔)을 찾아야 하네.

ㅗ(洪)와 ㅏ(覃)는 ·(吞)에서 나왔으니 합해서 쓸 수 있고

ㅜ(君)와 ㅓ(業)는 ㅡ(即)에서 나왔으니 또한 가히 합할 수 있네.

ㅛ(欲)나 ㅑ(穰), ㅕ(彆)이나 ㅠ(戌)나 ㅕ(穰)도 제각기

그것이 나온 글자를 따라 그 뜻을 미루어 알리라.

ㅣ(侵)의 쓰임이 가장 많으니 열넷 소리에 두루 따르네.

		중성 글자	제자방법
기본자	상형자	· ㅡ ㅣ	상형
	초출자	ㅗ ㅏ ㅜ ㅓ	합성
	재출자	ㅛ ㅑ ㅠ ㅕ	
합용	2자상합	ㅘ ㅝ ㅑ ㅖ	초출자+재출자
		ㅣ ㅢ ㅚ ㅐ ㅟ ㅢ ㅒ ㅖ ㅖ	1자중성+ㅣ
	3자상합	ㅙ ㅞ ㅙ ㅞ	2자 중성+ㅣ

9) 母字之音: '모(母)'를 방종현은 '매(每)'의 오자로 처리하였으나 음절의 핵모음
을 뜻하는 원본의 '모(母)'가 옳은 것이다.

제4장 종성해(終聲解)

[종성의 정의와 기능]

> 終聲者。承初中而成字韻。如卽字終聲是ㄱ。ㄱ居즈終而爲즉。洪
> 字終聲是ㅇ。ㅇ居ᅘᅩ終而爲뽕之類。舌脣齒喉皆同。

종성은 초성과 중성을 이어받아서 자운字韻을 이룬다.[1]

즉(卽)자의 종성은 곧 ㄱ니 ㄱ는 즈의 끝에 놓여서 즉이 된다.
뽕(洪)자의 종성은 곧 ㅇ이니 ᅘᅩ의 끝에 놓여서 뽕이 되는 유와
같다. 혓소리(舌), 입술소리(脣), 잇소리(齒), 목구멍소리(喉)도 모
두 한가지이다.

---

1) 예의에서 "終聲復用初聲"의 규정보다는 훨씬 명확하게 규정하고 있다. 예의에
서는 종성의 제자로 초성과 그 꼴이 같다는 의미도 되고 종성에 초성 글자를
쓸 수 있다는 뜻도 있어 매우 중의적인 데 비해 여기서는 '초+중+종'의 음절
수성의 원리로 설명하고 있다.

[종성 표기방법]

> 聲有緩急之殊。故平°上去其終聲不類入聲之促急。2)不淸不濁之
> 字。其聲不厲。故用於終則宜於平°上去。全淸次淸全濁之字。其聲
> 爲厲。故用於終則宜於入。所以ㆁㄴㅁㅇㄹㅿ六字爲平°上去聲之
> 終。而餘皆爲入聲之終也。

소리에는 느리고 빠름(緩急)의 차이가 있는 까닭에 평성(平),
상성(上), 거성(去)은 그 종성이 입성의 촉급(促急)함과 같지 않다.
불청불탁의 글자는 그 소리가 거세지 않은 까닭에 종성으로 쓰면
평성(平), 상성(上), 거성(去)에 속한다. 전청, 차청, 전탁의 글자는
그 소리가 거세므로 종성에 쓰면 마땅히 입성에 속하게 된다.
그러므로 ㆁㄴㅁㅇㄹㅿ의 여섯 자는 평성, 상성, 거성의 종성이
되고 그 나머지는 모두 입성의 종성이 된다.

[종성 표기방법]

> 然ㄱㆁㄷㄴㅂㅁㅅㄹ八字可足用也。3)如빗곶爲梨花。영·의갗
> 爲狐皮。而ㅅ字可以通用。故只用ㅅ字。且ㅇ聲淡而虛。不必用於終
> 。4)而中聲可得成音也。ㄷ如볃爲彆。ㄴ如군爲君。ㅂ如업爲業。ㅁ
> 如땀爲覃。ㅅ如諺語·옷爲衣。ㄹ如諺語:실爲絲之類。

---

2) 聲有緩急之殊 … 入聲之促急: 원래 한어의 성조는 음절 전체의 높낮이를 말하는
   것인데, 음절 말음이 -p, -t, -k이었던 음절(자음)들을 입성이라고 해 왔으므로,
   여기서도 우선 종성만을 가지고 평성, 상성, 거성(緩)과 입성(急)으로 구분하여
   설명하였음.

3) 八字可足用也: 국어의 자음은 예를 들면 어두에서는 ㄷ[t-]과 ㅌ[tʻ-]이 구별되

그러나 ㄱㅇㄷㄴㅂㅁㅅㄹ의 8자 만으로 충분히 쓸 수 있다. 빗곳(梨花), 엿·의갗(狐皮)과 같은 경우에는 ㅅ자로 통용할 수 있기 때문에 다만 ㅅ자를 쓰는 것과 같다. 또 ㅇ는 소리가 맑고 비어서 종성에 반드시 쓰지 않아도 중성으로 소리를 이룰 수 있다. ㄷ는 볃(彆)이 되고 ㄴ은 군(君)되고 ㅂ는 ·업(業)되고 ㅁ는 땀(覃)되고 ㅅ는 고유어(諺語)에 ·옷(衣)이 되고 ㄹ는 고유어(諺語)에 :실(絲)이 되는 유와 같다.

[완급에 따른 종성 대립]

五音之緩急。亦各自爲對。如牙之ㆁ與ㄱ爲對。而ㆁ促呼則變爲ㄱ而急。ㄱ舒出則變爲ㆁ而緩。舌之ㄴㄷ。脣之ㅁㅂ。齒之ㅿㅅ。喉之ㅇㆆ。其緩急相對。亦猶是也。

오음五音의 느리고 빠름이 또한 각각 스스로 대對가 된다. 아음牙音의 ㆁ는 ㄱ과 대對를 이루어 ㆁ을 빨리 소리를 내면 ㄱ로 변하여 빠르게 되고 ㄱ를 천천히 소리 내면 ㆁ로 변하여 느리게 된다.

나 음절말에서는 중화 작용을 일으켜 다 같이 ㄷ[-t]으로 발음되어 ㄷ과 ㅌ이 구별되지 않음. 훈민정음 해례 편찬자들도 이 현상을 파악하고 있어서 예의에서는 '終聲復用初聲'이라고 하였으나 종성해에서는 23초성자 가운데에서 8자만 필요하다고 해서 '八字可足用也'라고 하였고, 초기의 '정음' 문헌에서도 몇 문헌을 제외한 모든 문헌에서 팔종성만 가지고 표기했음.

4) ㅇ聲淡而虛 不必用於終: 모든 字音은 초성, 중성, 종성을 갖추고 있어야 된다고 하여 이른바 『동국정운』식 한자음 표기에서는 중성으로 끝난 한자에도 ㅇ종성을 표기했었는데, 여기에서는 국어 표기를 설명한 것이므로 이렇게 말하고 국어 표기에서는 중성으로 끝난 음절 밑에 일일이 ㅇ자를 표기할 필요가 없다고 한 것임. 한어의 字音을 기록한 『홍무정운역훈』(1455)에서도 종성 표기에 'ㅇ'은 쓰이지 않았음.

설음舌音의 ㄴㄷ, 순음脣音의 ㅁㅂ, 치음齒音의 ㅿㅅ, 후음喉音의 ㅇㆆ
도 그 느리고 빠름이 서로 대對가 되는 것이 또한 이와 같다.

[반설음 ㄹ의 종성표기]

> 且半舌之ㄹ。當用於諺。而不可用於文。如入聲之彆字。終聲當用
> ㄷ。[5]而俗習讀爲ㄹ。盖ㄷ變而爲輕也。若用ㄹ爲彆之終。則其聲舒
> 緩。不爲入也。訣曰

또 반설음半舌音의 ㄹ는 마땅히 고유어(諺語)에 쓸 것이요, 한자
어에는 쓸 수 없다. 입성의 '彆볃'자와 같은 것도 종성에 마땅히
ㄷ를 써야 하나 세속의 관습(俗習)에서 ㄹ로 읽는 것은, 대개 ㄷ가
변해서 가볍게 된 것이다. 만약 ㄹ로 '彆'의 종성을 삼으면 그
소리가 느리서 입성이 되지 않는다.[6]

결에 가로되

---

5) 終聲當用ㄷ: 중국에서 들어온 한자음 가운데, -t 입성이었던 것이 우리나라에서
는 모두 -ㄹ[l]로 발음되어 여기에서는 원래의 음대로 -ㄷ[-t]음으로 발음하라
고 규정한 것인데, 1447(세종 29)년에 편찬 완료된 『동국정운』에서는 소위 '以
影補來'식 표기법을 택하여 한자음의 -ㄷ입성 표기에 'ㄹㆆ'을 사용했음.

6) 반설음 'ㄹ'은 우리말에서 종성으로 쓰고 한자음에서는 'ㄹ'을 사용하지 못하도
록 한 규정이다. 한자음 입성 [t]가 우리말에서는 비입성자 'ㄹ'로 대응되기 때문
에 『동국정운』에서도 "질운과 물운 등 여러 운에서 마땅히 단모로써 종성을
삼아야 하지만 세속에서는 래(來)모로서 종성을 삼고 있다. 다라서 그 소리가
느려 입성으로 마땅하지 않으니 사성이 변한 것이다[質勿諸韻宜以端母爲終聲
以俗用來母. 其聲徐緩 不宜入聲 此四聲之變也]"라고 하여 곧 우리말에서 ㄹ종
성에는 ㆆ을 덧붙이는 이영보래(以影補來) 규정을 만들었다.

不清不濁用於終

爲平°上去不爲入

全淸次淸及全濁

是皆爲入聲促急

初作終聲理固然

只將八字用不窮

唯有欲聲所當處

中聲成音亦可通

若書卽字終用君

洪彆亦以業斗終

君業覃終又何如

以那彆彌次第推

六聲[7]通乎文與諺

戌閭用於諺衣絲

五音緩急各自對

君聲迺是業之促

斗彆聲緩爲那彌

穰欲亦對戌與挹

閭宜於諺不宜文

斗輕爲閭是俗習

불청불탁의 음을 종성에 쓰면

---

[7] 六聲: ㄱㄴㄷㅁㅂㅇ을 말함.

평성, 상성, 거성은 되지만 입성은 되지 못하네.

전청과 차청과 및 전탁은

모두 입성이리 촉급히네.

초성이 종성되는 이치가 원래 그러하니

다만 8자로 써도 막힘이 없네.

다만 ㅇ(欲)가 있어야 할 곳에는

중성으로도 소리 이룰 수 있어 가히 통할 수 있네.

즉(即)자의 종성을 쓰려면 ㄱ(君)을 쓰고

뽕(洪), 볃(彆)은 모두 ㆁ(業)와 ㄷ(斗)를 종성으로 하네.

군(君)과 ·업(業) 및 땀(覃)의 종성은 또 무엇인가?

차례로 ㄴ(那)와 ㅂ(彆) ㅁ(彌)이라네.

여섯 음(六聲, ㄱㆁㄷㄴㅂㅁ)은 한어와 고유어(諺語)에 모두 쓸 수 있지만

ㅅ(戌), ㄹ(閭)는 각기 고유어(諺語)의 옷, 실에서처럼 쓰이네.

오음五音의 느림과 빠름(緩急)이 다 각각 대對되니

ㄱ(君)은 ㆁ(業)을 빠르게 낸 소리네.

ㄷ(斗)와 ㅂ(彆)를 천천히 소리 내면 ㄴ(那), ㅁ(彌)이 되며

ㅿ(穰)와 ㅇ(欲)는 또한 ㅅ(戌), ㆆ(挹)에 짝이 되네.

ㄹ(閭)은 고유어의 종성에 쓰이나 한자엔 쓰이지 않고

ㄷ(斗)이 ㄹ(閭)로 된 것은 곧 속습俗習이라네.

제5장 합자해(合字解)

[합자의 개념과 방법]

> 初中終三聲。合而成字。[1] 初聲或在中聲之上。或在中聲之左。如
> 君字ㄱ在ㅜ上。業字ㆁ在ㅓ左之類。中聲則圓者橫者在初聲之下。·
> ㅡㅗㅛㅜㅠ是也。縱者在初聲之右。ㅣㅏㅑㅓㅕ是也。如吞字·在
> ㅌ下。卽字ㅡ在ㅈ下。侵字ㅣ在ㅊ右之類。終聲在初中之下。如君字
> ㄴ在구下。業字ㅂ在어下之類。

초성, 중성, 종성의 세 소리가 합하여 한 글자를 이룬다.

초성은 혹 중성 위에도 있고 혹은 중성 왼편에도 있으니 군(君)
자 ㄱ가 ㅜ 위에 있고 업(業)자 ㆁ이 ㅓ 왼쪽에 있는 따위이다.

---

1) 初中終三聲 合而成字: 훈민정음에서는 초성, 중성, 종성과 초성자, 중성자, 종성
   자를 동일시한 듯하여, '成字'의 '字'는 초성, 중성, 종성이 합해서 이루어지는
   음절 글자를 뜻함.

중성은 둥근 것과 가로된 것은 초성 아래에 있는 것이니 곧 ·
ㅡㅗㅛㅜㅠ 등이다. 세로된 것은 초성 오른 편에 있으니 곧 ㅣㅏ
ㅑㅓㅕ가 이것이다. 탄(呑)자 ·가 ㅌ 아래 있고 즉(即)자 ㅡ가 ㅈ
아래 있고 침(侵)자 ㅣ가 ㅊ 오른 편에 있는 따위와 같다. 종성은
초성과 중성 아래에 있다. 군(君)자 ㄴ이 구의 아래 있고 업(業)자
의 ㅂ이 어의 아래 있는 따위와 같다.

[합용과 병서]

> 初聲二字三字合用並書。[2]如諺語·짜爲地。·딱爲隻。·뽐爲隙之
> 類。各自並書。如諺語·혀爲舌而·햬爲引。괴·여爲我愛人而·여
> 爲人愛我。소·다爲覆物而쏘·다爲射之類。中聲二字三字合用。如
> 諺語·과[3]爲琴柱。·홰爲炬之類。終聲二字三字合用。如諺語흙爲
> 土。·낛爲釣。둛·빼爲酉時之類。其合用並書。自左而右。初中終三
> 聲皆同。

초성의 두 자나 세 자의 합용병서는 고유어(諺語)에 ·짜가 땅
(地)가 되고 ·딱이 짝(雙, 짝)이 되고 ·뽐이 극(隙, 틈)이 되는 등과
같다.

각자병서는 예컨대 고유어(諺語)에 ·혀가 혀(舌)가 되는데 ·햬
가 끌다(引)가 되고, 괴·여가 '내가 남을 사랑한다(我愛人)'가 되

---

2) 並書: 두 가지 이상의 다른 글자를 아울러 쓰는 것을 合用並書, 똑같은 글자를
   합해서 쓰는 것을 各自並書라고 구별했다. 合用은 중성, 종성의 경우에도 해당됨.
3) ·과: 거문고의 기러기 발. 괘.

는데, 괴·여는 사람이 나를 사랑한다. 인아애人我愛가 되고 소·다는 '물건을 뒤엎다(覆物)'가 되는데, 쏘·다는 '무엇을 쏘다(射之)'가 되는 것과 같다.

중성의 두 자나 세 자의 합용병서는 고유어의 ·과는 거문고의 고임(琴柱)가 되고 ·홰는 햇불(炬)이 되는 등과 같다.

종성의 두 자나 세 자의 합용병서(用合, 어울러 씀)는 고유어의 흙이 흙(土)이 되고 ·낛이 낚시(釣)가 되고 닭·때가 닭때(酉時)가 되는 등과 같다. 이러한 합용병서는 왼편에서 오른편으로 나란히 쓰는데, 이는 초성, 중성, 종성의 세 소리가 모두 동일하다.[4]

[국한혼용]

> 文與諺雜用則有因字音而補以中終聲者。如孔子ㅣ魯ㅅ:사룸之類。

한자와 고유어(諺語)를 썸어 쓸 경우에는 한자음에 따라서 고유어의 중성이나 종성으로 보충하는 일(補以中終法)이 있으니 공자ㅣ魯ㅅ:사·룸의 류와 같으니라.[5]

<table>
<tr><td rowspan="1">4)</td><td>병서</td><td>병서 방식</td><td>병서의 예</td></tr>
<tr><td></td><td rowspan="2">초성</td><td>합용병서</td><td>짜(地), 딱(雙), 뿜(隙)</td></tr>
<tr><td></td><td></td><td>각자병서</td><td>혀(引), 괴여(人愛我), 쏘다(射之)</td></tr>
<tr><td></td><td>중성</td><td>합용병서</td><td>과(琴柱), 홰(炬)</td></tr>
<tr><td></td><td>종성</td><td>합용병서</td><td>흙(土), 낛(釣), 닭때(酉時)</td></tr>
</table>

5) 보이중종법(補以中終法)에 대한 규정인 바 훈민정음 창제 때부터 한글이 단순히 우리말을 표기하기 위한 것이 아니라 국한문 혼용체를 쓰는 것을 전제로 하여 제작하였다는 사실을 알 수 있다. 훈민정음의 창제 취지가 '한자, 한문, 이두'로부터 완전한 이탈을 의도한 것이 아니라 조선어의 구어와 한자, 한문,

[사성]

諺語平°上去入°6)如활爲弓而其聲平°:돌爲石而其聲°上°·갈爲

刀而其聲去°·붇爲筆而其聲入之類°凡字之左°加一點爲去聲°二

點爲°上聲°無點爲平聲°而文之入聲°7)與去聲相似°諺之入聲無

定°8)或似平聲°如긷爲柱°녑爲脅°或似°上聲°如:낟爲穀°:깁爲

繒°或似去聲°如·몯爲釘°·입爲口之類°其加點則與平°上去同°平

聲安而和°春也°萬物舒泰°°上聲和而舉°夏也°萬物漸盛°去聲舉

而壯°秋也°萬物成熟°入聲促而塞°°冬也°萬物閉藏°9)

이두 사이의 모순을 해결하기 위한 상호 상보적인 관계에 있었음을 알 수 있다.
곧 한자와 정음이 혼용될 수 있음을 의미하는 규정이다.

6) 諺語平上去入: 종성해에서와 마찬가지로 여기에서도 우선 종성만 가지고 중세
국어의 성조를 설명했다. 그래서 :돌 등은 상성이고, ·붇(筆)은 입성이라고 했음.

7) 文之入聲: 12세기경 이후 중국 북방음의 입성이 소실되고, 입성으로 발음되던
자음들이 거성으로 많이 변했던 것을 알고 있어서 여기에서 '而文之入聲 與去聲
相似'라고 한 것으로 보인다. 또 『동국정운』 서문(1447)에서 '字音則上去無別
이라고 하고, 15세기의 한국 한자음에 대하여 입성자에 거성과 마찬가지로 1점
을 찍은 것으로 보아 여기의 설명이 한국 한자음에 해당하는 것으로 볼 수도
있음.

8) 諺之入聲無定: 앞에서는 종성만 가지고 중세국어의 성조를 설명했으나, 여기에
와서 비로소 중세국어의 성조를 실태대로 설명한 것임. 중세국어에는 입성이라
는 성조(調値)는 없고, 비록 종성으로 보아서는 입성이라도 실지로는 평성, 상
성, 거성의 3성조 가운데 어느 하나로 발음되고 있었음을 설명한 것임. 즉 '긷'은
종성만 보아서는 입성이지만 실지 성조로는 평성이라고 하였음. 그래서 '其加點
則與平上去同'이라고 하였음.

9) 平聲安而和 … 萬物閉藏: 중국에서 平, 上, 去, 入 네 개 성조의 특성을 설명할
때 흔히 이런 식으로 표현하나 이런 설명을 근거로 해서 실제적인 調値를 알기
는 어렵다. 몇 예를 들어보겠다.

『원화운보(元和韻譜)』(당나라 웅충)

平聲哀而安 上聲厲而舉(평성은 애처로우면서도 편안하며, 상성은 거세면서 들리며)
去聲淸而遠 入聲直而促(거성은 맑으면서 幽遠하며, 입성은 곧바로 촉급하다)

『옥약시가결(玉鑰匙歌訣)』(명나라 진공(眞空))

고유어에 평성, 상성, 거성, 입성은 예컨대, 활은 활(弓)이 되는
데 그 소리가 평ᅗ이고, :돌은 돌(石)이 되는데 그 소리가 상ᅡ이
고, ·갈은 칼(刀)가 되는데 그 소리가 거ᅭ이고, 붇은 붓(筆)이 되
는데 그 소리가 입ᄉ이 되는 따위와 같다. 무릇 글자의 왼편에
한 점을 더하면 거성이요, 두 점은 상성이요, 점이 없는 것은
평성이다.

한자의 입성은 거성과 서로 비슷하다. 고유어諺語의 입성은 일
정定하지 않으며 혹 평성과 비슷하니 긷이 기둥(柱)가 되고 녑이
옆구리(脅)가 되는 것과 같다. 혹 상성과 비슷하니 :낟이 곡식(穀)
이 되고 :깁이 비단(繒)이 되는 것과 같다. 혹 거성과 비슷하니
·몯이 못(釘)이 되고 ·입이 입구(口)가 되는 것과 같다. 그 점을
더하는 것은 평성, 상성, 거성과 같다.

평성은 안온安穩(편안하고 부드러움)하고10) 고르니(安而和, 편
안하고 부드러움) 봄이니 만물이 서서히 자란다. 상성은 고르나
들리니(和而擧, 부드럽고 높음) 여름이니 만물이 점차 무성(盛)해
진다. 거성은 들리나 장壯하니(擧而壯, 높고 씩씩함) 가을이니 만
물이 성숙成熟해진다. 입성은 빠르고 막히니(促而塞, 빠르며 막힘)
겨울이니 만물이 감추어진다.

平聲平道莫低昇(평성은 평탄하므로 높낮이가 있으면 안 된다)
上聲高呼猛烈强(상성은 거세고 높으며 맹렬하고 세다)
去聲分明哀遠道(거성은 분명하며 애처롭고 幽遠하다)
入聲短促急收藏(입성은 짧으며 급히 끝난다)
『음론(音論)』(청나라 고염무(顧炎武))
平聲輕遲 上去入之聲重疾(평성은 가볍고 느리며, 상성, 거성, 입성은 무겁고 빠르다)
10) 조용하고 편안하다.

初聲之ㆆ與ㅇ相似。11)於諺可以通用也。半舌有輕重二音。12)然
韻書字母唯一。且國語雖不分輕重。皆得成音。若欲備用。則依脣輕
例。ㅇ連書ㄹ下。爲半舌輕音。舌乍附上腭。ㆍㅡ起ㅣ聲。於國語無用
。兒童之言。邊野之語。或有之。當合二字而用。如기긔之類。13)其先
。縱後橫。與他不同。訣曰

   초성의 ㆆ는 ㅇ로 더불어 서로 비슷하여 고유어(諺語)에서는
통용할 수 있다. 반설음에는 경중輕重 두 가지 음이 있다. 그러나
운서韻書의 자모가 오직 하나이며 고유어에서는 비록 경중은 가
리지 않더라도 모두 소리를 이를 수는 있다. 만약 갖추어 쓰려면
순경음의 예에 따라서 ㅇ를 ㄹ 아래 연서하면 반설경음半舌輕音이
된다. 혀를 잠깐 윗잇몸에 살짝 붙인다.

   ㆍ, ㅡ가 ㅣ에서 일어나는 것은 한양어에서 쓰이지 않는다. 아동
들의 말이나 변야邊野(변두리 낮은 곳, 방언)의 말에 간혹 있으니

---

11) ㆆ與ㅇ相似: ㆆ자의 음가는 [ʔ]이고 ㅇ자의 음가는 [zero], 또는 [ɦ]이었으므로,
   이 두 음을 구별하기 어려워 '相似'라고 한 것임.

12) 半舌有輕重二音: 국어의 'ㄹ'은 음절 초에서 [ɾ](설타음), 음절 말에서는 [l](설측
   음)로 실현되는데, 중세국어에서도 이런 현상이 있어서 이것을 표기하려면 반
   설중음 'ㄹ'과 반설경음 'ㅭ'(혀를 윗잇몸에 잠깐 대어서 발음함)로 구별하여 제
   자할 수 있음을 말한 것이다. 그러나 'ㅭ'자는 실용에 쓰이지는 않았음.

13) 기긔之類: 중세국어에 [jʌ][ji]와 같은 중모음이 있었음을 설명한 것임. 즉 ㆍ와
   ㅣ모음과 결합된 중모음은 ㅣ모음이 이들 모음의 뒤에 와서 ㅓㅕ ㅚ 등과 같이
   되고, ㅣ모음이 앞에 오는 중모음은 ㅑㅕㅛㅠ 등인데 ㆍ와 ㅡ모음의 경우에도
   ㅣ모음이 앞에 올 수 있음을 설명한 것임. 여기의 설명은 훈민정음 해례 편찬자
   들이 얼마나 세밀히 중세국어의 음성을 관찰하고 있었던가 하는 점을 보여
   주는 것이다. 현대 영남방언에서는 '여물다(熟)', '야물다(硬)'가 변별되듯이
   [*yɔ]가 잔존해 있으며, 충청방언에서 '영:감'이 '용:감'으로 장모음이 고모음화
   한 변이형들이 확인된다.

마땅히 두 글자를 합해서 쓰되 기 긴 따위와 같다. (둥근 것과) 세로된 것이 먼저 쓰고, 가로된 것을 나중에 쓰는 것은 다른 것과는 같지 않다.

　결訣에 가로되

```
初聲在中聲左上
挹欲於諺用相同
中聲十一附初聲
圓橫書下右書。縱
欲書終聲在何處
初中聲下接着。寫
初終合用各並書
中亦有合悉自左
諺之四聲何以辨
平聲則弓°上則石
刀爲去而筆爲入
觀此四物他可識
音因左點四聲分
一去二°上無點平
語入無定亦加點
文之入則似去聲
方言俚語萬不同
有聲無字書難通
一朝
制作侔神工
大東千古開矇矓
```

초성은 중성의 왼쪽左이나 위上 쪽에 있고

ㆆ(挹)과 ㅇ(欲) 고유어(諺語)에 서로 동일하게 쓰이네.

중성의 열한 자는 초성에 붙으며,

둥근 것(圓, ·)과 가로로 된 것(橫, ㅡ) 아래 쪽에, 세로로 된 것은 오른쪽에 쓴다네.

종성은 어디에 둘까

초중성 아래 쪽에 붙여서 쓸지라.

초종성의 합용은 다 각기 나란히 쓰는 것이며

중성도 역시 모두 다 왼쪽부터라네.

고유어의 사성은 무엇으로 가릴까

평성은 활(弓)이요 상성은 :돌(石)이라네.

·갈ㆆ(刀)은 거성이요 ·붇(筆)이란 입성이니

이 넷을 보면 다른 것도 알 수 있다네.

소리는 왼쪽의 점에 따라 사성이 나뉘니

점 하나는 거성, 둘은 상성, 없으면 평성이라네.

고유어의 입성은 가점이 정해지지 않았으며

한자음의 입성은 거성과 비슷하다네.

방언과 이어俚語가 모두 다르고

소리는 있으나 글자가 없어서 글이 통通하기 어렵다네.

하루 아침에 만드셔서 신공에 견주니

대동大同(우리나라) 천고千古(오랜 역사)에 어두움을 깨치셨네.

제6장 용자례(用字例)[1]

[초성용례]

> 初聲ㄱ。如:감爲柿。·글爲蘆。ㅋ。如우·케爲未春稻。콩爲大豆。

---

[1] 용자례에서는 단음절 54개와 이음절어 40개 총 94개의 고유 어휘를 표기하는 실재적 용례를 들어 보이고 있다. 초성 용례는 34개, 중성 용례 44개, 종성 용례 16로 당시 표기법의 시행안이라고 할 수 있다. 먼저 초성 용례는 예의의 자모 순서에 따라 아ー설ー순ー치ー후의 방식으로 배열하였고 우리말 표기에서 제외될 전탁자 6자와 후음 'ㆆ'가 제외되고 'ㅸ'이 순음 위치에 추가되었다.
중성 용자의 예는 상형자(·ー ㅣ)와 초출자(ㅗ ㅏ ㅜ ㅓ), 재출자(ㅛ ㅑ ㅠ ㅕ) 순으로 고유어 각 4개씩 중성 11자에 각각 4개의 어휘를 중성 제자 순서에 따라 제시하였다. 다만 중모음이었던 이자합용 14자 가운데 동출합용(ㅘ, ㆇ, ㅝ, ㆊ) 4자와 이자상합합용자 10자(ㅢ, ㅚ, ㅐ, ㅟ, ㅔ, ㅚ, ㅐ, ㆌ, ㅖ)와 삼자상합합용 4자(ㅙ, ㆈ, ㅙ, ㆋ)의 용례는 제시하지 않았다. 종성 용례는 16개 어휘의 예를 밝혔는데 예의의 '終聲復用初聲' 규정과 달리 해례의 'ᄉ終聲可足用也' 규정에 따른 'ㄱ, ㆁ, ㄷ, ㄴ, ㅂ, ㅁ, ㅅ, ㄹ' 순으로 각 2개의 용례를 밝혔다. 결국 고유어의 사용 예만 94개를 들고 있다. 이 용자의 예를 보면 훈민정음의 창제 목적이 단순히 한자음의 표기나 외래어 표기보다는 고유어의 표기에 중점을 둔 것으로 볼 수 있다. 체언류에서 고유어의 어휘만 제시한 것은 훈민정음의 창제 목적이 단순히 한자음의 통일만을 목표로 하지 않았다는 명백한 증거가 된다.

ㅇ。如러·울爲獺。서·에爲流澌。ㄷ。如·뒤爲茅。·담爲墻。ㅌ。如
고·티爲繭。두텁爲蟾蜍。ㄴ。如노로爲獐。납爲猿。ㅂ。如불爲臂。:
벌爲蜂。ㅍ。如·파爲忽。·폴爲蠅。ㅁ。如:뫼爲山。·마爲薯藇。ㅸ。如
사·비爲蝦。드·뵈爲瓠。ㅈ。如·자爲尺。죠·히爲紙。ㅊ。如·체爲籭
。채爲鞭。ㅅ。如·손爲手。:셤爲島。ㆆ。如·부헝爲鵂鶹。·힘爲筋。ㅇ
。如·비육爲鷄雛。·ᄇ얌爲蛇。ㄹ。如·무뤼爲雹。어·름爲氷。△。如
아ᅀᆞ爲弟。:너ᅀᅵ爲鴇。

초성 ㄱ은 :감이 감(柿)이 되고 ·ᄀᆞᆯ이 갈대(蘆)2)가 되는 것과
같다. ㅋ은 우·케3)가 벼(未舂稻, 찧지 않은 벼)가 되고 콩이 콩(大
豆)이 되는 것과 같다. ㆁ은 러·울이 수달(獺, 너구리)4)가 되고
서·에가 성에(流澌)가 되는 것과 같다. ㄷ은 ·뒤가 띠(茅)5)가 되
고 ·담이 담(墻)6)이 되는 것과 같다. ㅌ은 고·티가 고치(繭)7)가

---

2) 'ᄀᆞᆯ대(蘆)', 'ᄀᆞᆯ(蘆)'. 갈대.

3) '우·케(未舂稻)'는 탈곡하지 않은 벼. 대체로 종자로 쓸 벼를 남부방언에서는
아직 '우케'라는 방언형이 잔존해 있다. 남방계열의 어휘로 추정된다.

4) '너구리(獺, 水獺, 貉, 山狗, 貂, 獾)'에 대응되는 용례 '러울'(훈정 용자례)의
'러울'의 예는 16세기에는 '넝우리'(훈몽 상: 18)와 '너구리'(신유 상: 13)가 보인
다. '넝우리'는 15세기에 보이는 '러울'에 접미사 '-이'가 결합된 어형으로 추정
된다. 그리고 '너구리'는 '넝우리'에서 모음 간 자음 'ㆁ'의 'ㄱ'으로의 변화, 즉
비자음의 구자음화(口子音化, 입소리되기)를 겪은 어형으로 간주된다. 16세기
의 '너구리'는 18세기에 '너고리'(동유 하: 39)에 나타난다. 근대국어 이후 〈국한
회어 59〉(1895), 〈조선어사전, 163〉(1920) 등에도 '너구리'가 표제어로 등장한
다. 결국 현대국어의 '너구리'는 '러울〉넝우리〉너구리'의 과정을 거쳐 왔음을
알 수 있는데 '러울'의 어원은 불명확하다.

5) '잔디'는 원래 '*잔뛰'와 같은 형태였을 것으로 짐작된다. '잔뛰/잠뛰〉잔쒸/잠
쒸〉잔쒸〉잔쯰〉잔듸〉잔디'와 같은 역사적 변화 과정을 겪은 것으로 추정할
수 있다. '띠(茅)'를 뜻하는 '뛰'는 17세기에는 'ㅆ'과 소리가 같았기 '잔뛰/잠뛰',
'잔쒸/잠쒸'로 표기된다.

되고 두텁이 두꺼비(蟾蜍)8)가 되는 것과 같다. ㄴ은 노로가 노루(獐)9)가 되고 납이 원숭이(猿)10)가 되는 것과 같다. ㅂ은 볼이 팔(臂)11)가 되고 :벌이 벌(蜂)이 되는 것과 같다. ㅍ는 ·파가 파(蔥)가 되고 ·풀이 파리(蠅)12)가 되는 것과 같다. ㅁ은 :뫼가 산(山)이 되고 ·마가 마(薯藇)가 되는 것과 같다. ㅸ은 사·ᄫᅵ가 새우(蝦)가 되고 드·ᄫᅵ가 뒤웅박(瓠)13)이 되는 것과 같다. ㅈ은 ·자가 자(尺)14)가 되고 죠·히가 종이(紙)가 되는 것과 같다. ㅊ은 ·체가

---

6) '담(墻)'과 '책(柵)'은 경계를 나타내는 가리개라는 의미인데 전자는 보이지 않는 벽이라면 후자는 내부가 보이는 경계를 나타낸다.

7) '고치'는 '고티>고치' 변화이다.

8) '두텁이'는 '두텁이'는 '*두티－＋－업(형용사접사)－＋－이(명사화접사)'이 구성인데 15세기 문헌에는 '두텁다'만 나오지만 16세기 이후에는 '둗텁다', '둣텁다' 등도 보인다. 이들은 '두텁다'에서 변형된 표기에 불과하다. '둣텁다'가 〈조선어사전〉(1938)에까지 보인다. 한편 16세기의 '둗거비'가 보이는데 이 형태는 '둗겁(厚)－＋－이(명사화접사)'의 구성형과 경쟁에서 '두터비>두거비'로 어형이 바뀐 결과이다.

9) '노로(獐)'는 '노ᄅᆞ'가 모음 앞에서 '놀ㅇ'로 실현된다. '노ᄅᆞ>노로'의 변화.

10) '납(猿)'은 해례본 용자례에 처음 보인다. 그 후 "그 뫼해 늘근 눈 먼 獼猴ㅣ 잇더니 獼猴는 납 ᄀᆞ튼 거시라"〈월인석보, 1459〉, "그르메는 납 우는 남긔 브텟노니"〈두언초, 1481〉, "獼 납 미, 猴 납 후, 猢 납 호, 猻 납 손"〈훈몽, 1527〉, "납 원 猿"〈백련, 1576〉, "猿 猨 납 원 猴 납 후"〈신유 상, 1576〉에서 그 예를 찾아 볼 수 있다. 17세기 초에 와서 '납'은 사라지고 '진나비'가 등장한다. "猿申 猿狂 원싱이"〈국한, 1895〉, "원싱이 셩(猩), 원싱이 원(猿), 원싱이 미(獼), 원싱이 후(猴)"〈초학요선, 1918〉의 예에서처럼 다시 18세기 말경 '원숭이'가 처음 나타나면서 어형이 교체된 결과이다.

11) '볼'은 '볼/풀'의 'ㅎ' 곡용은 19세기까지 이어진다.

12) '푸리'는 '풀－＋－이(명사화접사)'의 구성이다. 12세기 『계림유사』에 "蠅曰蠅"〈1103, 계림유, 4b〉에 보인다. '蠅 푸리 승'〈1527, 훈몽 상－11ㄴ〉의 예에서 '풀>푸리'로 변화하여 오늘의 '파리'로 정착한 것이다.

13) '뒤웅박'은 15세기에는 '드ᄫᅵ'였다. '드ᄫᅵ－＋－박(瓠)'의 구성. '드ᄫᅵ'는 '둪(蓋)－＋－ᅵ'의 구성형으로 '드ᄫᅵ>드왜'로 변화한 밥 뚜껑의 방언형이 '밥 드왜'가 아직 잔존해 있다.

14) 자ㅎ(尺). "다숫 자히러라"〈석보 상－11: 11ㄱ〉, "火光이 다 기릐 두서 자히로

체(篩)가 되고 ·채가 채찍(鞭)이 되는 것과 같다. ㅅ은 ·손이 손
(手)이 되고 :셤이 섬(島)이 되는 것과 같다. ㅎ는 ·부헝이 부엉이
(鵂鶹)가 되고 힘이 힘줄(筋)[15]이 되는 것과 같다. ㅇ는 ·비육이
병아리(鷄雛)[16]가 되고 ·ᄇᆡ얌이 뱀(蛇)이 되는 것과 같다. ㄹ은
·무뤼가 우박(雹)이 되고 ·어름이 얼음(氷)이 되는 것 같다. ㅿ는
아ᅀᆞ가 아우(弟)[17]가 되고 :너ᅀᅵ가 너새(鴇)가 되는 것과 같다.

[중성용례]

中聲·ㆍ如·ᄐᆞᆨ爲頤·ㅍᆞᆺ爲小豆·ᄃᆞ리爲橋·ᄀᆞ래爲楸·ㅡ如·믈
爲水·발·측爲跟·그력爲雁·ᄃᆞ·레爲汲器·ㅣ如·깃爲巢·:밀爲
蠟·피爲稷·키爲箕·ㅗ如·논爲水田·톱爲鉅·호·미爲鉏·벼·
로爲硯·ㅏ如·밥爲飯·낟爲鎌·이·아爲綜·사·ᄉᆞᆷ爲鹿·ㅜ如숫
爲炭·울爲籬·누·에爲蚕·구·리爲銅·ㅓ如브·섭爲竈·:널爲板·
서·리爲霜·버·들爲柳·ㅛ如:죵爲奴·고욤爲梬·쇼爲牛·샴됴
爲蒼木菜·ㅑ如남샹爲龜·약爲鼀鼊·다·야爲匜·쟈감爲蕎麥皮·
ㅠ如율믜爲薏苡·쥭爲飯臿·슈·룹爲雨繖·쥬련爲帨·ㅕ如·엿
爲飴餹·뎔爲佛寺·벼爲稻·:져비爲燕。

중성 ·ㆍ는 ·ᄐᆞᆨ이 턱(頤)[18]이 되고 ·ㅍᆞᆺ이 팥(小豆)[19]이 되고 ᄃᆞ리

딕"〈능엄, 9–108ㄴ〉, "사ᄅᆞ모 周尺으로 흔 자히오"〈월석, 9–53ㄴ〉
15) '힘줄'은 '힘(筋)−+−줄'의 구성.
16) '비육+−아리(접미사)'의 구성.
17) '아ᅀᆞ>아ᅀᅳ>아으>아우'의 변화.
18) 'ᄐᆞᆨ>턱'의 변화는 'ㆍ'가 어두 음절에서는 '아'로 변화되는 것이 일반적인데,

가 다리(橋)가 되고 ·ᄀ래가 개래나무 열매(楸)가 되는 것과 같다. ᅳ는 ·믈이 물(水)이 되고 ·발·측이 발꿈치(跟)가 되고 그력이 기르기(雁)가 되고 드·레가 두레박(汲器)[20]이 되는 것과 같다. ㅣ는 ·깃이 깃(巢)이 되고 :밀이 밀랍(蠟)이 되고 ·피가 피(稷)가 되고 ·키가 키(箕)가 되는 것과 같다. ㅗ는 ·논이 무논(水田)이 되고 ·톱이 톱(鉅)이 되고 호·미가 호미(鉏)가 되고 벼·로가 벼루(硯)가 되는 것과 같다. ㅏ는 ·밥이 밥(飯)이 되고 ·낟이 낫(鎌)이 되고 이·아가 잉아(綜)가 되고 사·슴이 사슴(鹿)이 되는 것과 같다. ㅜ는 숫이 숯(炭)[21]이 되고 ·울이 울타리(籬)가 되고 누·에가 누에(蠶)[22]이 되고 구·리가 구리(銅)가 되는 것과 같다. ㅓ는 브섭이 부엌(竈)[23]이 되고 :널이 판(板)이 되고 서·리가 서리(霜)가 되고 버·들이 버드나무(柳)가 되는 것과 같다. ㅛ는 :죵이 노(奴)가 되고 ·고욤이 고욤(梬)이 되고 ·쇼가 소(牛)가 되고 삽됴가

'어'로 변화되었다는 점에서 예외적인 변화라 할 수 있다. '블(重)>벌', '일쿨(稱) ->일컫-', '뉨(他人)>넘', '호(爲)>허-' 등의 예도 있다. 이와 같은 'ᄋ>어'의 변화는 'ᄋ'의 두 단계에 걸친 변화에서도 'ᄋ'가 여전히 고수되다가 '어'의 후설화에 따라 '어'로 흡수된 것으로 추정되는 어형들이다.

19) '팥'의 15세기 형태는 '퓻ㄱ, 퓻, 퐃'이었다.

20) '드레박'은 '드레(擧)-+박(瓠)-'으로 구성되어 있다. 『역어유해』(1690)에 '鐵落 텨로'와 '드레'가 대응되어 있는데, 몽고어였던 '텨로'와 '드레'의 발음이 비슷하다는 점에 주목할 필요가 있다.

21) '숯(炭)'은 '숡'에서 'ㄱ'이 탈락한 '숫>숯'의 변화를 거친 것이다. 경북방언의 방언형 '수껑'을 통해서 지금까지 남아 있는 '숡'의 모습을 확인할 수 있다.

22) '누에'의 기원형은 '*누베'이다. '*누베>누웨>누에'로 변화하였다.

23) '부엌'은 '블>븧(火)-+섭/섭'의 합성어이다. ㄹ 탈락과 함께 사잇리 ㅅ>ᅀ으로 변한 '브섭'과 '브석'이 중세어에서 나타난다. '거붑>거북(龜). "흔 눈 가진 거붑과〈석보 상-21: 40ㄱ〉, '솝>속(內)〈훈몽, 하-15ㄱ〉의 예들처럼 p/k의 대응은 방언의 차에 따른 교체형이다.

삽주(蒼朮菜)[24]가 되는 것과 같다. ㅑ[25]는 남샹이 남생이(龜)[26]가 되고 약이 구벽(龜鼊, 거북의 일종)이 되고 다·야가 대야(匜, 손대야)[27]가 되고 쟈감이 메밀껍질(蕎麥皮)이 되는 것과 같다. ㅠ는 율믜가 율무(薏苡)가 되고 죽이 밥주걱(飯乘[28])이 되고 슈·룹이 우산(雨繖)[29]이 되고 쥬련이 수건(帨)이 되는 것과 같다. ㅕ는 ·엿이 엿(飴餹)[30]이 되고 ·뎔이 절(佛寺)이 되고 ·벼는 벼(稻)가 되며 :져비가 제비(燕)[31]가 되는 것과 같다.

[종성용례]

> 終聲ㄱ。如닥爲楮。독爲甕。ㆁ。如:굼벙爲蠐螬。·올창爲蝌蚪。ㄷ。如·갇爲笠。싣爲楓。ㄴ。如·신爲屨。·반되爲螢。ㅂ。如섭爲薪。·굽爲蹄。ㅁ。如:범爲虎。·심爲泉。ㅅ。如:잣爲海松。·못爲池。ㄹ。如·돌爲月。:별爲星之類

24) '삽주'는 '삽됴>삽듀>삽주'의 변화 결과이다.

25) 'ㅑ'가 쓰여야 할 자리에 'ㅕ'가 잘못 쓰임.

26) '남생이'는 '남샹/남싱-+-이(명사화접사)'로 분석된다.

27) '다야/대야(이(匜), 치(卮), 우(盂), 션(鐥), 분(盆), 관(盥)'가 '술그릇'을 포함한 다양한 의미를 가진 어휘이다. 여기에서는 세수를 하는 그릇의 용기를 가리킨다.

28) '주걱'을 '쥭'〈훈정 언해본, 용자례〉이 17세기에 오면 '쥬게'라는 형태로 나타난다. '쥬게'는 '쥭(粥)-+-억(명사화접사)'의 구성형이다.

29) 한자어 '우산(雨傘)'에 대응되는 고유어가 '슈·룹'이다.

30) '엿'은 중세어에서부터 현재까지 변화 없이 '엿'으로만 나타난다.

31) '제비'는 '져비>졔비>제비'로 17세기 ㅣ 움라우트와 단모음화를 거친 어형이다. 『한청문감』에 '자연(紫燕)'을 '치빈'이라 하였는데, 같은 계통의 어휘로 추정된다.

종성 ㄱ은 닥이 닥나무(楮)가 되고 독이 독(甕)이 되는 것과 같다. ㆁ는 :굼벙이 굼벵이(蠐螬)[32]가 되고 ·올창이 올챙이(蝌蚪)[33]가 되는 것과 같다. ㄷ은 ·갇이 갓(笠)[34]이 되고 싣이 신나무(楓)가 되는 것과 같다. ㄴ은 ·신이 신(屨)이 되고 ·반되가 반디불이(螢)가 되는 것과 같다. ㅂ은 섭이 땔나무(薪)가 되고 ·굽이 발굽(蹄)이 되는 것과 같다. ㅁ은 :범이 :범(虎)[35]이 되고 :심이 샘(泉)이 되는 것과 같다. ㅅ은 :잣이 잣나무(海松)가 되고 ·못이 못(池)이 되는 것과 같다. ㄹ은 ·둘이 달(月)이 되고 :별이 별(星)이 되는 것과 같으니라.

---

32) '굼벵이'는 '굼벙-+-이(명사화접사)'의 구성이다.

33) '올챙이'는 '올창-+-이(명사화접사)'의 구성이다. '올창+-이 → 올창이>올창이>올챙이'의 병화를 경험했다.

34) '갓'은 '갇>갓'으로 변화했는데'은 18세기 후반부터 모음 앞에서도 연철되어 말음이 'ㄷ'에서 'ㅅ'으로 바뀌었다.

35) '범(虎)'은 15세기부터 20세기까지, 모두 동일하게 '범'으로 나타난다. 이와 동의 어로는 '호랑이'가 있는데, 이는 18세기부터 사용되기 시작하였다고 한다. 『계림유사』에서도 "虎曰監浦南切"[*범]/[*범]/[*pəm], [*p'am]이라고 하였다.

제7장 정인지 서문

　이제 훈민정음 정인지 서문[1]을 그 원문과 이에 의한 번역을
실어서 훈민정음에 관계된 여러 가지 문제를 생각해 보기로 한다.

[성음과 문자의 관계]

有天地自然之聲。則必有天地自然之文。[2]所以古人因聲制字。以
通萬物之情。以載三才之道。而後世不能易也。然四方風土區別。
聲氣亦隨而異焉。[3]盖外國之語。有其聲而無其字。[4]假中國之字以
通其用。是猶枘鑿之鉏鋙也。豈能達而無礙乎。要°皆各隨所°處而
安。不可°强之使同也。

---

1) 정인지의 서문은 『훈민정음 해례』의 맨 끝에 붙어 있기 때문에 세종어제 서문과
　구별하여 '정인지 후서'라고도 한다. 이 정인지 서문은 '세종 28(1446)년 9월'
　『세종실록』 권113에 세종어제 서문과 예의(훈민정음 본문)와 함께 정인지 서문
　이 실려 있으며, 『훈민정음 해례』 끝에 실려 있다.

천지 자연의 성聲(소리)이 있으면 반드시 천지 자연의 문文(글자)이 있는 법이다. 그런 까닭으로 옛사람들은 그 소리에 따라 그 글자(체계)를 만들고 이로써 만물의 뜻을 능히 서로 통하게 하고 삼재三才(천, 지, 인)의 도를 이에 실었으니 후세 사람들이 쉽게 바꿀 수 없다. 그러나 사방의 풍토가 서로 다르고 소리의 기운 또한 그에 따라 달라진다. 대개 중국 이외의 나랏말은 그 소리는 있어나 그 글자가 없다. 중국의 글자를 빌려서 통용하고 있으나 이는 모난 자루5)를 둥근 구멍에 끼우는 것과 같이 서로

---

2) 有天地自然之聲。則必有天地自然之文。: 천지 자연의 성(聲, 소리)이 있으면 반드시 천지자연의 문(文, 글)이 있으니。『고금운회거요』의 유진옹(劉辰翁)의 서에 "기는 천지의 어머니이다. 소리의 기운이 동시에 나며 소리가 있은 즉 글자가 있는 것이니 글자는 또한 소리의 아들이라 할 만하다[氣者天地之母也, 聲氣卽有字, 字又聲之子也]"라고 하고 있다(유진옹 서,『고금운회거요』).

3) 언어가 풍토에 따라 다른 점을 말한 대목이다.『황극경세서』(『성리대전』권8)에서 "音非 有異同 人有異同 人非有異同 方有異同 謂風土殊而呼吸異故也"이라는 내용이『홍무정훈역훈』에도 "대개 사방의 풍토가 같지 못 하고 기도 또한 그기에 따르는 바, 소리는 기에서 생기는 것인지라, 이른바 사성과 칠음이 지방에 따라서 편의함을 달리하거늘[盖四方風土不同。而氣亦從之。聲生於氣者也。故所謂四聲七音隨方而異宜。]"이라 하고 있다.

4) 『고금운회거요』의 류진옹(劉辰翁)의 서문에 "기는 천과 지의 모체이라 성과 기는 동시에 일어나니 성이 있으면 곧 글자가 있으니 글자는 곧 성이라[氣者天地母也。聲與氣同時而出。有聲卽有字。字又聲之子也。]"라고 하였으니 이 글의 첫머리는 결국 류씨의『운회』서와 비슷한 견해를 말한 것이다.

5) 예착(枘鑿): 서어(鉏鋙): 서로 어긋나서 들어맞지 않음. 원조(圓鑿): 둥근 구멍.『이소경』의『초사집주』에 〈속리소 구변 제8〉에 "둥근 구멍에 모난 자루로다. 나는 진실로 그것이 서로 어긋나서 들어맞지 않는 것을 알겠도다[圓鑿而方枘兮吾固知其鉏鋙而難入]"라는 글에서 따온 표현이다. 병와 이형상의『자학』'방언'항에 '예착(枘鑿)'의 '예(枘)'는 마무끝을 구멍에 넣는 것을 뜻하는데 송옥(宋玉)의 〈구변(九辨)〉에 "둥근자루와 네모난 구멍이야, 나는 그것이 서로 어긋나 들어가기 어려움을 아네"라고 하였다고 한다. 무릇 '예(枘)'는 본래 서로 들어가는 물건인데 오직 네모난 자루를 둥근 구멍에 넣으려고 하면 넣을 수 없는 것이다. 지금 '방(方)'과 '원(圓)' 두 글자를 삭제하고 다만 '예(枘)'와 '착(鑿)'은 서로 들어가지 않는다고 하면 글자의 뜻도 통하지 않고 또한 문리도 어긋난다고

어긋나는 일이므로 어찌 능히 통하여 막힘(防碍, 막힘)이 없겠는가? 요컨대 다 각각 그 처한 바에 따라서 편하게 해야 하지 억지로 같게 할 수는 없는 것이다.

[한문과 이두의 불편함]

> 吾東方禮樂文章。侔擬華夏。但方言俚語。不與之同。學書者患其
> 旨趣°之難曉。治獄者病其曲折之難通。昔新羅薛聰。始作吏讀°。
> 官府民間。至今行之。然皆假字而用。或澁或窒。非但鄙陋無稽而已。
> 至於言語之間。則不能達其萬一焉。

우리나라의 예악과 문물은 가히 중화(華夏)에 견줄 만하다. 다만 방언과 이어俚語가 중국말과 같지 않다. 글을 배우는 사람은 그 뜻을(旨趣) 깨닫기 어려움을 걱정하고, 옥사를 다스리는 사람은 그 자세한 사정을 훤히 알기 어려움을 걱정하였다.

옛날 신라 때에 설총이 처음으로 이두를 지어서 관부와 민간에서 오늘에 이르기까지 사용하고 있다. 그러나 이두는 모두 한자를 빌려서 쓰는 것이므로 혹 껄끄럽고 혹 막혔었다. 다만 비루鄙陋(속되고)하고 터무니없을(稽考, 근거가 일정하지 않음)6) 뿐만 아니라, 언어 간에 사용함(적음에)에는 그 만분의 일도 뜻을 도달하기 어렵다.

하였다.
6) 계고(稽考): 지나간 일을 돌이켜 자세히 살펴봄.

[훈민정음 창제의 우수성]

癸亥冬。我

殿下創制正音二十八字。略揭例義以示之。名曰訓民正音。象形而
字倣古篆。因聲而音叶七調。三極之義。二氣之妙。莫不該括。以二
十八字而轉換無窮。簡而要。精而通。故智者不終朝而會。愚者可浹
旬而學。以是解書。可以知其義。以是聽訟。可以得其情。字韻則淸
濁之能辨。樂歌則律呂之克諧。無所用而不備。無所往而不達。雖風
聲鶴唳。鷄鳴狗吠。皆可得而書矣。

　계해년 겨울에[7] 우리 전하께서 정음 28자를 지으시고 간략하
게 보기와 뜻을 들어 보이시며, 그 이름을 훈민정음이라 하셨다.
상형을 한 글자는 고전을 본뜨고 소리를 따른 결과 음은 칠조七
調[8]에 맞추었다. 삼극三極(삼재)의 뜻(義)과[9] 이기二氣(陰陽)의 묘妙

---

7) 계해년 겨울: 세종 25(1443)년 12월.

8) 칠조(七調): 정초(鄭樵)의 『칠음약(七音略)』 서에는 "四聲爲經。七音爲緯。江左
之儒。知緯有平上去入爲四聲。而不知衡有宮商角徵羽半徵半商爲七音。縱成經。
衡成緯。經緯不交。所以失立韻之源。"라고 하였는데 팽장경(彭長庚)의 말에도
"今見皇極經世書。聲爲律。音爲呂。一經一緯一縱一衡。而聲音之全數具矣。"라고
하고 『홍무정운』 서에도 "江左制韻之初。但知縱有四聲。而不知衡有七音。故經緯
不交。而失立韻之原。"라고 하였다. 즉 정초 이하로 그들은 사성을 경, 칠음을
위로 잡아서 그 중의 하나만 없어도 소위 經緯不交로 입운의 본원을 잃는다고
생각한 것이다. 물론 한자 음운에는 자모에 대하여 운부가 있으나 그 운부란
사성의 구별을 떠나서 제대로 서지 못한다. 운부와 함께 사성의 구별이 음운의
'經'으로까지 간주되는 것이라. 그 '經'을 잃어서는 7음의 '緯'도 바르지 못하다
고 생각되는 것이 모두다 무리가 아니다. 정초의 『칠음약』 서문에 "太子洗馬蘇
□駁之。以五音所從來久矣。不言有變宮變徵。七調之作實未所聞。"이라고 하였
다. 궁, 상, 각, 징, 우의 오음에 변궁과 변징을 더한 것이 칠조이다. 또한 『예기』
권37에 〈악기조〉에 "凡音之起由人心生也。… 故形於聲"이라는 대목의 주에 "正
義曰 言聲者 宮商角徵羽也"라고 하여 사람의 소리를 오성에 따라 궁, 상, 각,

(기묘한 이치)가 다 이 가운데 포함되지 않는 것이 없다. 이 28자로써도 전환이 무궁하고 매우 간략하되 지극히 요긴하고 또 정精(정교함)하고도 통通(꿰뚫음)한다. 그러므로 슬기로운 사람이면 하루아침이 다 못되어 깨우치고 어리석은 사람이라도 열흘이면 능히 다 배울 수 있다. 이 글자로써 만일 한문을 풀이하면 그 뜻을 알 수 있다. 이 글자로써 송사하는 내용을 들으면 가히 그 사정을 이해할 수 있다.

자운의 경우 청탁을 능히 구별할 수 있고[10] 악가樂歌의 경우 율려律呂[11]가 고르게 된다. 쓰는 바에 갖추어지지 않은 것이 없고

치, 우로 구분함을 말하고 있다. 병와 이형상의 『악학편고』 권1 〈성기원류〉에 "악학자는 본래 음을 정하지 않고 통상적으로 탁이 궁이 되고 차탁이 상이 되고 청탁 무거운 소리가 각이 되고 청이 우가 되고 차청이 치가 되며 또 궁이 본래 후음이고 상이 본래 치음이고 각이 본래 아음이고 치가 본래 설음이고 우가 본래 순음이다. 성운학자는 순음이 궁이고 치음이 상이고 아음이 각이고, 설음이 치이고, 후음이 우이며, 그 사이에 또 반치 반상이 있는데 모두 청탁으로서만 논할 수 없다. 오행학자는 운류에는 청탁의 구별이 없기 때문에 오성으로 배치하여 오음을 유씨를 궁으로, 조씨를 각으로 장씨와 왕씨를 상으로, 무시와 경시를 우라고 한다[樂家本無定音, 常以濁者爲宮, 次濁爲商, 淸濁重爲角, 淸爲羽, 次淸爲徵, 又曰宮本喉, 商本齒, 角本牙, 徵本舌, 羽本脣, 韻家脣爲宮, 齒爲商, 牙爲角, 舌爲徵, 喉爲羽, 其間又有半徵半商(未曰之類), 皆不論淸濁以然也, 五行家以韻類於淸濁不以, 五姓參配, 五音與柳宮, 趙角, 張王爲商, 武庚爲羽是也]"라고 하여 율려에 따른 성음을 오성으로 분류하고 있다.

9) 『역경』 계사 상 제2장에 "六爻之動三極之道也"라고 하였으니 삼극은 천, 지, 인을 가르킴이요, 『태극도설』에 "二氣交感化生萬物"이라고 하였으니 이기는 음, 양을 가르킴이다.

10) 자모에서만 청, 탁을 구별하는 것이 아니요 운에서도 청, 탁을 구별한다. 『광운』 권말에는 "辯四聲輕淸重濁法"이 있어서 평, 상, 거, 입의 사성자를 다시 경청과 중탁의 두부류로 구별하여 놓았다.

11) 『한서』 〈율력지〉에는 "律有十二。陽六爲律。陰六爲呂。"라고 하였고 『서경』 〈순전〉에는 "八音克諧"라고 하였다. 『율려』, 즉 음악도 훈민정음으로써 해협(諧協) 된다는 뜻이다.

가는 바에 도달하지 못할 바가 없다. 비록 바람소리 학이 울음과 닭의 우는 소리, 개 짖는 소리라도 모두 쓸 수가 있다.[12]

[훈민정음 협찬자]

遂

命詳加解釋。以喩諸人。於是。臣與集賢殿。應◦教臣崔恒。副校理臣朴彭年。臣申叔舟。修撰臣成三問。敦寧府注簿臣姜希顔。行集賢殿副修撰臣李塏。臣李善老等。謹作諸解及例。以敍其梗槪。庶使觀者不師而自悟。若其淵源精義之妙。則非臣等之所能發揮也。

마침내 (전하께서) 자세히 풀이를 더하여 여러 사람을 가르치라고 명하셨다. 이에 신이 집현전 응교 최항, 부교리 박팽년, 신숙주, 수찬 성삼문, 돈녕 주부 강희맹, 집현전 부수찬 이개, 이선로 등과 함께 삼가 여러 풀이와 예를 지어서[13] 그 대강의 줄거리를 서술하였다. 보는 사람들이 스승 없이도 스스로 깨우치도록 하기 바란다.[14] 만약 그 연원과 정밀한 뜻의 묘가 있다면 신들이 발휘

---

12) 정초의 『칠언약』 서문에는 "학 울음소리 바람소리, 닭 울음소리, 개 짖는 소리, 천둥 번개가 우지근 뚝딱하고 모기나 등에가 귀를 스쳐 지나가더라도 모두 다 옮겨 적을 만하거늘[雖鶴唳風聲, 鷄鳴狗吠, 雷霆經天 蚊虻通耳, 皆可譯也。]" 이라고 하였다.

13) "謹作諸解及例"을 "해(解)와 례(例)를 지어서"(홍기문, 1946, 강신항, 2003: 178)로 풀이하고 있다. "이 해석을 지어 써"로 풀이한 이유는 자칫 '해례'와 '예의'를 모두 집현전 학사들이 지은 것으로 오해될 소지가 있기 때문으로 추정된다.

14) 若其淵源精義之妙。則非臣等之所能發揮也。: 이 부분의 해석이 소략하다. "스승이 없어도 스스로 깨우치도록 바랐으나 그 깊은 연원이나 자세하고 묘하고 깊은 이치에 대해서는 신 등이 능히 펴 나타낼 수 있는 바가 아니다."(강신항, 2003: 178)로 풀이하고 있다.

할 수 있는 바가 아니다.

[세종의 독창성]

> 恭惟我殿下。天縱之聖。制度施爲超越百王。正音之作。無所祖述
> 。而成於自然。豈以其至理之無所不在。而非人爲之私也。夫東方
> 有國。不爲不久。而開物成務之大智。蓋有待於今日也歟。

공손히 생각하건대 우리 전하께서는 하늘이 내리신 성인으로 지으신 법도와 베푸신 정사가 백왕을 초월하신다. 정음을 지으신 것도 앞선 사람이 기술한 바를 이어받지 않고 자연히 이루신 것이다. 그 지극한 이치가 존재하지 않는 바가 없으니 인위의 사사로움이 아니다. 대저 동방에 나라가 있음이 오래지 않음이 아니나 개물성무開物成務(만물의 뜻을 열어 놓는다)[15]의 큰 지혜는 대개 오늘을 기다리고 있었던가?

[훈민정음 서문을 올린 일자]

> 正統十一年九月上澣。資憲大夫禮曹判書集賢殿大提學知春秋
> 館事 世子右賓客臣鄭麟趾拜手。稽首謹書.
> 訓民正音

---

15) 개물(開物)은 만물의 뜻을 열어 놓는다는 말임. 『주역』〈계사전 상〉11장에 "주역은 만물의 뜻을 열어 놓고 천하의 모든 일을 이룩하여 놓는다[夫易開物成務]"라고 하였다. '개물성무(開物成務)'에 대해 『주역』 본의에서는 "사람으로 하여금 복서를 가지고 써 길흉을 알고 그것에 따라 일을 이루게 한다[開物成務, 謂使人卜筮 以知吉凶而成事業]"라고 하고 있다.

정통 11(세종 28) 8월 상순

자헌대부 예조판서 집현전대제학 지춘추관사 세자우빈객[16] 정인지 두 손 모아 머리 숙여 삼가 씀.

훈민정음

이상의 서문에서 우리는 훈민정음과 다른 학문과의 관련성도 알 수 있고 반포의 연월일도 짐작케 되니 이 문자에 의하여 우리는 해석되는 문제가 하나둘이 아님을 알 수 있다.

---

16) 조선 태조 1(1392)년에 세자에게 경사와 도의를 가르치기 위해 설치한 세자강원의 정2품 관직.

제3편 언해본

『훈민정음 언해』

訓·훈民민正·졍音흠1)

訓·훈·은 ᄀ᠊ᄅ·칠 ·씨·오2) 民민·은 百·ᄇᆡᆨ姓·셩·이·오 音흠·은3)

---

1) '音흠'에서 'ㆆ'字의 음가는 성문폐쇄음인 [ʔ]로서 중국 36자모에서는 이를 하나
   의 어두자음으로 인정하고 '影母'로 표시하고 있었으나 중세국어에서는 독립된
   어두자음으로 쓰인 일이 없고 『동국정운식』 한자음에서만 하나의 어두자음으
   로 인정하고 있다.

2) ᄀᆞᄅ·칠·씨·오: 'ᄀᆞᄅ치-+-ㄹ+ᄉ(의존명사)-+ㅣ(서술격조사)+고(연결
   어미)'의 구성. 가르치는 것이고, 접속어미 '-고'는 'ㄹ, ㅿ, 반모음 ĵ' 아래서
   'ㄱ'이 탈락하는 것이 일반적이었으나, 특수한 경우로 서술격조사 '이-' 아래
   서도 탈락하였다.

3) 音흠·은: 『동국정운식』 표기이다. 언해본의 한자음은 『동국정운』 한자음으로
   한자 아래에 주음을 해두었다. 당시 이상적인 중국음과 현실음인 우리음을 절충
   하여 표기하였는데 그 특징은 첫째, 초성에 전탁자 "ㄲ, ㄸ, ㅃ, ㅆ, ㅉ, ㆅ" 6자와
   'ㅸ, ㆁ, ㅿ, ㆆ' 4자로 표기하였다. 둘째, 초성, 중성, 종성을 갖추어 표기하였다.
   종성이 없는 글자에는 '御·엉製·졩'처럼 'ㅇ'을 넣었으며 유모와 효모 글자는
   '斗ᄃᆞᇢ'처럼 'ㅸ'을 넣었으며, 래모(來母)는 이영보래로 '達닳·彆병'처럼 'ㄹㆆ'을
   넣었다. 이러한 한자음의 동국정운식 표기는 세조대까지는 사용되었으나 성종
   대 불경언해 『불정심경언해』, 『영험약초』, 『육조법보단경언해』에 와서는 전면

소·리·니 訓·훈民민正·졍音흠·은 百·빅姓·셩 ᄀᆞᆫ·치시논4) 正·
졍흔 소·리·라5)

國·귁之징語:영音흠·이6) 國·귁·은 나·라히·라7) 之징·ᄂᆞᆫ·입·
겨지·라8) 語:영·ᄂᆞᆫ :말ᄊᆞ미·라

폐지되었다.

4) ᄀᆞᆫ·치시논: 'ᄀᆞᆫ치 - + - 시(존경) - + - ᄂᆞ(현재시상) - + - 오(의도법) - + - ㄴ(관형형)'의 구성. 가르치시는. '-ᄂᆞ- + -오-'가 축약되어 '-노-'로 되었다. 'ᄀᆞᆫ치-'는 현대어의 '가르치(敎)-'와 '가리키(指)-'의 두 가지 뜻을 모두 가지고 있었는데, 여기서는 전자의 뜻으로 쓰였다. 중세 국어 시상법선어 말어미로는 과거에는 '-∅-, -더-, (-러-)', 현재 '-ᄂᆞ-', 미래는 '-리-'가 있다.

5) 正·졍흔 소·리·라: "바른 소리"라는 뜻인데 두 가지의 의미로 해석이 가능하다. 곧 동음으로서『동국정운』에 맞는 소리라는 의미와 우리말의 발음을 바르게 쓴다는 의미를 모두 포함하고 있다. '正·졍音흠'을『월인석보』에서는 "正·졍音흠·은 正·졍흔 소·리·니 우·리나·랏:마·를 正·졍·히 반·다·기 ·올·히 ·쓰논 ·그릴·씨 일·후·믈 正·졍音흠·이·라 ·ᄒᆞᄂᆞ니·라"고 하였다.

6) 國·귁之징語:영音흠·이: 나라의 말씀이. 이 대목은 언해의 풀이대로 해석하면 매우 간단한 것처럼 보이지만 다양한 해석이 있다. 주격조사는 명사어간의 말음이 자음일 경우 '-이, -ㅣ' 모음 아래에는 '-zero' 주격이 한자어 아래에서는 '-ㅣ'가 실현된다.

7) 나·라히·라: '나라ㅎ(國) - + - 이(서술격조사) - + - 라(종결어미)'의 구성. 나라이다. 15세기 중세국어에서 'ㅎ' 종성체언은 약 80개 정도 있으며, 곡용할 때 'ㅎ'이 안 나타나기도 한다. 체언 말음이 자음이면 '이-'로 모음 '이[i]'나 'ㅣ[j]'면 '∅'로 그 밖의 모음이면 'ㅣ'가 나타난다. 종결어미 '-다'가 'ㅣ'모음 아래에서는 '-라'로 교체가 된다. 곧 'ㅣ'모음 아래에서는 선어말어미 '-거-'도 '-어-'로 교체가 되고, 어말어미 '-게-'도 '-에'로, '-고'도 '-오'로 회상의선어말어미 '-더-'도 '-러'로 감탄선어말어미 '-도-'도 '-로'로 교체가 이루어진다.

8) ·입:겨지·라: '입겿 - + 이라'의 구성. '입겿'은 어조사에 대한 고유어로 말을 고르게 하거나 연결할 때 쓰는 말이다. 때로 '입곁'이란 형태가 보이기도 한다("哉ᄂᆞᆫ 입겨체 쓰ᄂᆞᆫ 字ㅣ라", 〈월곡서 9〉). 그러나 '입곁'은 항상 처격 조사 '-에'와 결합될 때만 쓰였기 때문에, 이것이 '입겿'과 동일한 것인지는 확실치 않다. 협주에 있어서 좀 더 상세한 설명이 필요 없는 어조사는 '입겨지라'로 제시되지만, 설명이 필요한 어조사는 "-ᄒᆞᆫ 겨체 쓰ᄂᆞᆫ 字ㅣ라"란 형식으로 그 쓰임을 나타내고 있다.

나·랏: 말ᄊᆞ·미9)

異·잉乎ꙮᇰ中듀ᇰ國·귁·에 ᄒᆞ·야10) 異·잉·ᄂᆞᆫ 다ᄅᆞᆯ ·씨·라 乎ꙮᇰ·ᄂᆞᆫ : 아·모그에11) ·ᄒᆞ논12) ·겨체13) ·ᄡᅳ는14) 字·ᄍᆞᆼ ㅣ·라 中듀ᇰ國·귁·ᄋᆞᆫ 皇ꙮᇰ帝·뎽 겨신15) 나·라히·니 ·우·리나·랏 常쌰ᇰ談땀·애 江가ᇰ南남·이·라 ·ᄒᆞ·ᄂᆞ·니·라16)

---

9) 나·랏: 말ᄊᆞ·미: '나라ㅎ-+-ㅅ-+말ᄊᆞᆷ-+-이'의 구성. 나라의 말씀이. 현대국 어에서 'ㅅ(사이시옷)'은 복합어에나 출현하지만 15세기에는 속격조사의 한 가 지로 쓰였다. 당시의 속격조사로는 '-의/-이/-ㅅ'등이 있었는데 '-의/이'는 유 정물의 평칭 '-ㅅ'은 유정물의 존칭이나 무정물에 쓰였다. 본문에서 '나랏말씀' 이라 한 것은 "우리나라의 말"이라는 포괄적인 의미로 사용되었다. '말씀'은 '말(言)-+-ᄊᆞᆷ(접사)'의 구성으로 '-ᄊᆞᆷ'은 태도나 모양을 나타내는 접미사이다.

10) 異·잉乎ꙮᇰ中듀ᇰ國·귁·ᄒᆞ·야: 중세어에서 'ᄒᆞ다'만 예외적으로 '-ᄒᆞ요, -ᄒᆞ야'로 활용한다.

11) ·아모그에: '아모(부정칭대명사)-+-그(其)-+-에(처격사)'의 구성. 아무에게. '-그에'는 속격 조사 '-이/의-+-그에'와 결합하여 '-익그에, -의그에(-게, - 그에, -거긔, -손듸도)와 같은 평칭의 여격표시로 변하였다. 다만 '-ㅅ-+-그 에'의 결합은 존칭의 여격표시 '-께'로 쓰였는데 이들은 후에 '-에게, -께'로 변하였다.

12) ·ᄒᆞ논: 'ᄒᆞ(爲)-+-ᄂᆞ(현재시상)-+-오(의도법)-+-ㄴ(동명사형)'의 구성. 하 는.

13) ·겨체: '곁(傍)-+-에'의 구성. 곁에. 처격조사는 양모음어간 뒤에는 '-애', 음모 음어간 뒤에는 '-에', i나 j 어간 뒤에는 '-익'나 '-예'가 사용되었다. 연철되면서 처격의 환경에서는 'ㅌ'이 'ㅊ'으로 실현되었다.

14) ·ᄡᅳ는: 'ᄡᅳ(用)-+-는'의 구성. 쓰는. 중세어에서 동사 'ᄡᅳ(用)'와 형용사 'ᄡᅳ (苦)-'는 '쓰(書)-'와 구별되었다. 중세국어에서는 ㅂ계, ㅄ계, ㅅ계 어두자음군 이 쓰였다.

15) 겨신: '겨시(在)-+-ㄴ'의 구성. 계시는. '겨시-'는 '잇(有)-'의 존칭어이다. 역 사적으로는 사어화된 동사 어간 '겨(在)-+-시-'가 결합하여 형성된 동사로 판단된다. 이두에서 '在'가 '견'으로 읽히며 근대국어에서 '겨오셔'가 후치사로 쓰인다.

16) ·ᄒᆞ·ᄂᆞ·니·라: 'ᄒᆞ-+-ᄂᆞ-+-니-+라'의 구성. '-니-'는 어떤 동작이나 상태를 객관적으로 확인한다. '-라'는 평서법어미 '-다'이다. 선어말어미 '-오-, -과-,

中듕國·귁·에17) 달·아18)

與:영문문字·쫑·로19) 不·붏相샹流률20)通통홀·씨21) 與:영·는

-더-, -리-, -니-, 계사'와 결합하면 '-다'는 '-라'로 교체된다.

17) 中듕國·귁·에: '듕귁(中國)-+-에(처격, 비교)'의 구성. 중국과. 처격 '-에'가 공동격형인 '-과/-와'처럼 쓰였다.

18) 달·아: '다른(異)-+-아(구속형어미)'의 구성. 달라서. '다른-'는 접속어미 '-아' 나 의도법어미 '-오-' 등과 결합할 때 어간형이 '달-'로 설측음화하여 분철되었 다. 일종의 음절 구성의 재음절화라고 할 수 있다. 이와 같이 '-르-/-르-' 재음 절화를 하는 용언으로 '니른(謂)-, 고른(均)-, 오른(上)-, 게으르(怠)-, 그르 (誤)-, 기르(養)-, 두르(圍)-, 바른(直)-' 등이 있다. 일종의 '-른/르-' 불규칙의 환경에서나 'ㄱ'이 탈락한 환경에서는 분철이 되었다.

　　분철이 된 요인을 어두의 'ㅇ'이 음가가 있기 때문이라고 설명하기도 한다. 곧 'ㅇ'이 소극적 기능일 때 어두음이 모음임을 표시하거나 '아', '어' 등 어중 음절 경계(boundary, #)를 표시기 때문에 'ㄹ'이 분철된다는 설명이다. 도 다른 설명으로는 'ㅇ'이 적극적 기능일 때 'ㅇ'이 *[g]>[ɣ]>[ɦ]로 변화한 결과 15 세기 중세국어에서는 'ㅇ'이 [ɦ]의 단계이기 때문에 'ㄹ'이 분철되었다는 설명이 다. 곧 '달아'에서 'ㄹ+ㅇ'의 표기는 [l]+[ɦ]를 나타낸 표기이다. 이와 유사한 예로 적극적 기능을 가졌던 'ㅇ'의 소실은 'ㅿ+ㅇ'의 연결에서 먼저 소실되었 다. '앉은>아슨'('ㅇ'의 음이 zero화하여 'ㅿ'음이 연철할 수 있었다). 현대 국어 와 마찬가지로 15세기 중세국어에도 'ㄹ'은 설측음 [l]과 설전음 [r]로 실현되어 이것을 훈민정음 종성해에서는 "ㅇ連書ㄹ下爲半舌輕音舌'附上腭"이라고 하 여 반설중음 'ㄹ[l]'과 반설경음 'ㅸ[r]'으로 나누어 설명했다. 'ㄹ'의 이음(異音) 을 당시 학자들이 인지하고 있었던 결과이다.

19) 與:영문문字·쫑·로: '-로'는 조격. 양모음 아래에서 '-으로', 음모음 아래에서 '-으로', 모음이나 'ㄹ' 아래에서 '-로'로 나타난다.

20) 流률: 동국정운식 한자음 표기에서 종성이 없는 'ㅸ'은 운미음 [w]을 표기한 것이다. 훈민정음 창제 이후 한자음의 표기는 『동국정운』이 제정되기 이전과 그 이후 기간 동안 차이를 보인다. 특히 -p, -t, -k 입성운미의 표기가 『훈민정 음 해례』에서는 '-t'운미인 '彆'을 '볃'으로 표기하였고 '-w' 운미 글자인 '虯'도 '꿀'로 '-j' 운미인 '快'도 '쾌'로 표기하여 'ㅇ'을 표기하지 않았다. 그러나 『훈민 정음 해례』 언해본에서는 해례본과 달리 지섭(止攝), 우섭(遇攝), 과섭(果攝), 가섭(假攝)과 해섭(蟹攝)의 '-j' 운미에 'ㅇ'을 표기하고 효섭(效攝), 유섭(流攝) 의 'ㅸ'표기로 진섭(臻攝)과 산섭(山攝)의 '-t'운미인 경우 '-ㄹㆆ'을 표기하여 입성운미를 3성 체계에 따라 표기하였다. 이러한 표기법은 바로 『동국정운』식 표기라고 할 수 있다. 『월인천강지곡』에서는 'ㅇ' 표기는 반영하지 않고 'ㅸ'과

·이·와·뎌·와22) ·ᄒᆞᄂᆞᆫ ·겨체 ·ᄡᅳᄂᆞᆫ 字ᄍᆞᆼㅣ·라 文·은 ·글·와리·
라23) 不·붏·은24) 아·니 ·ᄒᆞ논 ·ᄠᅳ디·라25) 相샹·은 서르 ·ᄒᆞ논
·ᄠᅳ디·라 流률通통·은 흘·러 ᄉᆞᄆᆞ·출 ·씨·라26)

'ㅿ'표기만 반영하였으며『육조법보단경언해』에서는 'ㆁ'과 'ㅸ' 표기를 폐기하
였을 뿐만 아니라 이영보래 표기인 'ㅭ'도 'ㄹ'로 현실 동음으로 정착되었
다. 중국 한자음 표기에만 확인되는 탕섭(宕攝)의 입성 가운데 약운(藥韻) 표기
와 지섭(止攝)의 속음(俗音) 가운데 치음(齒音) 성모를 가진 글자의 운미 표기에
대해 살펴보면『홍무정운역훈』의 경우 '-∅'운미 표기에 'ㆁ'을 반영하지 않았
지만 지섭(止攝)의 속음의 경우 치두음과 정치음의 종성자리에 'ㅿ'을 표기하였
고 '-j'운미인 경우 'ㆁ'을 반영하지 않았다. 다만 'ㅸ'은 반영하였다. 탕섭(宕攝)
의 약운(藥韻)의 경우 'ㅸ'으로 표기하였다.『석보상절』다라니에 나타나는 한자음
표기는 '-j'운미인 경우 'ㆁ'을 그리고 '-w'운미에 'ㅸ'를 표기하였고 진섭(臻攝)
과 산섭(山攝)의 입성 '-t'는 'ㄷ'으로 표기하였다.『월인석보』다라니경에서는
'-j'운미인 경우 'ㆁ'을 표기하지 않았고 '-w'운미에는 'ㅸ'를 표기하였다. 그리
고 진섭(臻攝)과 산섭(山攝)의 입성 '-t'는 'ㅭ'으로 표기하였다.『번역박통사』
에서는 정음과 속음에 한자음 표기의 차이를 보여주는데 '-j'운미인 경우 'ㆁ'을
표기하지 않았고 '-w'운미에서 정음에는 'ㅸ'를 표기하였으나 속음에서는 표기
하지 않았다. 진섭(臻攝)과 산섭(山攝)의 입성 '-t'는 정음에서는 '-k', '-t', '-p'
는 'ㆆ'을 표기하였으나 속음에는 표기를 하지 않았다. 훈민정음 창제 이후 초성,
중성, 종성을 갖추어야 한다는 음절 표기 의식에 대한 변개가 있었음을 확인할
수 있다.

21) 不·붏相샹流률通통홇·씨: '붏상률통ᄒᆞ-+-ㄹ씨(이유나 원인을 나타내는 구속
형어미)'의 구성. 서로 통하지 아니함으로.

22) ·이·와·뎌·와: 이것과 저것과. 공동격 '-와/-과'는 선행음절이 개음절인 경우
'-과'가 폐음절 경우 '-와'가 실현되었으나 근대국어에 가면 혼란을 보이게
된다.

23) ·글·와리·라: '글왈'〈용가 26〉은 '글발'에서 변한 형인데『석보상절』서에는
'글왈'〈석보서: 4ㄱ〉이 쓰였지만『월석』서에는 '글월'〈월석서: 11ㄴ〉이 쓰이고
있음으로 보아 '글발>글왈>글월'의 변화를 겪었다.

24) 不·붏·은: 소위 '이영보래(以影補來)'식 입성말음표기. 'ㄹ+ㆆ' 방식을 취하여
입성의 'ㄷ'음이 'ㄹ'로 변화한 것을 'ㆆ'음을 보충하여 'ㄷ'음에 가깝게 입성을
나타내 보이려고 한 것이다.

25) ·ᄠᅳ디·라: 'ᄠᅳᆮ-+-이-+-라'의 구성. 뜻이다. 협주 설명에서 부사는 일반적으로
'(해당부사)-ᄒᆞ논 ᄠᅳ-디라'나 '(해당부사)-ᄒᆞ논 마리라'의 형식으로 제시되어
있다.

26) ᄉᆞᄆᆞ·출·씨·라: 'ᄉᆞ몿<ᄉᆞᄆᆞᆾ(通, 透, 徹, 河)-+-ᄋᆞ-+-ㄹ(동명사)-+-씨라(ᄉ

文문字·쫑·와·로27) 서르 ᄉᆞᄆᆞᆺ·디28) 아·니ᄒᆞᆯ·ᄊᆡ

故·공·로 愚ᅌᅮ民민·이 有:ᅌᅮᆯ所:송欲·욕言언·ᄒᆞ야·도 故·공·ᄂᆞᆫ
젼·ᄎᆞ·라29) 愚ᅌᅮ·ᄂᆞᆫ 어·릴 ·ᄊᆡ·라 有:ᅌᅮᆯ·ᄂᆞᆫ 이실·ᄊᆡ·라30) 所:송·
ᄂᆞᆫ ·배·라 欲·욕·ᄋᆞᆫ ᄒᆞ·고·져 ᄒᆞᆯ ·ᄊᆡ·라 言언·은 니를·ᄊᆡ·라
·이런 젼·ᄎᆞ·로 어·린31) 百·ᄇᆡᆨ姓·셩·이 니르·고·져32)·홇·배33)
이·셔·도34)

而ᅀᅵᆼ終즁不·붏得·득伸신其끵情쪙者:쟝ㅣ多당矣:ᅙᅴ·라 而ᅀᅵᆼ·

+ㅣ라)'의 구성. 서로 통하는 것이라.

27) 文문字·쫑·와·로: 문자와. 이때 '문자'는 일반적인 문자를 뜻하는 것이 아니라
한자를 말한다. 또한 '-로'는 향격 조사로서 뒤에 오는 'ᄉᆞᄆᆞᆺ-'과 호응된다. 곧
우리말이나 한자가 서로 상대 쪽으로 '흘러 통한다'는 의미와 호응하는 것이다.
'-와/과(공동격)+-로(조격)'의 복합격이 동반격 '-와'와 문맥상 차이가 있으나
같은 기능을 하게 된다. "ᄯᅩ 내 너와로 四天王의 있는 宮殿 볼 쩨"〈능엄 2:
33〉

28) ᄉᆞᄆᆞᆺ·디: 'ᄉᆞᄆᆞᆾ>ᄉᆞᄆᆞᆺ(通)-+-디'의 구성. 통하지. 'ᄉᆞᄆᆞᆺ-'은 이른바 8종성법에
의한 표기이다.

29) 젼·ᄎᆞ·라: '젼ᄎᆞ(故)-+ㅣ라'의 구성. 까닭으로.

30) 이실·ᄊᆡ·라: '이시(有)-+-ㄹ+ᄊᆡ라'의 구성. 있는 것이라. '-ᄊᆡ라'는 'ᄉᆞ(의존
명사)-+-ㅣ라'의 구성인데 어미로 융합된 결과이다.

31) 어·린: '어리(愚)-+-ㄴ'의 구성. 어리석은. '어리-'는 '어리다(少)'와 '어리석다
(愚)'의 의미를 가지고 있다.

32) 니르·고·져: '니르(言)-+-고져'의 구성. 말하고자. '니르->이르(謂)-'로 변하
면서 의미도 조금 변한 것이다.

33) ·홇·배: 'ᄒᆞ(爲)-+-오(의도법)-+-ㄹㆆ(관형사형)+바(의존명사)-+-ㅣ(주격)'
의 구성. 할 바가. 우리말에 사용된 'ㆆ'는 사잇소리의 기능을 하였다.

34) 이·셔·도: '이시(有)-+-어도'의 구성. 있어도. '이시(有)-'의 세 가지 이형태가
쓰였다. '잇-'은 자음으로 시작되는 어미 앞에 쓰이고, '이시-'는 모음으로 시작
되는 어미 앞이나 자음 어간 아래에서 조음소가 삽입되는 어미의 앞에 쓰였다.
'시-'는 '이시-'가 쓰일 만한 자리에 가끔 쓰였는데 이 둘 사이의 차이는 그리
분명하지 않다.

논 ·입·겨지·라 終즁·은 ᄆ·ᄎ미·라35) 得·득·은 시·를 ·씨·라36)
伸신·은 ·펼·씨·라 其끵·는 :제·라 情쪙·은 ·ᄠ디·라 者:쟝·는
·노미·라 多당·는 할 ·씨·라 矣:읭·는 :말 ᄆᆞᆺ·ᄂᆞᆫ37)·입·겨지·라

　ᄆ·ᄎᆷ:내38) 제39) ·ᄠ·들 시·러40) 펴·디 :몯 홇41)·노·미 하·니·
라42)

予영ㅣ爲·윙此:ᄎᆞᆼ憫:민然션·ᄒ·야 予영·는 ·내 ·ᄒ습·시논43)

---

35) ᄆ·ᄎ미·라: 'ᄆᆞᆾ-+-ㅣ라'의 구성. 마침이라. 'ᄆᆞᆾ'은 'ᄆᆞᆾ-+-ㅁ(명사화접
사)'의 구성으로 파생명사이고 '마ᄎᆷ'은 'ᄆᆞᆾ-+-옴'의 구성으로 동명사이다.
중세어에서는 파생접사(-ㅁ)의 경우와 동명사형(-옴/-움)이 구별되었으나 '-
오/우-'가 탈락되면서 그 구분이 없어졌다.

36) 시를·씨·라: '싣>실(得, 載)-+-으(매개모음)-+-ㄹ+씨라'의 구성. 싣는 것이라.

37) ᄆᆞᆺ·ᄂᆞᆫ: '몾>ᄆᆞᆺ(終)-+-ᄂᆞᆫ'의 구성. 마치는.

38) ᄆ·ᄎᆷ:내: '몿(終)-+-옴(명사화접사)-+-내(부사화접사)'의 구성. 마침내. '-
내'는 "~에 이르기까지"의 뜻을 가진 부사화접미사이다.

39) 제: '저-+-ㅣ(관형격)'의 구성. 자기의. 관형격조사로는 일반적으로 '-ᄋᆡ/-의'
등이 쓰였으나 대명사 '나, 너, 저' 등은 원래의 명사에 'ㅣ'가 덧붙은 '내, 네,
제'가 속격형으로 쓰였다. 그러나 이들 대명사가 내포절의 주어의 기능을 하는
경우에는 '내의, 네의, 저의' 등으로 쓰였다.

40) 시·러: '싣(得)>실-+-어(부사화접사)'의 구성. 능히 할 수 있다. '-어'는 접속
어미가 접사화한 것이다.

41) :몯홇: '몯ᄒ-+-ㄹㆆ'의 구성. 못할. 의도법의 어미 '-오/우-'가 안 들어간
예이다.

42) 하·니·라: '하(多)-+니라'의 구성. 많으니라. 15세기에는 '하(多)-'와 'ᄒ(爲)-'
가 뜻이 달리 사용되었지만 'ㆍ'의 소실로 인해 '하-'로 통합되면서 전자의 뜻으
로는 쓰이지 않게 되었다. 전자는 '하고 많은' 등 몇 가지에 화석화되어 남아
있다.

43) ·ᄒ습·시논: 'ᄒ(爲)-+-습(겸양)-+-시(존경)-+-ᄂᆞ(현재)-+-오(의도)-+-
ㄴ(관형형)'의 구성. 하오신, 하시는. 겸양법과 존대법 선어말 어미를 결합할
경우 당연히 '-ᅀᆞᄫ시-'가 되어야 하는데 여기서는 그와 달리 '습'과 '시'가
직접 결합하였다.
　　15세기 중세국어의 경어법으로는 존경법(주체존대법)에는 '-시-/-샤-'와
겸양법(주체겸양법)에는 '-습-(ᄉᆞᄫ)/-ᄉᆞᆸ-(ᅀᆞᄫ)/-줍-(ᄌᆞᄫ)'이 있으며 공손

·뜨·디시·니·라 此:ᄎᆼ·ᄂᆞᆫ ·이·라44) 憫:민然션·은 :어엿·비 너·
기실·씨·라

내45) ·이·를 爲·윙·ᄒᆞ·야46):어엿·비47) 너·겨48)

新신制·졩 二·ᅀᅵᆼ十·씹八·밣字·ᄍᆞᆼ·ᄒᆞ노·니 新신·은 ·새·라49) 制
·졩·ᄂᆞᆫ ·ᄆᆡᇰ·ᄀᆞᄅᆞ실 ·씨·라50) 二·ᅀᅵᆼ十·씹八·밣·은 ·스·믈여·듧비·라
·새·로 ·스·믈여·듧字·ᄍᆞᆼ·ᄅᆞᆯ ᄆᆡᇰ·ᄀᆞ노·니51)

欲·욕使:ᄉᆞᆼ人신人신·ᄋᆞ·로 易·잉習·씹·ᄒᆞ·야 便뼌於헝日·ᅀᅵᇙ

법(상대존대법)에는 '-이-'가 있다. 겸양법의 '-ᄉᆞᆸ-(ᄉᆞᆸ)'는 'ㅎ, ㄱ, ㅂ, ㅅ,
ㄹㅎ' 아래에서 '-ᄉᆞᆸ-(ᄉᆞᆸ)'는 '모음, ㄴ, ㅁ, ㄹ'의 아래에서 '-ᄌᆞᆸ-(ᄌᆞᆸ)'는
'ㄷ, ㅈ, ㅊ' 아래에서 실현된다.

44) ·이·라: '이(대명사)-+-ㅣ(서술격조사)-+-라'의 구성이다. 이라. 이다. '새-
+-ㅣ라'=새 것이라.

45) 내: 일인칭 대명사 '나'는 주격과 속격 형태의 표기가 같이 '내'였다. 다만 주격은
거성, 속격은 평성으로 각각 성조를 달리 함으로써 구별되었다.

46) ·이·를 爲·윙·ᄒᆞ·야: 이를 위하여. 문맥상 그리 필요하지 않은 구절인데 이렇게
언해가 된 이유는 직역(直譯)에 가까운 언해의 영향인 듯하다. 뒤에 나오는
'히여'도 성격이 이와 같다.

47) :어엿·비: '어엿브(憐)-+-이(부사화접사)'의 구성. 불쌍하게. 불쌍히. '어엿브
-'는 불쌍하다(憐)는 뜻에서 예쁘다(媛)는 뜻으로 변화했다.

48) 너·겨: '너기-+-어'의 구성. 여겨. '어시-'는 '너기-'와 공존하였다.

49) ·새·라: 협주의 뜻풀이 형식으로 볼 때 '새'는 명사로 인식되고 있었던 듯하다.
현대어에서 '새'는 관형사로만 쓰이지만 중세국어에서는 명사로도 쓰인 예들이
있다. 헌옷도 새 ᄀᆞ드리니〈월석 8: 100〉

50) ·ᄆᆡᇰ·ᄀᆞ·ᄅᆞ실·씨·라: 'ᄆᆡᇰᄀᆞᆯ(制)-+-ᄋᆞ(매개모음)+-시-+-ㄹ+식-+-ㅣ라'의
구성. 만드신 것이라.

51) ᄆᆡᇰ·ᄀᆞ노·니: 'ᄆᆡᇰᄀᆞᆯ>ᄆᆡᇰᄀᆞ(制)-+-ᄂᆞ(현재시상)-+-오(의도법)-+-니'의 구성.
만드니. 원형은 'ᄆᆡᇰᄀᆞᆯ다. 'ᄆᆡᇰᄀᆞᆯ-'은 'ᄆᆡᇰᄃᆞᆯ-, ᄆᆡᆫᄃᆞᆯ-' 등의 이형태가 쓰였으나 이들
사이의 차이가 무엇인지 확연하지는 않다. 여기서 '-오-'는 의도법 선어말어미
이다.

用·용耳:싱니·라 使:숭· 는 :히·여52) ·ᄒ논 :마리·라 人신·은 :사·
ᄅ미·라 易·잉·는 :쉬볼 ·씨·라53) 習·씹·은 니·길 ·씨·라54) 便
뼌·은 便뼌安ㅎ안홀 ·씨·라 於ᅙ어·는 :아·모그에 ·ᄒ논 ·겨체 ·쓰는
字·ᄍ ᅵ·라 日·ᅀᅵᆯ·은 ·나리·라 用·용·은 ·ᄡᅳᆯ ·씨·라 耳:싱·는 ᄯᆞᄅ
ᄅ·미·라·ᄒ논 ·ᄠ디·라

:사ᄅᆷ·마·다 :히·여 :수·ᄫᅵ55) 니·겨56) ·날·로57) ·ᄡᅮ·메58) 便뼌
安ᅙ안·킈59) ᄒ·고·져 ᄒᆞᇙ ᄯᆞ·ᄅ·미니·라60)

ㄱ·는 牙ᅌᅡ音ᅙᅳᆷ·이·니61) 如ᅀᅥᆼ君군ㄷ字·ᄍ62) 初총發·벓聲셩

------

52) :히·여: 'ᄒᆡ(爲)-+-ㅣ(사동접사)-+-어'의 구성. 'ᄒᆞ다(爲)'의 사역형이다. 실지
음가는 없으나 'ㆁ'이 자음으로서의 적극적인 기능을 수행하는 한 예로 볼 수
있다. 'ᅇ'는 어중음표기에 사용한다. 'ᅇ' 등 15세기 문헌의 피동 및 사역형
표기에 쓰였다.

53) :쉬볼·씨·라: '쉽-+-으-(매개모음)+-ㄹ(관형형어미)+-ㅅ-(의존명사)+ㅣ
라'의 구성. 쉬운 것이라.

54) 니·길·씨·라: '닉(習)-+-이-(사동접사)+-ㄹ+ㅅ-+-ㅣ라'의 구성. 익힐 것
이라.

55) :수·ᄫᅵ: '쉽(易)-+-이'. 쉽게. '쉽-'은 부사 파생접미사 '-이'가 결합될 때 어간
형이 '슇-'이 되었다.

56) 니·겨: '닉(習)-+-이-(사동접사)+-어'. 이켜. 중세어에서 사동접미사로 '-이
-'가 결합되던 용언들 가운데 현대어로 오면서 접미사가 교체되는 경우가 가끔
있었다. '시기->시키-' 등 참고.

57) ·날·로: '날(日)-+-로(부사화접사)'의 구성. 날마다. '새로, 저로, 간대로' 등의
파생 부사가 있다.

58) ·ᄡᅮ·메: '쓰(用)-+-움(명사화접사)-+-에'의 구성. 씀에.

59) 便뼌安ᅙ안·킈: '편안(便安)-+-ᄒ(형용사화접사)-+-긔(게)'의 구성. 편안하게.
『훈민정음언해』, 『석보상절』에는 '-ᄒ긔'로 나타나지만 『월인석보』에는 '-ᄒ
긔/ᄒ게'가 혼용되었다. 단 『월인석보』에서의 '-ᄒ긔'는 『석보상절』에서 베낀
부분에만 나타난다.

60) ᄯᆞᄅ·미니·라: 'ᄯᆞᄅᆷ(의존명사)-+-이(서술격조사)-+-니-+-라'의 구성. 이
다. 이니라.

ᄒᆞ·니 並·뼝書셩ᄒᆞ·면 如셩虯뀨ᇢㅸ字·쫑63) 初총發·벓聲셩ᄒᆞ·니·라 牙ᅌᅡᆼ·ᄂᆞᆫ :어미·라64) 如셩·는 ·ᄀᆞᇀᄋᆞᆯ ·씨·라65) 初총發·벓聲셩·은 ·처ᅀᅥᆷ ·펴·아·나ᄂᆞᆫ 소·리·라 並·뼝書셩·는 ᄀᆞᆯ·ᄫᅡ66) ·쓸 ·씨·라

ㄱ·ᄂᆞᆫ67) :엄쏘·리·니68) 君군ㄷ字 ·쫑 ·처ᅀᅥᆷ69) ·펴·아70)·나ᄂᆞᆫ

---

61) 牙ᅌᅡᆼ音음·이·니: 아음(牙音). 어금닛소리.

62) 군ㄷ字·쫑: 군자. 'ㄷ'은 사잇소리로 앞 종성이 불청불탁자로 끝났을 때 'ㄴ'의 같은 계열의 전청자 'ㄷ'을 사잇소리로 썼다. 『훈민정음 해례』 언해와 『용비어천가』에서만 나타나는 사잇소리는 종성이 유성자음인 한자음일 경우, 그 종성의 종류에 따라 사잇소리가 각각 달리 쓰였다. 이들을 정리하여 보이면 다음과 같다. 종성 'ㄹ'인 한자음은 이른바 '以影補來'에 의해 'ㆆ'을 붙여 'ㅀ'으로 표기했다. 우리말의 경우에는 거의 'ㅅ'으로 쓰였으나 『용비어천가』에서는 몇몇 예외적인 쓰임을 보였다. 그러나 성종 이후에는 불경언해류에서는 전부 'ㅅ'으로 통일되었다. 『훈민정음 해례』 언해에서 나타나는 사잇소리를 정리하면 다음과 같다.

종성의 종류	ㆁ	ㄴ	ㅁ	ㅱ	ㅇ
사잇소리	ㄱ	ㄷ	ㅂ	ㅸ	ㆆ

63) 如셩虯뀨ᇢㅸ字쫑: '虯뀨ᇢ'내서 한자음 표기에 나타나는 'ㅱ'는 'ㅱ(불청불탁자)+ㅸ(같은 순경음의 전청자)+쫑'로 사잇소리 'ㅸ'이 사용되었다.

64) :어미·라: '엄(牙)-+-ㅣ라'의 구성. 엄소리라. 어금니 소리라.

65) ·ᄀᆞᇀᄋᆞᆯ·씨·라: 'ᄀᆞᇀ(如)-+-ᄋᆞ(매개모음)-+-ㄹ+ᄉᆞ(의존명사)-+-ㅣ라'의 구성. 같은 것이라.

66) ᄀᆞᆯ·ᄫᅡ: 'ᄀᆞᆲ(並)-+-아(부사형)'의 구성. 병서하면. 나란히 쓰면. '갋다(갋아, 갋으니, 갋으며…)'는 영남방언에서는 남아 있다.

67) ㄱ·ᄂᆞᆫ: 당시에는 각 자음을 뒤에 모음 'ㅣ'를 붙여서 읽었을 것으로 판단된다. 조사를 'ᄂᆞᆫ'으로 한 것이나 『훈몽자회』에서 '其役, 尼隱' 등으로 이름을 붙인 것이 참고가 된다.

68) :엄쏘·리·니: '엄(牙)-+-ㅅ(사잇소리)-+-소리'. 어금닛소리. '쏘'에서 치음의 된소리는 이미 존재하고 있었음을 알 수 있다. 『훈민정음 해례』에서는 자음을 '아음, 설음, 순음, 치음, 후음, 반설음, 반치음'으로 분류하고 있는데 이들은 각각 '엄쏘리, 혀쏘리, 입시울쏘리, 니쏘리, 혀쏘리, 반혀쏘리, 반니쏘리' 등으로 언해되어 있다.

69) ·처ᅀᅥᆷ: '첫>처ᇫ(初)-+-엄(명사화접사)'의 구성. 처음. '처ᅀᅥᆷ'은 '처ᅀᅥᆷ>처엄>처음'의 과정을 거쳐 변화하였다.

70) ·펴·아: '펴(發)-+-아'의 구성. 펴어. 당시의 모음조화로 보면 응당 '펴어>펴'

소·리 ·ᄀᆞᄐᆞ·니71)

ᄀᆞᆯ·바·쓰·면72) 虯끃병字·ᄍᆞᆼ ·처ᅀᅥᆷ ·펴·아 ·나ᄂᆞᆫ 소·리 ·ᄀᆞ·ᄐᆞ니·라73)

ㅋ·ᄂᆞᆫ 牙앙音ᅙᅳᆷ·이·니 如ᅀᅥᆼ快·쾡ᅙ字·ᄍᆞᆼ初 총發·벓聲셩ᄒᆞ·니·라

ㅋ·ᄂᆞᆫ :엄쏘·리·니 快·쾡ᅙ 字·ᄍᆞᆼ ·처ᅀᅥᆷ ·펴·아 ·나ᄂᆞᆫ 소·리 ·ᄀᆞ·ᄐᆞ니·라

ㆁ·ᄂᆞᆫ 牙앙音ᅙᅳᆷ·이·니 如ᅀᅥᆼ業·업字·ᄍᆞᆼ初총發·벓聲셩ᄒᆞ·니·라

가 되어야 하는데 이와 같이 음양조화의 일탈형이다. 아마도 강화 현상이거나 '펴-'의 모음 'ㅕ'가 /jə/가 아니라 /jʌ/에서 발달한 것이기 때문일 가능성이 있다. 혹은 강의적인 의미로 일종의 이화현상으로 볼 수도 있다.

71) ·ᄀᆞᄐᆞ·니: 'ᄀᆞᆮᄒᆞ->ᄀᆞᇀ(如)-+-ᄋᆞ니'의 구성. 같으니. 'ᄀᆞᇀ(如)-'은 'ᄀᆞᆮᄒᆞ(如)-'의 축약형이다. 이러한 쓰임에서 어간을 'ᄀᆞᇀ-', 'ᄀᆞᄐᆞ-' 가운데 어느 것으로 잡아야 할지 분명치 않다. 'ᄀᆞᄐᆞ야' 등에 기대면 'ᄀᆞᄐᆞ-'일 듯도 하나 'ᄀᆞᆮ거늘' 등으로 보면 'ᄀᆞᇀ-'일 가능성도 배제할 수 없기 때문이다.

72) ᄀᆞᆯ·바·쓰·면: 'ᄀᆞᆲ(竝)-+-아+쓰(書)-+-면'의 구성. 나란히 쓰면. 병서하면.

73) 훈민정음에서 초성 소리를 설명하기 위하여 사용된 자모표는 중국의 36자모표를 본받은 것이었다. 그러나 우리말의 음운체계가 그와 그대로 맞는 것이 아니었기 때문에 훈문정음의 제정자들은 독자적으로 23자모표를 만들었으며, 그것을 설명하기 위한 자모자들도 새로운 한자들을 사용하였다. 훈민정음의 설명에 사용된 한자들을 보이면 다음과 같다. 이 한자의 음들은 동국정운식으로 되어 있기 때문에 특히 각자병서의 경우 제 음가를 보이지 못한 것일 수가 있다. 국어의 현실 한자음에서는 된소리가 거의 없기 때문이다. 이는 한자를 이용하여 음가를 보이는 데서 오는 한계라 할 수 있다.

아음	설음	반설음	순음	치음	반치음	후음
ㄱ(君)군	ㄷ 斗 둫		ㅂ(彆)볋	ㅈ(卽)즉	ㅅ(戌)숧	ㆆ 挹 흡
ㄲ 虯 끃	ㄸ(覃)땀		ㅃ 步 뽕	ㅉ 慈 쫑	ㅆ 邪 썅	ㅎ 虛 헝
ㅋ 快 쾡	ㅌ(呑)툰		ㅍ 漂 푷	ㅊ(侵)침		ㆅ(洪)횽
						ㅇ(欲)욕
ㆁ(業)업	ㄴ 那 낭		ㅁ 彌 밍			
		ㄹ 閭 령			ㅿ(穰)샹	

ㆁ·ᄂᆞᆫ :엄쏘·리·니 業·업 字·ᄍᆞᆼ ·처ᅀᅥᆷ ·펴·아 ·나ᄂᆞᆫ 소·리 ·ᄀᆞ·
ᄐᆞ니·라

ㄷ·ᄂᆞᆫ 舌·쎯音흠·이·니 如ᅌᅧ斗:둘ᇦ字·ᄍᆞᆼ初 총發·버ᇙ聲셩ᇹ·니
並·뼝書셩ᇹ·면 如ᅌᅧ覃땀ㅂ字·ᄍᆞᆼ 初총發·버ᇙ聲셩ᇹ·니·라 舌·쎯·
은·혀·라

ㄷ·ᄂᆞᆫ ·혀쏘·리·니 斗:둘ᇦ 字·ᄍᆞᆼ ·처ᅀᅥᆷ ·펴·아 ·나ᄂᆞᆫ 소·리
·ᄀᆞ·ᄐᆞ·니

글·봐 ·쓰·면 覃땀ㅂ 字·ᄍᆞᆼ ·처ᅀᅥᆷ ·펴·아 ·나ᄂᆞᆫ 소·리 ·ᄀᆞ·ᄐᆞ니·라

ㅌ·ᄂᆞᆫ 舌·쎯音흠·이·니 如ᅌᅧ呑튼ㄷ字·ᄍᆞᆼ 初총發·버ᇙ聲셩ᇹ·니·라

ㅌ·ᄂᆞᆫ ·혀쏘·리·니 呑튼ㄷ 字·ᄍᆞᆼ ·처ᅀᅥᆷ ·펴·아 ·나ᄂᆞᆫ 소·리·
ᄀᆞ·ᄐᆞ니·라

ㄴ·ᄂᆞᆫ 舌·쎯音흠·이·니 如ᅌᅧ那낭ㆆ字·ᄍᆞᆼ 初총發·버ᇙ聲셩ᇹ·니·라

ㄴ·ᄂᆞᆫ ·혀쏘·리·니 那낭ㆆ 字·ᄍᆞᆼ ·처ᅀᅥᆷ ·펴·아 ·나ᄂᆞᆫ 소·리·
ᄀᆞ·ᄐᆞ니·라

ㅂ·ᄂᆞᆫ 脣쓘音흠·이·니 如ᅌᅧ彆·볋字·ᄍᆞᆼ74) 初총發·버ᇙ聲셩ᇹ·니
並·뼝書셩ᇹ·면 如ᅌᅧ步·뽕ㆆ字·ᄍᆞᆼ 初총發·버ᇙ聲셩ᇹ·니·라 脣쓘·

---

74) 如ᅌᅧ彆·볋字·ᄍᆞᆼ: '彆·볋'에서 동국정운식 한자음 표기로 'ㄹ' 아래에 'ㆆ'을 표기한 것은 이영보래(以影補來) 규정에 따른 이상적 표기 방식이다. 동음에서 'ㄹ'로 끝나는 입성 한자음은 중국에서는 이미 성문폐쇄음으로 탈락된 현실을 반영한 표기방식이다. 동음에서 입성자 [-t] > [ʔ] > [-ø] 매우 규칙적으로 'ㄹ'로 대응된다.

은 입시·우리·라[75]

ㅂ·는 입시·울쏘·리·니 彆볋 字·쫑 ·처섬 ·펴·아 ·나는 소·리
·ᄀ튼·니

글·바 ·쓰·면 步·뽕ㆁ字·쫑 ·처섬 ·펴·아 ·나는 소·리 ·ᄀ튼·니·라

ㅍ·는 脣쓘音흠·이·니 如셩漂푤ㅂ字·쫑 初총發·벓聲셩ᄒ·니·라
ㅍ·는 입시·울쏘·리·니 漂푤ㅂ 字·쫑 ·처섬 ·펴·아 ·나는 소·
리 ·ᄀ·튼·니·라

ㅁ·는 脣쓘音흠·이·니 如셩彌밍ㆆ字·쫑 初총發·벓聲셩ᄒ·니·라
ㅁ·는 입시·울쏘·리·니 彌밍ㆆ 字·쫑 ·처섬 ·펴·아 ·나는 소·
리 ·ᄀ·튼·니·라

ㅈ·는 齒:칭音흠·이·니 如셩卽·즉字·쫑 初총發·벓聲셩ᄒ·니 並·
뼝書셩ᄒ·면 如셩慈쫑ㆆ字·쫑 初총發·벓聲셩ᄒ·니·라 齒:칭·는
·니·라

ㅈ·는 ·니쏘·리·니 卽·즉 字·쫑 ·처섬 ·펴·아 ·나는 소·리 ·ᄀ
튼·니

글·바 ·쓰·면 慈쫑ㆆ 字·쫑 ·처섬 ·펴·아 ·나는 소·리 ·ᄀ튼·니라

ㅊ·는 齒:칭音흠·이·니 如셩侵침ㅂ字·쫑 初총發·벓聲셩ᄒ·니·라

---

75) 입시·우리·라: '입시울(脣)＋ㅣ 라'의 구성. 입술이라. '입-＋시울-' > 입술(복합
어).

ㅊ·는 ·니쏘·리·니 侵침ㅂ 字·쫑 ·처섬 ·펴·아 ·나는 소·리 ·
ᄀᆞ·트니·라

ㅅ·는 齒:칭音흠·이·니 如셩戌·슗字·쫑初총發·뻟聲셩ᄒᆞ·니
並·뼝書셩ᄒᆞ·면 如셩邪썅ᅙ字·쫑 初총發·뻟聲셩ᄒᆞ·니·라

ㅅ·는 ·니쏘·리·니 戌·슗 字·쫑 ·처섬 ·펴·아 ·나는 소·리 ·
ᄀᆞ트·니라

글·봐 ·쓰·면 邪썅ᅙ 字·쫑 ·처섬 ·펴·아 ·나는 소·리 ·ᄀᆞ·트
니·라

ㆆ·는 喉ᅘᅮᆯ音흠·이·니 如셩挹·흡字·쫑 初총發·뻟聲셩ᄒᆞ·니·라
喉ᅘᅮᆯ·는 모·기·라

ㆆ·는 목소·리·니 挹·흡 字·쫑 ·처섬 ·펴·아 ·나는 소·리 ·ᄀᆞ·트니·라

ㅎ·는 喉ᅘᅮᆯ音흠·이·니 如셩虛헝ᅙ字·쫑 初총發·뻟聲셩ᄒᆞ·니
並·뼝書셩ᄒᆞ·면 如셩洪뽕ㄱ字·쫑 初총發·뻟聲셩ᄒᆞ·니·라

ㅎ·는 목소리니 虛헝ㆆ 字쫑 ·처섬 ·펴·아 ·나는 소·리 ·ᄀᆞ트·니
글·봐 ·쓰·면 洪뽕ㄱ 字·쫑 ·처섬 ·펴·아 ·나는 소·리 ·ᄀᆞ·트
니·라

ㅇ·는 喉ᅘᅮᆯ音흠·이·니 如셩欲·욕字·쫑 初총發·뻟聲셩ᄒᆞ·니·라

ㅇ·는 목소·리·니 欲·욕 字·쫑 ·처섬 ·펴·아 ·나는 소·리 ·ᄀᆞ
·트니·라

ㄹ·는 半·반舌·쎪音흠·이·니 如성閭령ㆆ字·쫑 初총發·벓聲셩
ᄒ·니·라

ㄹ·는 半·반·혀쏘·리·니76) 閭령ㆆ 字쫑 ·처엄 ·펴·아 ·나는
소·리 ·ᄀᆞ·트니·라

ㅿ·는 半·반齒:칭音흠·이·니 如성穰ᅀᅡᆼㄱ字·쫑 初총發·벓聲셩
ᄒ·니·라

ㅿ·는 半·반·니쏘·리·니77) 穰ᅀᅡᆼㄱ 字·쫑 ·처엄 ·펴·아 ·나는
소·리 ·ᄀᆞ·트니·라

·는 如성呑톤ㄷ字·쫑 中듕聲셩ᄒ·니·라 中듕·은 가·온·ᄃᆡ·라78)

·는 呑톤79)ㄷ 字·쫑 가·온·딧소·리80) ·ᄀᆞ·트니·라

ㅡ는 如성卽·즉字·쫑 中듕聲셩ᄒ·니·라

ㅡ는 卽·즉 字·쫑 가·온·딧소·리 ·ᄀᆞ·트니·라

ㅣ·는 如성侵침ㅂ字·쫑 中듕聲셩ᄒ·니·라

---

76) 半·반·혀쏘·리·니: '반설음'은 설측음 또는 탄설음일 것으로 파악된다.

77) 半·반·니쏘·리·니: 반치음이니. 반치음은 유성 치조마찰음을 말한 것으로 보인다.

78) 가·온·ᄃᆡ·라: '가온ᄃᆡ(中)-+-ㅣ라'의 구성.

79) 呑톤: 중성을 보이기 위해 쓴 한자들은 다음과 같다. 이들 한자는 초성을 대표하기 위해 썼던 것을 다시 이용하였는데 여기서도 훈민정음 제정자들의 치밀함을 엿볼 수 있다 '. ·呑 ㅡ卽 ㅣ侵 ㅗ洪 ㅏ覃 ㅜ君 ㅓ業 ㅛ欲 ㅑ穰 ㅠ戌 ㅕ彆'

80) 가·온·딧소·리: '가온ᄃᆡ(中)-+-ㅅ(사잇소리)+-소리-+-ø(공동격 생략)'의 구성. '가온ᄃᆡ'는 '가본ᄃᆡ>가온ᄃᆡ>가운데'의 변화를 거처 현대에 이르렀다.

ㅣ·는 侵침ㅂ 字·쭝 가·온·딧소·리 ·ㄱ·트니·라

ㅗ·는 如영洪흉ㄱ字·쭝 中듕聲셩ᄒᆞ·니·라
ㅗ·는 洪흉ㄱ 字·쭝 가·온·딧소·리 ·ㄱ·트니·라

ㅏ·는 如영覃땀ㅂ字·쭝 中듕聲셩ᄒᆞ·니·라
ㅏ·는 覃땀ㅂ 字·쭝 가·온·딧소·리 ·ㄱ·트니·라

ㅜ·는 如영君군ㄷ字·쭝 中듕聲셩ᄒᆞ·니·라
ㅜ·는 君군ㄷ 字·쭝 가·온·딧소·리 ·ㄱ·트니·라

ㅓ·는 如영業·업字·쭝 中듕聲셩ᄒᆞ·니·라
ㅓ·는 業·업 字·쭝 가·온·딧소·리 ·ㄱ·트니·라

ㅛ·는 如영欲·욕字·쭝 中듕聲셩ᄒᆞ·니·라
ㅛ·는 欲·욕 字·쭝 가·온·딧소·리 ·ㄱ·트니·라

ㅑ·는 如영穰샹ㄱ字·쭝 中듕聲셩ᄒᆞ·니·라
ㅑ·는 穰샹ㄱ 字·쭝 가·온·딧소·리 ·ㄱ·트니·라

ㅠ·는 如영戌·슗字·쭝 中듕聲셩ᄒᆞ·니·라
ㅠ·는 戌·슗 字·쭝 가·온·딧소·리 ·ㄱ·트니·라

ㅕ·는 如영彆·볋字·쭝 中듕聲셩ᄒᆞ·니·라

ㅕ·는 彆·볋 字·쫑 가·온·딧소·리 ·ㄱ·ᄐ니·라

終즁聲성·은 復·뿧用·용初총聲셩·ᄒᆞᄂᆞ니·라 復·뿧·는 다·시
·ᄒᆞ논 ·ᄠ디·라

乃:냉終즁ㄱ 소·리·ᄂᆞᆫ 다·시 ·첫소·리·를 ·ᄡᆞ·ᄂᆞ니·라81)

ㅇ·를 連련書셩82)脣쓘音흠之징下:ᄒᆞᇰ·면 則·즉爲윙脣쓘輕켱
音흠83)·ᄒᆞᄂᆞ니·라 連련·은 니·ᅀᅳᆯ ·씨·라 下:ᄒᆞᇰ·ᄂᆞᆫ 아·래·라 則·
즉·은 :아·ᄆᆞ리 ᄒᆞ·면84) ·ᄒᆞᄂᆞᆫ ·겨·체 ·ᄡᅳᄂᆞᆫ 字·쫑ㅣ·라 爲윙·ᄂᆞᆫ
ᄃᆞ욀 ·씨·라85) 輕켱·은 가·ᄇᆡ야·ᄫᆞᆯ ·씨·라

ㅇ·를 입시·울쏘·리 아·래 니·ᅀᅥ ·ᄡᅳ·면 입시·울 가·ᄇᆡ야·
ᄫᆞᆫ86) 소·리 ᄃᆞ외ᄂᆞ·니·라87)

---

81) 乃:냉終즁ㄱ소·리·ᄂᆞᆫ 다·시·첫소·리·를·ᄡᆞ·ᄂᆞ니·라: '終聲復用初聲'은 훈민정
음의 제정자들이 중국음운학의 2분법(聲과 韻)을 버리고 초성, 중성, 종성으로
3분하는 체계를 세우면서 종성을 초성과 같은 것으로 파악한 태도가 반영된
구절이다. 이 구절을 모든 초성을 종성으로 써야 한다는 문자 운용 규정으로
해석하기도 하였으나, 종성은 새로 글자를 만들지 않고 초성을 다시 이용한다는
중서의 제자 원칙으로 보는 것이 일반적이다.

82) 連련書셩: '연서'는 '병서와 부서'와 구별이 필요하다. 훈민정음의 규정으로
보면 자음자를 좌우로 나란히 하여 쓰는 것은 병서라 하였고 모음을 자음의
오른쪽이나 아래에 붙여서 쓰는 것을 부서라 하였다. 연서는 이들과 구별하여
자음을 위아래로 이어서 쓰는 것을 뜻한다.

83) 脣쓘輕켱音흠: 순경음은 입술 가벼운 소리로서 현대의 관점에서 보면 유성
양순 마찰음을 뜻한다.

84) :아·ᄆᆞ리ᄒᆞ·면: '아ᄆᆞ리'는 '아ᄆᆞ+리'로 분석된다. 여기서 '-리'는 대략 '-게'의
뜻으로 '이리·뎌리·그리' 등의 '-리'와 관련된다.

85) ᄃᆞ욀·ᄊᆞ·라: 'ᄃᆞ욀>ᄃᆞ외(爲)-+-ㄹ+ᄉᆞ+ㅣ라'의 구성. 될 것이라.

86) 가·ᄇᆡ야·ᄫᆞᆯ: '가ᄇᆡ얇(輕)-+-은'의 구성. '가ᄇᆡ얗->가ᄇᆡ얗->가ᄇᆡ엽->가볍
-'의 과정을 거쳐 현대어에 이른다.

初총聲성·을 合·햅用·용·호·디·면88)則·즉並·뼝書성ᄒᆞ·라 終즁
聲성·도 同똥ᄒᆞ·니·라 合·햅·ᄋᆞᆫ 어·울 ·씨·라89) 同똥·ᄋᆞᆫ ᄒᆞᆫ가·
지·라 ·ᄒᆞᄂᆞᆫ ·ᄠᅳ디·라

·첫소·리·를 ·어·울·워90) ·ᄡᅮ·디·면91) ᄀᆞᆯ·ᄫᅡ ·쓰·라 乃:냉終
즁ㄱ 소·리·도 ᄒᆞᆫ가·지·라

· ─ ᅩ ᅮ ᅭ ᅲ·란附·뿡書성初총聲셩之징下:행ᄒᆞ·고 附·뿡·ᄂᆞᆫ
브·틀 ·씨·라

· ·와 ─·와 ᅩ·와 ᅮ·와 ᅭ·와 ᅲ·와·란92)·첫소·리 아·래 브·
텨 ·쓰·고

ㅣ ㅏ ㅓ ㅑ ㅕ·란 附·뿡書·셩於헝右:ᄋᆢᆼᄒᆞ·라 右:ᄋᆢᆼ·ᄂᆞᆫ
·올ᄒᆞᆫ 녀·기·라

ㅣ·와 ㅏ·와 ㅓ·와 ㅑ·와 ㅕ·와·란 ·올ᄒᆞᆫ 녀·긔93) 부·텨 ·쓰·라

---

87) ᄃᆞ외ᄂᆞ·니·라: 'ᄃᆞᄫᅵ>ᄃᆞ외(爲)-+-ᄂᆞ-+-니-+-라'의 구성. 된다. 'ᄃᆞᄫᅵ-'에
서 변한 것으로 뒤에 '되-'가 되었다. 'ᄃᆞ외-'는 현대어의 형용사 파생 접사
'-되-'의 어원형이기도 하다.

88) ·호·디·면: 'ᄒᆞ-+-오/우-+-ㄹㆆ+디(의존명사)+-면' 할 것이면.

89) 어·울·씨·라: '어우-+-ㄹ+-씨라', 어우를 것이라.

90) ·어·울·워: '어울(合)-+-우(사동접사)-+-어'의 구성. 어울러.

91) ·ᄡᅮ·디·면: 'ᄡᅳ-+-오/우-+-ㄹ디-+-면'의 구성. 쓰면. '디'는 'ᄃᆞ(의존명사)
+-ㅣ(서술격조사)의 구성.

92) ·와─·와ᅩ·와ᅮ·와ᅭ·와ᅲ·와·란: 공동격조사. '란'은 주제격조사의 특수한
용례이다. 집단 곡용에서 공동격 조사 '-와'를 맨 마지막 명사에까지 붙이는
것은 중세국어의 특징이었다. 하지만 당시 문헌에서도 이와는 다른 쓰임이 발견
되기도 하여 의미의 차이가 있었던 것으로 보인다.

93) ·올ᄒᆞᆫ녀·긔: '옳(右)-+-ᄋᆞᆫ-+녁-+-의'의 구성. 현대의 '녘'은 격음화를 겪은
것이고 '-의'는 음성모음 뒤에 오는 처격조사이다.

124

凡뻠字·쫑ㅣ 必·빓슴·合而싱成쎵音흠·ᄒᆞᄂ·니94) 凡뻠·은 믈
윗·ᄒᆞᄂ ·뜨디·라 必·빓·은 모·로·매 ·ᄒᆞᄂ ·뜨디·라 成쎵·은
:일 ·씨·라95)

믈윗 字·쫑ㅣ 모·로·매96) 어·우러·ᅀᅡ97) 소·리 :이ᄂ·니98)

左:장加강一·힗點뎜ᄒᆞ·면 則·즉去·컹聲셩·이·오99) 左:장·ᄂ
:왼녀·기·라 加강·ᄂ 더을 ·씨·라 一·힗·은 ᄒᆞ나·히·라 去·컹聲
셩·은 ·못노·폰 소·리·라

:왼녀·긔 ᄒᆞᆫ 點뎜·을 더으·면100) ·못 노·폰101) 소·리·오102)

---

94) 必·비슴·合而싱成쎵音흠·ᄒᆞᄂ·니: '必合而成音' 규정은 말 그대로 '成音'에 대
    한 규정으로 보기 힘들다. 모음은 아무런 자음의 도움을 받지 않고도 음절을
    이룰 수 있기 때문이다. 따라서 이 규정은 오히려 글자의 모양에 대한 규정으로
    보는 것이 낫다. 곧 모음만으로 이루어진 음절의 경우 이 규정에 의해 자음
    'ㅇ'을 덧붙여 글자의 모양을 갖춘 것이라 할 수 있다.
95) :일·씨·라: '일(成)-+-ㅅ(의존명사)+-ㅣ라'의 구성.
96) 모·로·매: '모ᄅᆞ-+-오-+-ㅁ-+-애(부사화접사)'의 구성. 모름지기. 부사로
    '모롬이, 모롬즉, 반ᄃᆞ개' 등의 변이형이 있다.
97) 어·우러·ᅀᅡ: '어울-+-어-+-ᅀᅡ'의 구성. 아울러야. '-ᅀᅡ>야'는 강세 보조사.
98) :이ᄂ·니: '일(成)-+-ᄂ-+-니'의 구성. '일-'은 접미사 '-ㅇ, -우'가 붙어 각각
    사동사로 파생될 수 있었으나 '이루(成就)-'와 '일우(築)-'가 구별되어 쓰였다.
99) 중세국어의 성조에 대한 규정이다. 성조는 글자의 왼쪽에 점으로 표시하였는데
    1점은 거성 2점은 상성 점이 없는 것을 평성을 나타냈다. 또한 입성은 이들
    점과 관계없이 종성의 종류에 따라 결정된다. 상성이 후에 대부분 장음으로
    변한 것으로 판단하면 상성은 평성과 거성의 결합이라고 할 수 있다. 이들 '평성,
    거성, 상성, 입성'의 성격에 대한 훈민정음 합자해를 보면 다음과 같다. 평성(무
    점) 安而和, 상성(2점) 和而擧, 거성(1점) 擧而壯, 입성 促而塞로 설명하고 있다.
100) 더으·면: '더으(加)-+-면'의 구성. 더하면. 현대어 '더하-'는 '더으-'에서 부사
    '더'가 파생되고 이것에 다시 '하-'가 결합되어 형성된 것으로 보인다.
101) ·못노·폰: '못>못(접두사)-+-높(高)-+-은'의 구성. 최고 높은. 가장 높은.
102) 소·리·오: '소리(聲)-+-오'의 구성. 연결어미 '-고'는 모음 'ㅣ'나 반모음 'ㅣ'를
    포함한 이중모음의 뒤에서 'ㄱ'이 탈락되었다.

二·씽則·즉上:썅聲셩·이·오 二·씽·는 :둘히·라 上:썅聲셩·은 ·처서·미 눗:갑·고103) 乃:내終즁·이 노·폰 소·리·라

點:뎜·이 :둘히·면104)上:썅聲셩·이·오

無뭉則·즉則·즉平뼝聲셩·이·오 無뭉·는 :업슬 ·씨·라 平뼝聲셩·은 ·뭇 눗가·ᄫᆞᆫ105) 소·리·라

點:뎜·이 :업스·면 平뼝聲셩·이·오

入·십聲셩·은 加강點:뎜·이 同똥而씽促·쵹急·급ᄒᆞ·니·라 入·십聲셩·은 섈·리 긋듣는106) 소·리·라 促·쵹急·급·은 섈·ᄅᆞᆯ ·씨·라

入·십聲셩·은 點:뎜 더·우·믄107) ᄒᆞᆫ가·지로·ᄃᆡ 섈·ᄅᆞ·니·라

漢·한音흠齒:칭聲셩·은 有:ᄋᆞᆯ齒:칭頭뚤正·졍齒:칭之징別·ᄫᅧᆯᄒᆞ·니 漢·한音흠·은 中듕國·귁 소·리·라 頭뚤·는 머·리·라 別·ᄫᅧᆯ·은 글·힐 ·씨·라108)

中듕國·귁 소·리·옛109) ·니쏘·리·는110) 齒:칭頭뚤·와111) 正·

────────────────────────

103) 눗:갑·고: '눗〉눗(底)-+-갑(형용사접사)-+-고'의 구성. 낮고, 형용사에 접미사가 결합되어 다시 형용사로 파생된 것인데 이러한 유형으로 '들갑-' 등이 있다.
104) :둘히·면: '둘ㅎ-+-이면'의 구성. 둘이면. '둘ㅎ'은 이른바 'ㅎ' 종성 체언이다.
105) ·뭇눗가·ᄫᆞᆫ: '뭇-+눗-+-갑-+-ㄴ'의 구성. 제일 낮은.
106) 긋듣는: '긋(斷)-+듣(逃)-+-는'의 구성. 끊고 달아나는.
107) 더·우·믄: '더으(加)-+-옴-+-은'의 구성. 더하면.
108) 글·힐·씨·라: '굴히(擇, 別)-+-ㄹ씨라'의 구성. 가리는 것이라.
109) 소·리·옛: '소리-+-예-+-ㅅ'의 구성. '소리'의 말음이 'ㅣ'이기 때문에 처격 조사로 '예'가 쓰였다. 'ㅅ'은 무정물에 쓰인 속격 조사이다.

126

정齒:칭112)·왜113)　글·히요·미114)　잇ᄂ·니

ㅈㅊㅉㅆㅅ字·ᄍᆞᆼ·ᄂᆞᆫ　用·용於헝　齒:칭頭뚤ᇂ·고　·이소·리·ᄂᆞᆫ·
우·리나·랏　소·리예·셔115)　열·ᄫᆞ·니　·혓　·그·티　웃　·닛머·리·예
다ᄂᆞ·니·라116)

ㅈㅊㅉㅆㅅ字·ᄍᆞᆼ·ᄂᆞᆫ　齒:칭頭뚤·ㅅ소·리·예　·쓰·고

ㅈㅊㅉㅅㅆ字·ᄍᆞᆼ·ᄂᆞᆫ　用·용於헝正정齒:칭ᄒᆞᄂ·니　·이소·리·ᄂᆞᆫ
·우·리나·랏　소·리예·셔　두터·ᄫᆞ·니117)　·혓　·그·티　아·랫·닛므
유·메　다·ᄂᆞ·니·라

---

110) ·니쏘·리·ᄂᆞᆫ: '니(齒)-＋ㅅ-＋＋소리(聲)-＋ᄂᆞᆫ'의 구성. 잇소리는.

111) 齒:칭頭뚤·와: '치두-＋와'의 구성. 치두음과. 치두음은 중국어에서 혀끝을
　윗니에 가까이 닿아서 내는 치음의 하나이다. '상치경 파찰음'. '치파찰음'으로
　보기도 한다.

112) 正·정齒:칭: 권설음 또는 경구개치경음. 정치음은 중국어에서 혀를 말아 아랫
　잇몸에 가까이 닿아서 내는 치음의 하나이다.

113) 치두음과 정치음이. '왜'는 공동격 조사 '와'에 주격 조사 'ㅣ'가 결합된 것이다.
　치두음은 상치경 파찰음 또는 치파찰음·정치음은 권설음 또는 경구개치경음으
　로 판단된다.

114) 글·히요·미: '글히(選)-＋-오/우-＋-ㅁ＋ㅣ'의 구성. 'ㅣ' 모음으로 인해 '오/
　우'가 '요'가 되었다. '글히-＋-옴＋ㅣ→글히-＋-욤(앞 ㅣ모음의 영향)＋ㅣ'.'-
　옴'은 명사형 어미이다.

115) 소·리예·셔: 소리-＋-예셔(비교격). '-에셔'는 앞에 있는 ㅣ 모음의 순행동화
　의 결과이다.

116) 다·ᄂᆞ·니·라: '닿-＋-ᄂᆞ-＋-니라'의 구성. ㄸ[n:]. 자음동가가 그리 많이 표현
　되지는 않았으나 'ㅎ'이 'ㄷ'으로 중화된 다음에 'ㄴ'으로 동화되는 경우는 흔히
　동화가 표기되었다. 이곳의 표기는 음절말의 'ㄴ'을 다음 음절의 초성에 병서한
　것인데 실제로 발음이 그렇게 된 것이라기보다 지나친 연철 표기라 보아야
　할 것이다.

117) 두터·ᄫᆞ·니: '두텁(厚)-＋으니(설명형어미)'의 구성. 두터우니.

ㅈㅊㅉㅅㅆ字·ᄍᆞᆼ·ᄂᆞᆫ 正·졍齒:칭ㅅ 소·리·예 ·ᄡᅳ·ᄂᆞ니[118]

牙앙舌·쎠ᇙ脣쓘喉ᅘᅮᇢ之징字·ᄍᆞᆼ·ᄂᆞᆫ 通통用·용於ᅙᅥᆼ 漢·한音ᅙᅳᆷ·ᄒᆞ·ᄂᆞ니·라

:엄:·과[119)]·혀·와 입시·울·와[120)] 목소·리·옛 字·ᄍᆞᆼ·ᄂᆞᆫ 中듕國·귁 소·리·예 通통·히[121)]·ᄡᅳ·ᄂᆞ니·라

訓·훈民민正·졍音ᅙᅳᆷ

---

118) ·ᄡᅳ·ᄂᆞ니: 'ᄡᅳ(用)-+-ᄂᆞ-+-니(설명형어미)'의 구성. 쓰니.

119) :엄:·과: '엄(牙)-+-과(공동격조사)'의 구성. 어금닛소리와.

120) 일반적으로 '-와'가 모음 뒤, '-과'가 자음 뒤에 쓰이는 것은 현대어와 같으나 유독 자음 'ㄹ' 뒤에서만은 현대어와 달리 '-와'가 쓰였다.

121) 通통·히: 통하게. '통(通)-+ᄒᆞ(爲)-+이(부사화접사)'의 구성.

제4편 훈민정음 관련 자료 해석

01.
『동국정운(東國正韻)』 서문

세종이 한글을 창제 한 이후 원나라 시대의 『고금운회』 계열의 한자음을 통용했으니 명나라에서는 관찬 운서인 『홍무정운』의 개신 한자음을 도입하기 위해 조선 세종 때 신숙주, 최항, 박팽년 등이 왕명으로 우리나라 한자음 운서로 편찬한 책이다. 『동국정운』은 세종 30(1448)년에 6권 6책의 활자본으로 간행한 우리나라 최초의 운서이다. 국보 제71호(간송문고본, 권1, 6)와 국보 제142호(건국대학교 도서관 소장본, 완질)가 있다.

이 책은 세종 29(1447)년에 편찬이 완성되었고, 이듬해인 세종 30(1448)년 10월에 간행될 만큼 훈민정음 창제 이후 이를 활용한 우리나라 한자음 운서로서 그 중요한 위치를 알 수 있다. 그러나 편찬이 언제부터 시작되었는지는 실록에 명확하게 기록되어 있지 않아 알 수 없고, 다만 세종조의 운서 편찬 사업과 궤를 같이하는 것으로 해석할 수 있다. 세종조의 중요한 운서 편찬 사업으로는

『운회(고금운회거요)』,『사성통고』,『홍무정운역훈』,『동국정운』의 세 가지를 들 수 있는데, 이들은 세종 26(1444)년 2월부터 동시에 착수된 것으로 보인다. 세종 25(1443)년 12월에 '훈민정음'을 완성하고, 그 이듬해 2월 14일에 의사청에 물어 훈민정음으로써『운회』를 번역하게 하였다. 이『운회』는 원나라의 웅충熊忠이 개찬한『고금운회거요』를 뜻하는데, 이 번역본이 나왔다는 기록은 없다.『동국정운』의 내용으로 미루어보아『운회』의 번역의 계획을 바꾸어『동국정운』이 되었을 가능성이 있다. 즉,『운회』의 반절음을 우리나라 음으로 번역하여 훈민정음으로 표음하고, 훈민정음의 초성 차례에 따라 자류의 배열을 바꾸어놓은 것이『동국정운』이다. 이러한 배열순서는『동국정운』이 작시 위주의 운서가 아니라 한자음을 검색하기 위한 심음審音 위주의 운서이기 때문이다. 이에 비하여『홍무정운역훈』이나『사성통고』는 작시용이므로, 세종조의 운서 편찬 사업이 작시용과 심음용의 이원화로 진행되었음을 알 수 있다.

　『동국정운』의 편찬에 참여한 사람은 신숙주, 최항, 성삼문, 박팽년, 이개, 강희안, 이현로, 조변안, 김증 등의 9인인데, 이들의 분담업무는 감장은 동궁, 그 보좌로는 진양대군과 안평대군, 주무는 신숙주와 성삼문, 우리나라 한자음의 사정은 최항과 박팽년, 중국음에 대한 자문은 신숙주, 성삼문, 조변안과 김증, 교정과 정리는 강희안였던 것으로 보인다. 신숙주의 서문에 의하면『동국정운』의 편찬은 세종이 지시한 4대 기본방침에 따라 진행된 것으로 되어 있다. 그 기본 방침은, 첫째 속간에 쓰이는 관습을 널리 채택할 것, 둘째 옛날부터 전해오는 전적을 널리 상고할 것, 셋째 한 글자가 여러 개의 음으로 쓰일 때는 가장 널리 쓰이는 것을 기준으로 할 것, 넷째 옛날부터 전해오는 협운叶韻(어떤 음운의 글자가 때로는 다른 음운과 통용되는 일)에서 벗어나지 않도록 고려할 것 등이었다. 이 방침에 따라, 91운 23자모의 운도를 세우고, 반절 대신에 훈민정음으로써 표음表音하고, ㄷ입성은 속간의 발음에 따라 ㄹ로 바꾸되, 입성의 자질을 살리기 위하여 'ㅭ(이영보래)'로 표기하였다. 『동국정운』은 신숙주가 쓴 서문만이 전해오다가 1940년 경상북도 안동에서 첫째 권과 여섯째 권의 두 책이 발견되었는데, 현재 간송문고에 있다. 그 뒤 1972년에 중종 때의 문신인 심언광沈彦光의 수택본으로 집안에 전해오던 6권 6책의 전질이 강릉 심교만沈敎萬의 집에서 발견되어 현재 건국대학교 도서관에 소장되어 있다. 간송문고본은 전 6권 가운데 두 책만이 남아 있으나 권수에 선사지기宣賜之記가 날인되어 있고 표지의 제첨題簽도 본래의 것으로서 원형을 그대로 유지하고 있다. 판심제版心題는 '正韻정운'이라고 되어 있다. 활자 중 본문의 한글과 한자 대자는 목활자이고, 소자와 서문의 대자는 초주 갑인자이다. 자체는 본문 대자가 『홍무정운』의 글씨와 비슷하고, 묵개의 음문陰文이 안평대군의 글씨와 비슷하나 편찬자의 한 사람인 강희안의 필적으로 보는 견해도 있다. 건국대학교 도서관 소장본은 간송문고분과 같은 인본인데, 선장본線裝本을 포배장包背裝으로 개장하면서 책의 천지天地를 약간 절단하였고, '선사지기'가 없으며, 제전題箋 아래에 차례를 나타내는 '예禮, 악樂, 사射, 어御, 서書, 수數'를 묵서로 가필한 점이 다르다.

권1의 권두에 신숙주의 '동국정운서東國正韻序'와 '동국정운목록

東國正韻目錄'이 있고 그 다음에 본문이 있다. 이 본문은 권6에까지 이어지는데, 각 권은 26운목韻目의 배열 차례에 따라 분권되어 있다. 본문은 먼저 운목을 운류별로 표시한 뒤 행을 바꾸어 자모 字母를 음각陰刻으로써 표기하였고, 자모 바로 밑에는 훈민정음으로 음을 표시하였다. 한 자모 아래에는 평성平聲, 상성上聲, 거성去聲, 입성의 순서로 그 자모에 속하는 한자 1만 8,775자를 배열하였다. 각 글 자의 뜻은 풀이하지 않았으며, 한 글자가 여러 음을 가질 경우 그 글자 바로 밑에 세주細註를 붙였다.『동국정운』의 편운체계는 신숙주가 서문에서 밝힌 바와 같이 91운 23자모로 되어 있다. 이 편운체계는 운서의 성격을 결정하는 가장 중요한 골격이 되는 동시에 당시의 국어 음운체계와도 밀접한 관계를 가지고 있다. 그러나 이 체계는 당시의 우리나라 한자음을 명확히 구현하려고 하였음에도 불구하고, 송대宋代 등운학파等韻學派들의 이론체계나 명대明代『홍무정운』의 언어정책을 지나치게 중시한 결과, 다분히 현실과 맞지 않은 인위적인 요소가 작용하게 되었다. 분운의 유형은 훈민정음의 자질에 따르고, 차례도 훈민정음의 종성과 중성에 따른 것이다.

　내부의 분운으로서, ·는 ㅡ, ㅓ, ㅏ를 ㅚ는 ㅟ, ㆏를 ㅏㅣ는 ㅖ, ㅙ, ㆇ를 ㅗ는 ㅜ, ㅛ, ㅠ를 ㅏ는 ㅓ, ㅑ, ㅕ, ㅘ, ㅝ, ㆇ를 포함한다. 이것은 15운섭韻攝으로 통합할 수 있는데 등운학의 16운섭과 대조하면 같다.『동국정운』의 자모는 23개로 되어 있는데, 이는『훈민정음 해례』의 초성 체계와 완전히 일치한다. 성모자는 송대 등운학의 자모자와는 성격을 달리하고 있다. 이 체계는 등운학의 36자모도에서 설두음과 설상음, 순중음과 순경음, 치두음과 정

134

치음을 통합한 현실 동국음을 반영한 것이다. 청탁에서 전탁음全
濁音(ㄲ, ㄸ, ㅃ, ㅆ, ㅉ, ㆅ 등)을 분리, 독립시킨 것은 당시 국어의
현실음과 어긋나는 이상적 표기이다. 이처럼 청탁음을 분리한
것은 청탁의 대립이 있어야 한다는 등운학의 음운이론에 근거한
것으로 인위적인 표기 방식이었다. 또한, '業(ㆁ), 挹(ㆆ), 欲(ㅇ)'
의 3개 자모를 분리, 독립시킨 점도 당대의 현실음과 괴리를 보이
는 것으로 이상적 한자음의 표기였다. 이러한 이유로『동국정운』
의 한자음은 주로 불경언해에서만 주음注音으로 사용되어오다가
16세기 초에『육조법보단경언해』에 이르러서는 그 사용이 전면
폐지되었다. 그러나『동국정운』은 우리나라에서 최초로 한자음
을 우리의 음으로 표기하였다는 점에서 큰 의의를 가지고 있으
며, 국어 연구 자료로서의 중요성도『훈민정음 해례』와 쌍벽을
이룰 정도로 높이 평가되고 있다. 이 책은 한자음의 음운체계
연구에 있어서뿐만 아니라, 훈민정음의 제자 배경이나 음운체계,
그리고 각 자모의 음가 연구에 있어서 기본 자료의 성격을 지닌
다. 간송문고본『동국정운』은 1958년 통문관에서 영인하였고,
건국대학교 도서관 소장본은 1973년에 건국대학교 출판부에서
영인하였다.

『동국정운』의 한자음 표기의 특징은 다음과 같다.

첫째로 중국의 한자음에는 '설두음'과 '설상음', '순중음'과 '순
경음', '치두음'과 '정치음'이 등의 구분이 있었지만, 조선의 한자
음에는 이러한 구분이 없었다. 따라서『동국정운』에서는 중국의
『고금운회거요』에 107운과 36자모 체계를 변형하여 국어 한자
음의 체계에 맞추어서 독자적으로 91운 23자모 체계를 세웠다.

둘째로『고금운회거요』등에 서는 반절을 이용하여 한자음을 표기하였는데,『동국정운』에서는 반절법 대신에 새로 창제한 표음문자인 훈민정음(정음)을 사용하여 한자의 음을 달았다. 셋째로 중국에서는 입성인 '단모端母(ㄷ)'에 속하는 '질質운' '물勿운'을 '래來모'로 통합하였다. 이러한 두 언어에서 나타나는 이러한 차이를 보완하기 위하여, '來(ㄹ)모'의 뒤에 '影(ㆆ)모'를 붙여서 입성자음을 표기하는 이영보래以影補來 표기법을 만들었다. 이처럼 현실적 이상주의적 한자음 표기를 제정했던 세종은 "억지로 가르치지 말고 배우는 자들로 하여금 의사에 따라 하게 하라勿强敎, 使學者隨意爲之"(『세종실록』권122)라고 일렀다.『동국정운』의 한자음 표기법의 한계성을 이미 알고 있었던 것이다. 이에 따라서 세종대에서부터 세조 대에 이르기까지 간행된『석보상절』,『월인천강지곡』,『훈민정음 해례』언해,『월인석보』등에는『동국정운』식 한자음으로 표기하였다.

그러나『동국정운』식 한자음 표기법은 그리 오래 쓰이지 못하고 이처럼『동국정운』의 한자음 표기는 중국 운서를 바탕으로 인위적으로 정리하였기 때문에 전승음 곧 속음과는 거리가 생겨나 성종대에『삼강행실도』언해(1481년),『불정심다라니경언해』(1485년) 등 일부 문헌에만 사용하다가 결국『육조법보단경언해』에 가서는 속음으로 회귀하게 되었다.

신숙주는『동국정운』의 서에서 조선 한자음의 변화를 자모, 칠음, 청탁, 사성으로 나누어 구체적으로 밝혔다.

첫째, 조선 한자음 중에서 '자모'가 변한 예로는 '㞒'이 '큭'에서 '극'으로, '困'가 '콘'에서 '곤'으로 변한 것처럼 아음에서 '계溪모'

의 글자의 태반이 '견見모'로 바뀌었다.

둘째, 조선의 한자음 중에서 '칠음'이 변한 예로는 '酷'이 '콕'에서 '혹'으로 바뀐 것처럼 '계溪모'의 글자가 '효曉모'로 바뀐 것으로 아음에서 후음으로 바뀐 칠음의변화가 있었다.

셋째, 조선 한자음 중에서 '청탁'이 변화한 예로는 '極, 食, 貧, 談'이 '꾹, 씩, 삔, 땀'으로 전탁 글자인데 '극, 식, 빈, 담'으로 전청 글자로 바뀐 변화가 있었다.

넷째, 조선 한자음 중에서 '사성'이 변화한 예로는 '景'이 상성에서 거성으로 바뀌었다.[1]

『동국정운』 서문

天地絪縕,[2] 大化流行而人生焉. 陰陽相軋, 氣機交激而聲生焉. 聲旣生而七音自具,[3] 七音具而四聲亦備, 七音四聲, 經緯相交,[4] 而淸濁輕重深淺疾徐, 生於自然矣. 是故包犧畫卦, 蒼頡制字, 亦皆包其自然之理, 以通萬物之情,[5] 及至沈陸諸子, 彙分類集, 諸聲協韻, 而聲韻之說始興. 作者相繼, 各出機杼,[6] 論議旣衆, 舛誤亦多. 於是, 溫公著之於圖, 康節明之於數, 探賾鈎深, 以一諸說. 然其五方之音各異, 邪正之辨紛紜.

夫音非有異同, 人有異同, 人非有異同, 方有異同, 盖以地勢別而風氣殊, 風氣殊而呼吸異, 東南之齒脣西北之頰喉是已.[7] 遂使文軌雖通,[8] 聲音不同焉. 矧吾東方表裏山河, 自爲一區, 風氣已殊於中國, 呼吸豈

---

1) 강주진, 『보한재 신숙주 정전』, 세광출판사, 1988, 10~29쪽.
2) 인온(絪縕): 만물을 생성하는 원기운이 모이는 모습. 『역경계사』 하전에 "天地

與華音相合歟. 然則語音之所以與中國異者, 理之然也. 至於文字之音, 則宜若與華音相合矣, 然其呼吸旋轉之間, 經重翕闢[9]之機, 亦必有自牽於語音者, 此其字音之所以亦隨而變也. 其音雖變, 淸濁四聲則猶古也, 而曾無著書, 以傳其正, 庸師俗儒不知切字之法, 昧於紐躡之要, 或因字體相似而爲一音, 或因前代避諱而假他音, 或合二字爲一, 或分一音爲二, 或借用他字, 或加減點畫, 或依漢音, 或依從俚語, 而字母七音淸濁四聲, 皆有變焉.

紐躡 萬物化醇 男女構精 萬物化生"이라는 데에서 따온 말.

3) 칠음자구(七音自具): 7음이 저절로 갖추어지고 『홍무정훈』 서문에도 "사람이 생겨나면 곧 소리가 생겨나고 소리가 나 7음이 저절로 갖추어지고[人之生也則有聲 聲出而七音自具]"라는 구절에서 인용함.

4) 경위상교(經緯相交): 7음은 위가 되고 4성은 경이 되어 글자의 음을 나타내도록 만든 운도를 뜻함.

5) 만물지정(萬物之情): 만물의 정을. 『역경계사』 하전 제2장에 "古者 包犧氏王天下也. … 於是始作八卦 以通神明之德 以類萬物之情"이라는 부분을 요약함.

6) 기저(機杼): 실을 낳듯이 문장을 꾸미는 것. 학자들의 제각각의 목소리.

7) 夫音非有異同, … 東南之齒脣西北之頰喉是已.: 『황극경세서』 제2의 〈정성정음〉의 주에 "종과가 말하기를 이천장인 소고(소옹의 아버지)가 다음과 같이 말하였다. 음 그 자체에 다름과 같음이 있는 것이 아니고 사람이 다르고 같음이 있는 것이며, 사람이 다르고 같음이 있는 것이 아니라 사람이 사는 지방에 차이가 있는 것이며, 지리적 조건이 달라서 사람의 발음이 이에 따라 달라지는 것이다. 그래서 동방음은 치음과 설음에, 남방음은 순음과 설음에, 서방음은 악음과 설음에, 북방음은 후음과 설음에 있어서 목에서 조음하는 것은 입술에서의 조음하는 것이 불편하여 이에서 조음이 편리한 것은 턱에서의 조음이 불편하다[鍾氏過曰 伊川丈人云 音非有異同 人有異同 人非有異同 方有異同 謂風土殊而呼吸故也 東方之音在齒舌 南方之音在脣舌 西方之音在顎舌 北方之音在喉舌 便于喉者 不利于脣 便于齒者 不利于顎]"라는 구절에서 인용한 내용임.

8) 문궤수통(文軌雖通): 송렴의 『홍무정운』 서문에 "當今聖人在上 車同軌而書同文"이라는 구절이 있는데 중국과 문자를 포함하여 수레의 궤도를 함께 한다는 뜻으로 중국을 중심으로 천하가 통일되었음을 뜻함.

9) 경중흡벽(經重翕闢): 흡(翕), 벽(闢): 소강절의 『황극경세음창화도』에 성(聲)은 청(淸), 탁(濁)으로 구분하고 운(韻)은 흡(翕), 벽(闢)으로 구분하였다. 다시

천지의 기운이 화합하니 조화가 이루어져 사람이 생기며, 음양이 서로 만나니 만물의 생성 기운이 함께 작동(激)하여 소리가 생기며, 소리가 이미 생기니 칠음이 스스로 어울리고 갖춰지니 운모와 사성이 또한 갖추어졌다. 칠음과 사성이 경(가로)과 위(세로)로 서로 얽혀짐에 청탁淸濁, 경중輕重, 심천深淺의 질서疾徐(빠른 소리와 느린 소리)가 자연히 생겼다.

그러므로 포희가 괘卦를 만들고 창힐蒼頡이 글자를 만든 것도 또한 자연의 이치에 따라 만물의 뜻에 통한 것이다. 심약沈約과 육법언陸法言 등이 글자를 구분하고 어휘語彙로 모아 구분하여 성음聲音을 고르게 하고 운韻을 맞추니 성운聲韻이라는 학설이 비로소 생겼다. 운서를 만든 이가 줄을 이었으나 각기 제 주장을 하는 논의가 많음에 따라 잘못도 또한 많아졌다. 이에 사마온공溫公(1019~1086)이 운도韻圖로 짓고 소강절邵康節(소옹 1011~1977)이 성수론으로 밝혀 깊은 이치를 찾고 심오한 이치를 연구하여 여러

말하자면 자음은 청탁으로 구분하고 모음은 흡벽으로 구분한다는 말이다. 이 분류 방식은 재래의 등운도에서 합구(合口)와 개구(開口)로 구분하던 것인 바, 이것은 성모와 운부 사이에 개재하는 개모(介母)에 따른 분류 방식이다. 송대에 들어서서는 '성+운'으로 구성된 것으로 분석하였다. 성은 자음에서 초성으로 오는 자음을 뜻하며, 운은 개모＋핵모＋운미를 합친 것을 말한다. 따라서 흡(翕), 벽(闢)은 곧 개구(開口)와 합구(合口)의 개념으로 개모 [w]의 유무에 따라 1등, 2등, 3등, 4등으로 구분하는데 소강절은 이를 日, 月, 星, 辰으로 구분하였다. 훈민정음 제자해의 창제 원리에 이론적 근거를 만드는데 가장 큰 영향을 끼쳤다고 할 수 있다.

	개수(開口)	합구(合口)
1등운＝일(日)	zero	w
2등운＝월(月)	r[i]	rw
3등운＝성(星)	j[i]	jw
4등운＝신(辰)	I[j]	iw

학설을 통일하였다.[10] 그러나 오방의 음이 각각 달라서 옳고 그름邪正의 논의가 분분하였다.

대저 음이 같고 다름이 있는 것 아니요, 사람이 같고 다름이 있는 것이며, 사람에 따라 차이가 있는 것 아니요, 지방이 같고 다름이 있는 것이다. 대개 지세가 다르면 기후와 풍토가 다르고, 기후와 풍토가 다르면 호흡(즉 발음)이 다르게 된다. 동남쪽 사람은 순음이나 치음을, 서북쪽 사람은 후음을 많이 쓰는 것이 곧 그것이라. 그래서 글의 의미로는 서로 통할지라도 성음은 같지 않게 된 것이다.

우리 동방은 안팎으로 산하山河가 저절로 한 구획이 되어 풍습과 기질이 이미 중국과 다르니 어음이 어찌 화음華音(중국의 음)과 화합하겠는가. 그런즉 어음(말소리)이 중국과 다른 것은 당연한 이치이다. 조선의 문자(한자)의 음에 이르러서는 마땅히 화음華音과 서로 부합되어야 하나, 발음이 돌고 구르는 사이에 성모와 운모의 기틀經重翕闢(곧 가볍고 무거움과 열리고 닫힘의 동작)이 반드시 저절로 어음에 끌리게 되니 곧 한자음이 또한 따라서 변한 것이다. 비록 그 음은 변하였더라도 청탁과 사성은 옛날과 같아질 수 있으나 진작 책을 지어 바르게 전하는 것이 없었고 어리석은 스승과 세상 선비들은 반절切字의 법도 모르고 자모와 운모의 분류 방식인 뉴섭紐躡(뉴는 자모, 섭은 107운모를 16~18

10) 소옹의 『황극경세서』에서 숫자로 사람의 성음을 설명하였다. 운도의 일종인 〈정성정음도(황극경세성음창화도)〉를 만들어 〈경세사상체용지수도〉에서 '정성과 정음이 서로 결합하여 나타낼 수 있는 음을 수자로 나타내었다. 이러한 학설에 영향을 입은 명곡 최석정의 『경세훈민정음도설』과 신경준의 『저정서』가 있다.

단위로 묶음)의 요지에도 어두워서 혹 글자 모양이 비슷하면 같은 음으로 읽고 혹 전대 임금의 피휘避諱로 인해 다른 음을 빌리고, 혹 두 글자를 합해서 하나로 만들기도 하고, 혹 한 음을 나누어 두 음으로 만들기도 하고, 혹 다른 자를 빌려쓰기도 하고, 혹 점과 획을 가감하거나, 혹 한음에 따르거나, 혹은 이어(방언)에 따라서 자모, 칠음, 청탁, 사성이 모두 변하게 되었다.

若以牙音言之, 溪母之字, 太半入於見母,[11] 此字母之變也. 溪母之字, 或入於曉母, 此七音之變也. 我國語音, 其淸濁之辨, 與中國無異, 而於字音獨無濁聲, 豈有此理. 此淸濁之變也. 語音則四聲甚明, 字音則上去無別. 質勿諸韻, 宜以端母爲終聲, 而俗用來母, 其聲徐緩, 不宜入聲, 此四聲之變也. 端之爲來, 不唯終聲, 如次第之第, 牡丹之丹之類, 初聲之變者亦衆. 國語多用溪母, 而字音則獨夬之一音而已, 此尤可笑者也. 由是字畫訛而魚魯混眞, 聲音亂而涇渭同流, 橫失四聲之經, 縱亂七音之緯, 經緯不交, 輕重易序, 而聲韻之變極矣. 世之爲儒師者, 往往或知其失, 私自改之, 以敎子弟, 然重於擅改, 因循舊習者多矣. 若不一大正之,[12] 則愈久愈甚, 將有不可救之弊矣.

만약에 아음牙音으로 말한다면 계모溪母[k'-]의 글자가 거의 대부분 견모見母[k-]에 들어가 있으니 이는 자모의 변함이요, 계모

---

11) 입어견모(入於見母): 중국음에서 ㅋ음으로 발음되는 한자음이 우리나라에서 ㄱ음으로 발음되는 것을 말한다.

12) 일대정지(一大正之): 심약이 '오음'으로 천하의 음을 바로 잡으려 하였으나 어려웠던 것을 이제 바로 잡았다는 뜻.

溪母의 글자가 혹 효모曉母[h-])에도 들어가 있으니 이는 칠음의 변함이다. 우리 어음에도 청탁의 구별이 중국과 다름이 없는데, 우리 한자 자모에만 단지 탁성(된소리)이 없으니 어찌 이를 수가 있겠는가. 이는 청탁의 변함이다. 말소리語音에는 사성이 아주 분명한데 한자에는 상성과 거성이 구별이 없고, '질質운'과 '물勿운'에는 마땅히 단모端母([-t])로 종성을 삼아야 하는데, 속습에 '래來모'([-l])로 발음함으로써 그 소리가 느려져서徐緩 입성에 맞지 않으니 이는 사성의 변함이다. 단端(ㄷ)모가 래來(ㄹ)모로 변한 것은 오직 종성만이 아니요, 차次모와 제第모의 제第와 모란牡丹의 단丹처럼 초성이 변한 것도 또한 많다. 우리말國語에는 계모溪母([-kʰ])를 많이 쓰는데도 한자모에는 다만 쾌夬의 한 글자뿐이니 이 더욱 우스운 바이다.

이로 말미암아 자획이 어그러져 '어魚모'와 '노魯모'가 뒤섞이고 성음은 흐트러져 경위涇渭(정음과 와전된 음이 함께 쓰이므로, 청탁이 뒤 섞임) 운도에서 가로는 사성의 경經을 잃고 세로는 칠음의 위緯를 어지럽혀 경과 위가 바르게 뒤얽히고 순경음과 순중음이 차례가 바뀌어 성운의 변함이 극심하다.

세간의 유사儒師(유학자)된 자가 왕왕 그러한 잘못을 알고 사사로이 고쳐서 그들 자제를 가르치기는 하나, 제멋대로 고치기擅改가 어려워 구습을 그대로 따르는因循 자가 많으니 만약 크게 바로잡지 아니 하면 시간이 오랠수록 더 심해져 장차는 구해낼 수 없는 폐습이 될 것이다.

盖古之爲詩也, 協其音而已. 自三百篇而降, 漢魏晉唐諸家, 亦未嘗拘於一律, 如東之與冬, 江之與陽之類, 豈可以韻別而不相通協哉. 且字母之作, 諧於聲耳. 如舌頭舌上, 脣重, 脣經, 齒頭, 正齒之類, 於我國字音, 未可分辨, 亦當因其自然, 何必泥於三十六字乎.

대저 옛날에 시를 지을 때는 그 음을 맞출 뿐이었지만 『시경』의 시 3백편으로부터 한나라, 위나라, 진나라, 당나라 시대의 여러 시인들에 이르기까지 역시 하나의 운율(운문, 운모)에만 구애되지 않았으니, 예를 들어 동東운과 동冬운이나 강江운과 양陽운과의 부유(운모류)를 어찌 운모가 구별된다고 해서 서로 통하게 쓰이지 않겠는가. 또 자모를 만드는 데도 성모에 맞출 따름이니, 설두−설상, 순중−순경, 치두−정치의 부류는 우리 한자음에서 분별할 수 없는 것이니, 그 또한 자연스러움에 연유한 것이지 어찌 반드시 36자모에 구애받을 필요가 있겠는가?

恭惟我

主上殿下, 崇儒重道, 右文興化, 無所不用其極. 萬機之暇, 慨念及此, 爰命臣權柔, 及守集賢殿直提學臣崔恒, 守直集賢殿臣成三問, 臣朴彭年, 守集賢殿校理臣李塏, 守吏曹正郎臣姜希顏, 守兵曹正郎臣李賢老, 守承文院校理臣曹變安, 承文院副校理臣金曾, 旁採俗習, 博13)考傳籍, 本諸廣用之音, 協之古韻之切, 字母七音, 淸濁四聲, 靡不究其源委, 以復乎正.

공손히 생각해보면 우리 주상 전하께서는 유학을 숭상하시고 도학을 중히 하여서 학문에 힘쓰시고 교화를 일으키는데 극진하지 아니 하신 바가 없는지라. 만기萬機(임금의 바쁜 업무 가운데)의 겨를에 개연히 생각을 여기(한자음 문제)까지 미치어 이제 신 신숙주 및 집현전 직제학 신 최항과 직집현전 신 성삼문과 신 박팽년과 집현전 교리 신 이개와 이조정랑 신 강희안과 병조정랑 신 이현로와 승문원 교리 신 조변안曺變安과 승문원부교리 신 김증金曾에게 명하시어 한편으로는 속습을 두루 채집하고 널리 전적을 상고해서 널리 쓰이는 음을 근본으로 삼고 옛 음운古韻의 반절에도 맞추어 자모, 칠음, 청탁, 사성에 걸쳐 그 근원을 밝히지 아니 함이 없이 올바른 것을 바로잡도록 명하셨다.

臣等才識淺短, 學問孤陋, 奉承未達, 每煩指顧, 乃因古人編韻定母,
可倂者倂之, 可分者分之, 一倂一分, 一聲一韻, 皆禀
宸斷, 而亦各有考據, 於是調以四聲, 定爲九十一韻 二十三母, 以
御製訓民正音, 定其音. 又於質勿諸韻, 以影補來,[14] 因俗歸正, 舊習
譌謬, 至是而悉革矣. 書成,
賜名曰東國正韻, 仍
命臣叔舟爲序.
臣叔舟竊惟, 人之生也, 莫不受天地之氣, 而聲音, 生於氣者也. 淸濁
者, 陰陽之類, 而天地之道也. 四聲者造化之端, 而四時之運也. 天地

---

13) 博: 강신항(1987: 218)은 '協(協)'자를 '博'으로 수정하였다.

14) 이영보래(以影補來): 영(影)모가 'ㆆ'이고 래(來)모가 'ㄹ'인데 'ㆆ'음을 가지고

> 之道亂, 而陰陽易其位, 四時之運紊, 而造化失其序, 至哉. 聲韻之妙
> 也. 其陰陽之闔奧, 造化之機緘乎. 況乎書契未作, 聖人之道, 寓於天
> 地, 書契旣作, 聖人之道, 載諸方策. 欲究聖人之道, 當先文義, 欲知
> 文義之要, 當自聲韻.[15] 聲韻乃學道之權輿也, 而亦豈易能哉.

　　그러나 신들은 재주와 학식이 얕고 짧으며, 학문이 좁고 고루
하여 전하의 분부를 옳게 받들지 못하여 매양 가르침을 받기
위해指顧 번거롭게 하였다. 이에 옛 사람들의 편운編韻(운목)과 정
모定母(자모)를 가지고 합칠 것은 합치고 나눌 것은 나누되 하나의
합침과 하나의 나눔이나 하나의 성聲과 하나의 운을 정함에 있어
모두 상감의 재가宸斷를 품한 바요, 또한 각각 상고한 근거가 있는
것이다. 이에 사성을 조정하여 91운과 23자모의 기준을 정한 후
에 임금이 지으신 훈민정음으로 그 음(한자음)을 정하고 또 질質
운과 물勿운의 여러 운韻(입성 운미음)에는 '影(ㆆ)모'로 '來(ㄹ)모'
를 보충하여 속음을 따르면서 바로잡았으니 구습의 그릇됨이
이에 이르러 모두 고쳐졌다. 책이 이루어짐에 이름을 내리시어
『동국정운』이라 하시고 이어서 신 숙주에게 명 하시어 서를 지으

　　'ㄹ'자음을 보완하여 입성자 'ㅭ'를 표기하도록 한 규정이다. 『훈민정음 해례』에
서 '彆'을 '볃'으로 표기하였으나 그 후 『동국정운』 한자음 곧 이영보래 규정에
따라 '彆'을 '볋'으로 쓰도록 한 규정이다. 일종의 '세속의 습관에 따라 바른
음으로 돌아간다(因俗歸正)'에 따른 입성 표기의 변개이다.

15) 당자성운(當自聲韻): 『홍무정운』 서문에 "신 염이 생각하옵건대 사마광이 만물
의 본체와 작용을 갖추고 있는 것은 글자보다 더 나은 것이 없고 여러 글자의
형과 성을 갖추고 있는 것은 '운'보다 더 나은 것이 없다. 이른바 천지인 삼재의
도와 성명도덕의 오묘함, 예악형정의 근원도 이에 달려 있으므로 깊이 연구하지
않으면 안 된다고 말한 일이 있습니다"라는 대목에서 인용함.

라 하시었다.

　신 숙주는 가만히 생각하건대 사람이 생긴 데는 천지의 기운을 받지 아니한 자가 없고, 성음은 기운에서 생기는 것이다. 청탁이란 음양의 부류로서 천지의 도이며, 사성은 조화의 단서로서 사시의 운행이라, 천지의 도가 어지러워지면 음양이 그 자릴 바꾸고, 사시의 운행이 뒤섞여 문란해지면 조화가 그 차례를 잃게 되니, 성운의 묘함이여 지극하도다. 그 음양의 중심(閫奧)이요, 조화의 중요한 요점(機緘)이구나.

　하물며 서계書契(중국 태고의 문자)가 만들어지기 전에는 성인의 도가 천지에 의탁했지만 서계(글자)가 만들어진 뒤에는 성인의 도가 여러 책에 실리게 되었으니, 성인의 도를 밝히고자 하면 마땅히 글의 뜻(文義)을 먼저 알아야 하고, 글 뜻의 요점을 알려면 마땅히 성운부터 알아야 할 것이니 성운은 곧 도를 배우는 시초(權輿, 사물의 시초)이건만 또한 어찌 쉽게 깨우칠 수 있겠습니까.

此我
聖上所以留心聲韻, 斟酌古今, 作爲指南, 以聞億載之羣蒙者也. 古人著書作圖, 音和, 類隔, 正切, 回切,16) 其法甚詳, 而學者尙不免含糊囁嚅,17)昧於調協. 自正音作而萬口一聲, 毫釐不差, 實傳音之樞紐也. 淸濁分而天地之道定. 四聲正而四時之運順, 苟非彌綸18)造化, 轇轕宇宙, 妙義契於玄關, 神幾通于天籟, 安能至此乎. 淸濁旋轉, 字母相推, 七均而十二律而八十四調, 可與聲樂之正, 同其太和矣. 吁! 審聲以

知音, 審音以知樂, 審樂以之知政. 後之觀者, 必有所得矣.

이는 우리 성상이 성운에 유심(마음에 뜻을 둠)하시고 고금에서 취사선택하시어 길잡이(指南)를 만들어서 수억년(億載)에 걸쳐 뭇 어리석은 자들을 깨우치시는 길 열어 주신 까닭이다. 옛사람이 글(운서)을 짓고 운도를 그려 음화音和(동음동모)니 유격類隔(청탁동일)이니 정절正切이니 회절回切이니 하여 그 법이 매우 자세한데도, 오히려 배우는 자들이 입을 얼버무리고 우물쭈물하여 조협調協(음을 고르고 운을 맞추는 일)에 어두웠다. 훈민정음이 만들어진 이후부터 입에서 나는 만 가지 소리도 털끝만큼(毫釐)도 차착差錯이 없으니, (훈민정음은) 실로 음을 전하는 구조摳組(가장 중심되는 구실)을 하게 되었다.

청탁이 분별되니 천지의 도가 정해지고, 사성이 바로 잡히니

---

16) 음화(音和), 유격(類隔), 정절(正切), 회절(回切): 반절법에 따르면 초성을 표시할 때 반절상자와 귀자(歸字)의 성모가 같고 반절하자의 귀자의 운과 등이 같은 것을 '음화'라 한다. 반절하자와 귀자의 운이 같으면 반절상자와 귀자의 성모가 순중음과 순경음, 설두음과 설상음, 치두음과 정치음과 같이 다르더라도 서로 반절로 쓸 수 있는 것을 '유격'이라고 한다. 또 반절법을 사용할 때 순서대로 분절하는 것을 '정절'이라고 하고 돌려서 분절하는 것을 '회절'이라고 한다. 옛사람이 운서 책의 그림을 그릴 때, 같은 음을 쓰는 음화(音化), 다른 부류의 음으로 쪼개는 유격(類隔), 순서대로 음을 쪼개는 정절(正切), 맥락에 따라 음을 쪼개는 회절(回切)로 하는 등의 방법을 매우 자세하게 기술해 놓았지만, 배우는 이가 버벅거려 음을 고르고 운을 맞추기에 어두웠다[古人著書作圖, 音和類隔, 正切回切, 其法甚詳, 而學者尚不免含糊囁嚅, 昧於調協]. 『세종장헌대왕실록』 권170, 〈태백산사고본『동국정운』〉 서문.

17) 함호섭유(含糊囁嚅): 겁이 나서 말을 하려다가 머뭇거리는 모양.

18) 미륜(彌綸): 『역경계사』 상전 제4장에 "易與天地準 故能彌綸天地之道"에 나오는 말로 널리 다스리다는 뜻.

사시의 운행이 순리대로 되고 진리로 조화를 미륜彌綸(모두 다스리고)하고 우주를 교갈轇轕(세차게 달려서)하여, 오묘한 뜻이 현관玄關(현모한 도의 입구)에 계합契合(서로 부합됨)되고, 신령한 기틀이 천뢰天籟(하늘 소리)에 통하는 것이 아니면 어찌 능히 이에 이를 수 있을 것인가. 청탁이 선전旋轉(빙빙 돌고)하고 자모가 서로 밀치어 7운七韻에서 12율로 84조調로 되어 가히 성악聲樂의 바름과 그 태화太和(큰 화합)를 함께 할 것입니다.

아, 소리를 살펴 음을 알고, 음을 살펴 음악을 알고 음악을 살펴 정사를 아나니, 후세에 보는 이들이 반드시 그 얻는 바가 있을 것이다.

正統十二年, 丁卯九月下澣, 通德郎守集賢殿應敎藝文應 敎知製 敎經筵檢討官, 臣叔丹, 拜手稽首謹序

정통 12년 세종 29(1447)년 정묘 9월 하순, 통덕랑 집현전 응교 예문 응교 지제교 경연 검토관 신 신숙주는 두 손 모아 머리를 조아려 삼가 서를 씀.

02.
『홍무정운역훈(洪武正韻譯訓)』 서문

　『홍무정운』은 중국 명나라 태조 홍무 8(1375)년에 악소봉 등이 왕명에 따라 펴낸 운서이다. 양나라의 심약沈約이 제정한 이래 800여 년이나 통용되어 온 사성의 체계를 모두 북방 중원음을 표준으로 삼아 개정한 것으로, 『훈민정음 해례』과 『동국정운』을 짓는 데 참고 자료가 되었다. 『홍무정운역훈洪武正韻譯訓』은 단종 3(1455)년에 신숙주, 성삼문, 조변안, 김증, 손수산 등이 16권 8책으로 편찬한 활자본 운서이다. 현재 14권 7책이 고려대학교 도서관(보물 제417호)에 소장되어 있다. 명나라 흠찬 운서인 『홍무정운』의 중국음을 정확히 나타내기 위하여 한글로 주음을 단 운서로 당시 중국과의 교린을 위한 중국 한자음 표기 자료이다. 이 책은 그 서문만이 신숙주의 『보한재집』 권15와 『동문선』 등에 이름만 전하여오다가, 1959년 『진단학보』 제20호에 발표된 이숭녕 선생의 「홍무정운역훈의 연구」에 의하여, 처음으로 그 전래가 세상에 알려지게 되었다.

각권이 표제表題, 운목韻目, 자모字母, 역음譯音, 자운字韻 등은 대자로 표시되어 있고, 반절, 속음俗音, 발음 설명, 석의釋義 등은 소자로 표시되어 있다. 편찬 목적은 첫째, 정확한 중국 발음을 쉽게 습득하고, 둘째, 속음(북방음)의 현실성을 참고로 이를 표시하였으며, 셋째 『홍무정운』을 중국 표준음으로 정하고자 한 것이며, 넷째 세종의 어문정책 전반에 관한 소망성취 등으로 요약할 수 있다. 참여한 인물은 감장자로 수양대군, 계양군이며, 편찬자는 신숙주, 성삼문, 조변안, 김증, 손수산이며, 수교자는 노삼, 권인, 임원준이다. 간행 시기는 신숙주의 서문에 "景泰六年仲春旣望"이라 하여 단종 3(1455)년을 기록하고 있으므로 이를 간행시기로 볼 수 있고, 서문 중간에 "凡膽十餘藁, 辛勤反復, 竟八載之久"라 하였으므로 세종 30(1448)년 경에 이미 착수된 것이라 할 수 있다. 이 책은 당초의 목적과는 달리 표준 운서로서의 가치보다는 오히려 자료로서의 큰 가치를 가진다. 한자음의 전통적 표시 방법은 반절이나 운도 등에 의지하는데, 이들은 한글 표기의 정확성에 미치지 못하므로 이 책의 한글 표기는 아주 훌륭한 자료가 된다. 신숙주의 이 서문은 『보한재집』에 들어 있다. 『홍무정운역훈』은 『사성통고四聲通考』음과 유사했던 것으로 보인다.

『홍무정운역훈』 서

聲韻之學, 最爲難精. 盖四方風土不同, 而氣亦從之, 聲生於氣者也. 故所謂四聲七音, 隨方而異宜. 自沈約著譜, 雜以南音, 有識病之, 而

歷代未有釐正之者. 洪惟皇明太祖高皇帝, 愍有乖舛失倫, 命儒臣 一
以中原雅音,[1] 定爲洪武正韻, 實是天下萬國所宗.

'성운'의 학문이란 가장 정밀하여 정통하기 어렵다. 대개 사방
의 풍토가 다르면 기氣(기운)도 또한 거기에 따라 다르게 되는데,
소리는 기에서 생기므로 이른바 사성과 칠음이 지방에 따라서
편의함을 달리한다. 심약이 보(『사성운보』)를 지은 후로 중국 남
방음이 섞여서 식자들이 근심으로 여겼으나 역대로 이를 바로잡
은 자가 없었다. 널리 생각하건댄 명나라 태조 황제께서 그 괴천
실윤乖舛失倫(그 체계가 어그러지고 순서가 어지러워짐)을 민망히
여겨 유신에게 명하여 중원아음을 기준으로 삼아서 『홍무정운』
을 짓도록 명하시니 『홍무정운』은 실로 천하만국이 받들 바이다.

我世宗莊憲大王, 留意韻學, 窮硏底蘊, 創制訓民正音若干字. 四方
萬物之聲, 無不可傳. 吾東邦之士, 始知四聲七音, 自無所不具, 非特
字韻而已也. 於是以吾東方世事中華, 而語音不通, 必賴傳譯, 首命
譯洪武正韻, 令今禮曹參議臣成三問, 典農少尹臣曹變安, 知金山郡事
臣金曾, 前行通禮門奉禮郎臣孫壽山, 及臣叔舟等, 稽古證閱, 首陽大君
臣諱, 桂陽君臣璔, 監掌出納. 而悉親臨課定, 叶以七音, 調以四聲, 諧
之以淸濁, 縱衡經緯, 始正罔缺.

---

1) 중원아음(中原雅音): 북송 이래로 중화 지역에 형성되었던 공통어를 말한다.
『예부운략』(남송)에도 '중원아음'이라는 인용문이 있으며 『중원아음』이라는
운서가 따로 있었다고도 한다.

우리 세종 장헌대왕께서는 운학에 유심(뜻을 두고)하시고 그 저온(바닥과 속 깊이, 상세한 내용. 내막. 속사정. 내정內情. 실정)을 궁극히 연구하시어 훈민정음 약간의 글자를 창제하시니 세상 만물의 소리를 전하지 못할 것이 없게 되었다. 우리 동방의 선비들이 비로소 사성과 칠음을 알게 되어 자연히 갖추지 아니한 것이 없게 되었는데 특히 (조선 한자음의) 자운만이 아닌 줄을 알거니와 이에 우리나라는 대대로 중화를 섬겼으나 어음이 통하지 못하여 반드시 전역(통역관)에게 힘을 입어야 했으므로 맨 먼저 『홍무정운』을 번역하라 명하시었다. 지금의 예조참의 신 성삼문, 전농소윤(궁중 제사에 쓸 곡식을 관장하던 관청) 신 조변안과 금산군 지사 신 김증과 전행 통례문 봉례랑 신 손수산과 및 신숙주 등으로 하여금 계고증열稽古證閱(옛 문헌을 상고하여 널리 벌여 증명함)하게 하시고 수양대군 휘諱와 계양군 증璔으로 하여금 출납을 담당하게 하시고 친히 임석하여 전 과정에 간여하시어 칠음을 맞추고 사성을 고르고, 청탁을 해협(조화롭게, 맞도록)하게 하시니 가로 세로 경과 위가 비로소 바르게 되어 어그러짐이 없게 되었다.

然語音既異, 訛傳亦甚. 乃命臣等, 就正中國之先生學士, 往來至于七八, 所與質之者若干人, 燕都爲萬國會同之地, 而其往返道途之遠, 所嘗與周旋講明者, 又爲不少, 以至殊方異域之使, 釋老卒伍之微, 莫不與之相接, 以盡正俗異同之變. 且天子之使至國而儒者, 則又取正焉. 凡謄十餘藁, 辛勤反復, 竟八載之久, 而向之正罔缺者, 似益無疑. 文宗

> 恭順大王, 自在東邸, 以聖輔聖粢定聲韻, 及嗣寶位, 命臣等及前判官
> 臣魯參, 今監察臣權引, 副司直臣任元濬, 重加讐校.

　그러나 어음이 이미 다르고 전와傳訛(바뀌어 잘못됨)가 또한 많
아서 이에 신 등에게 명하시어 중국의 선생 학사에게 질정(물어
서 바로 잡도록)하게 하시는지라, 왕래가 7~8번에 이르러 더불
어 질문한 사람도 여러 사람이었다. 연도燕都(연경)는 만국이 회동
하는 땅이요, 그 오고 가는 먼 길에서 일찍이 더불어 주선강명周旋
講明(교섭하여 밝혀보려고 함)하는 자가 또한 적지 않으니 변방
이역의 사신이나 석노졸오釋老卒伍(늙은 중이나 병사 곧 일반 백
성)의 미천한 이들에 이르기까지 서로 만나지 아니한 사람이 없
으니 이로서, 정속正俗의 이동 변천을 다 밝혔다. 또 중국의 사신
이 우리나라에 이르되 유학자이면 다시 나아가서 질정하니 무릇
원고를 등초하기 10여 회째 몸을 근면히 되풀이 하여(애를 써서
고쳐) 마침내 여덟 해만의 오랜 시간이 지나서 모든 것이 바르게
되어 어지러짐이 없다는 것이 더욱 의심없게 되었습니다. 문종
공순대왕은 동궁으로 계실 때부터 성왕 성인(세종)을 도우시어
성운의 일에 참여하신 터인바, 보위를 이으신 뒤에는 신 등과
전 판관 신 노삼魯參과 지금의 감찰 신 권인權引과 부사직 신 임원
준任元濬에게 명하시어 거듭 수교讐校(수정하도록 명하심)를 하도
록 하였습니다.

> 夫洪武韻, 用韻併析, 悉就於正, 而獨七音先後, 不由其序. 然不敢輕

有變更, 但因其舊, 而分入字母於諸韻, 各字之首, 用訓民正音, 以代反切. 其俗音及兩用之音, 又不可以不知, 則分注本字之下. 若又有難通者, 則略加注釋, 以示其例. 且以世宗所定, 四聲通攷, 別附之頭面, 復著凡例, 爲之指南.

대저 『홍무정운』은 용운병석用韻倂析(운을 합하고 나누는 것)은 모두 바르게 되었으나 오직 칠음의 선후만이 그 순서가 맞지 않는 것을 감히 가볍게 변경하지 못하여 옛것은 그대로 두고 여러 운을 표시하는 각 글자의 첫머리에 자모(성모)만 구분하여 넣고 훈민정음으로서 반절을 대신하였다. 그 속음과 두 가지로 쓰는 음은 꼭 알아야 할 것은 본 글자 아래 나누어 주를 달고 예를 넣었다.

만약 이해하기 어려운 것이 있으면 간략하게 주석을 더하고 그 예를 보였으며, 또 세종이 소정하신 바의 『사성통고』를 따로 첫머리에 붙이고 다시 범례를 실어서 지남(기준)을 삼았다.

恭惟, 聖上卽位, 亟命印頒, 以廣其傳, 以臣嘗受命於先王, 命作序以識顚末. 切惟音韻, 衡有七音, 縱有四聲, 四聲肇於江左, 七音起於西域, 至于宋儒作譜而經緯, 始合爲一. 七音爲三十六字母, 而舌上四母, 脣輕次淸一母, 世之不用已久. 且先輩已有變之者, 此不可强存而泥古也.

공손히 생각하건대 성상(단종)이 즉위하시면서 빨리 인반印頒

(간행 반출)하여 널리 전하게 하라 명하시니, 신이 일찍 선왕께 명을 받았다고 하시면서 서를 지어서 전말을 적으라 하셨다.

생각건대 음운이란 (운도에) 가로로 칠음이 있고 세로로 사성이 있는데, 사성은 강좌(양즈강 하류)에서 시작되었고 칠음은 서역西域(인도 지역)에서 일어났다. 송유(송나라 학사)가 운보(『사성보』)를 만드는데 경과 위가 비로소 합해서 하나가 된 것이다. 칠음은 36자모가 되나 설상의 4모와 순경 차청의 1모敷母([f])는 세상에서 쓰지 아니한 지 오래되었으니, 이를 억지로 존속시켜 옛 것에 구애될 것이없는 바이다.

四聲爲平上去入, 而全濁之字平聲, 近於次淸, 上去入, 近於全淸, 世之所用如此, 然亦不知其所以至此也. 且有始有終, 以成一字之音, 理之必然, 而獨於入聲, 世俗率不用終聲, 甚無謂也. 蒙古韻與黃公紹韻會, 入聲亦不用終聲, 何耶. 如是者不一, 此又可疑者也.

사성은 평성, 상성, 거성, 입성이 되는데 전탁 글자의 평성은 차청에 가깝고 상성, 거성, 입성은 전청에 가까운데 세상에 쓰임이 이러하지만 그렇게 된 연유를 모르는 바이다. 또 초성이 있고 종성이 있어서 한 글자의 음을 이루는 것은 당연히 이치인 바인데 홀로 입성에 모두 종성을 쓰지 않는 것은 심히 까닭모를 일이라고 할 수 있다.

몽고운(『몽고운략』)과 황공소黃公紹의 『운회』도 입성을 또한 종성에 쓰지 않으니 그 무슨 일일까? 이런 것이 하나만이 아니니

이 역시 의심스러운 것이다.

往復就正, 旣多, 而竟未得一遇精通韻學者, 以辨調諧紐攝之妙, 特
因其言語讀誦之餘, 遡求淸濁開闔之源, 而欲精夫所謂最難者, 此所
以辛勤歷久, 而僅得也.

중국을 오가며 질정함(바로 잡음)이 이미 여러 번이지만 마침
내 한 번도 운학에 정통한 자를 만나서 유섭紐攝(성모(紐)와 운모
(攝))을 조해調諧(고르게 분별함)하는 묘함을 터득하지 못하였다.
특히 그 언어 독송(글을 읽음)에 따라 청탁淸濁, 개합開闔(성모(청
탁), 운모(개합))의 근원을 거슬러 올라가려 했으니 이른바 가장
어려운 바를 정하게 하고자(운학의 이치를 밝히고자) 하였으니
이 곧 어렵고 고된 일을 여러 해 동안 행하여 겨우 얻게 된
것이다.

臣等學淺識庸, 曾不能鉤探至賾顯揚聖謨. 尙賴我世宗大王天縱之聖,
高明博達, 無所不至, 悉究聲韻源委, 而斟酌裁定之, 使七音四聲, 一
經一緯, 竟歸于正. 吾東方千百載, 所未知者, 可不浹旬而學, 苟能沈
潛反復, 有得乎, 是則聲韻之學, 豈難精哉.

신등은 배움이 얕고 아는 것이 용렬하여 지극히 궁극(이치를
연구)한 것을 밝혀 임금의 뜻을 현양치 못하였다. 오로지 우리
세종대왕은 하늘이 내신 성인으로 고명박달(밝고 넓게 아시지

못하는 바가 없음)하셔서 이르지 않는 바가 없으심에 힘입어 성운의 원위(근원)조차 모조리 밝게 연구하셔서 짐작재정(헤아려 결정해 주심)하심에 힘을 입어서 칠음과 사성의 한 경과 한 위로 하여금 마침내 바르게 돌아가게 하셨다. 우리 동방에서 천백 년 동안 알지 못하던 것을 불과 열흘이 못되어도 얻을 수 있으니 진실로 침잠반부沈潛反復(되풀이 하여 깊이 생각한 다음)해서 이치를 깨칠 수 있으면 성운이라는 학문인들 어찌 연구하기 어렵겠습니까.

> 古人謂梵音行於中國, 而吾夫子之經, 不能過跋提河者, 以字不以聲也. 夫有聲, 乃有字, 寧有無聲之字耶. 今以訓民正音譯之, 聲與韻諧, 不待音和, 類隔, 正切, 回切之繁且勞, 而擧口得音, 不差毫釐, 亦何患乎, 風土之不同哉. 我列聖製作之妙, 盡美盡善, 超出古今, 而殿下繼述之懿, 又有光於前烈矣.

옛사람이 이르기를 범음梵音은 중국에서 사용되었으니 공자의 경서는 발제하跋提河(인도와 중국 경계에 있는 강)를 넘지 못한 글자이자 소리로서가 아니기 때문이라고 하는데, 대저 글자가 있으면 이에 소리가 있는 것이니, 어찌 소리없는 글자가 있을 수 있겠습니까.

이제 훈민정음으로써 번역하니 소리가 운과 해협(잘 들어맞아 제대로 자음을 나타낼 수 있음)되어 음화音和, 유격類隔, 정절正切, 회절回切의 번거롭고 수고로움을 기다릴 것이 없이 입으로 발음하면 소리를 얻되 호리(털끝만큼)의 차착(차이와 오착)이 없는지라. 또 어찌 풍토가 같지 아니 함을 걱정하겠습니까. 우리 열성(세종, 문종)께서 제작하신 묘함이 진미진선盡美盡善(진실로 아름답고 선하여)하여 멀리 고금에 뛰어나시고 전하(단종)의 계술(전승하여 지으신)의 훌륭한 뜻(조상의 업적을 이르신 아름다움)도 또한 선열에 빛남이 있게 하는 것입니다.

景泰六年仲春旣望, 輪忠恊策靖難功臣, 通政大夫, 承政院都承旨, 經筵參贊官, 兼尙瑞尹, 修文殿直提學, 知製敎, 充春秋館, 兼判奉常寺事, 知吏曹事, 內直司樽院事 臣申叔舟, 拜手稽首敬序

경태 6년, 단종 3(1455)년 음력 4월 16일에 수충협책 정반공신 통정대부 승정원 도승지 경연 참연관 겸 사서윤 수문권 직제학 지제교 충춘추관 겸 판봉상사시지이조사 내직사준원사 신 신숙주는 두 손 모아 머리를 조아려 공손히 책 서문을 씀.

『직해동자습(直解童子習)』 서문

　『직해동자습直解童子習』 서는 성삼문(1418~1456)이 쓴 글인데 『동문선』 권94에 실려 있다. 현재 이 책이 전하지 않고 다만 서문만 전해 옴으로 그 내용과 서지적 특징을 알 수 없으나 서명은 『직해동자습역훈평화直解童子習譯訓評話』이고 한어 학습 교과서로 만들어진 책이다. 책의 형식은 다른 언해본과 마찬가지로 한자의 음을 한글로 한자 아래에 쓰고 언해한 것으로 역관 교육을 위해 만들어진 것이다.

　이 책이 만들어진 년대는 알 수 없으나 서문의 내용에 "今右副承旨申叔舟"의 기록으로 미루어 단종 1(1454)년 6월 8일부터 10월 11일 사이에 완성된 것이다.

『직해동자습(直解童子習)』서

> 我東方在海外。言語與中國異。因譯乃通。自我祖宗事大至誠。置承文
> 院掌吏文. 司譯院掌譯語。專其業而久其任。其為慮也盖無不周。第
> 以學漢音者。得於轉傳之餘。承授旣久。訛謬滋多。縱亂四聲之疾徐。
> 衡失七音之清濁。[1] 又無中原學士 從旁正之。故號為宿儒老譯。終身
> 由之而卒於孤陋。我世宗文宗慨然念於此。旣作訓民正音[2]。天下之
> 聲 始無不可書矣。

우리 동방은 중국 바다 바깥에 있어 언어가 중국과 달라서 통역 해야만 통하는 지라.[3] 우리 조종으로부터 사대에 지성임에 승문 원을 두어서 이문吏文을 맡기고 사역원을 두어서 역어를 맡겨 그 맡은 일에 한결같이 전념하고 그 임무를 오래도록하게 하니 그 생각하는 바가 두루미치지 아니함이 없다. 그런데 한음을 배우는

---

1) 종란사성지질서(縱亂四聲之疾徐), 형실칠음지청탁(衡失七音之清濁): 운도에 서 가로로는 사성과 관련 있는 운모를 배열하고 세로로는 청탁과 관련 있는 성모를 배열하여 가로와 세로가 합치는 음으로 자음을 표시하였는데, 음들이 흩어러져서 이 배열이 제대로 맞지 않고 음도 달라졌다는 말. 『동국정운』 서문 에 '청탁지변(清濁之變)', '사성지변(四聲之變)' 등을 말함.

2) 아세종문종개연념어차(我世宗文宗慨然念於此), 기작훈민정음(旣作訓民正音): 이 대목을 인용하여 '훈민정음'이 세종과 문종의 합작이라는 주장을 하거나 '훈민정음'이 마치 한자음의 혼란을 바로잡기 위해 만들었다는 주장의 근거로 삼기도 하지만 다른 자료들과 비교를 해보면 이러한 주장이 실증적 관점에서 벗어난 논의임을 알 수 있다.

3) 이 발언은 중화와 조선의 관계를 규정하는 매우 중요한 발언이다. 조선 후기로 가면 소중화 주의에 몰입된 사대부 층과는 뚜렷한 인식 차이를 보여주는 내용이 다. 정인지의 언어풍토설과 함께 세종 당대의 지식인들의 인식 태도는 소주오하 주의에 몰입된 상태가 아닌 자립적 인식이 확고하다는 사실을 확인할 수 있으며 훈민정음 창제의 근거도 이와 같은 맥락에서 이해되어야 할 것이다.

이들이 굴러서 전하는 잘못된 것을 얻어서 이어 받음(承授, 이어 받아드림)이 이미 오래되어 그릇된 것이 점점 많은지라. 세로로 사성의 질서를 어지럽히고 가로로 칠음의 청탁을 잃어버렸건만 또한 중원 학사가 옆에 있어서 바로 잡아 주는 것도 아니므로 호왈 이름난 선비나 노련한 역관도 종신토록 그대로 지내다가 고루한데서 끝마치게 된다. 우리 세종과 문종께서 개연히 이를 생각하고 이미 훈민정음을 만드셨으니 천하의 소리를 비로소 기록하지 못 할 바가 없는지라.

於是譯洪武正韻。以正華音。又以直解童子習譯訓評話。[4] 乃學華語之門戶。命令右副承旨臣申叔舟 兼承文院校理臣曹變安。行禮曹佐郎臣金曾。行司正臣孫壽山。以正音譯漢訓。細書逐字之下。又用方言以解其義。

이에 『홍무정운』을 번역하여서 화음華音을 바르게 하시고 또 『직해동자습훈 평화』는 곧 화어를 배우는 문호(입문서)라고 하시어 지금의 우부승지 신 신숙주와 겸승문원교리 신 조변안과 행례조좌랑 신 김증과 행사정 신 손수산에게 명하여 정음으로 한음을 번역하여 글자마다 그 아래 새겨서 쓰고, 또 방언(우리말)을 써서 그 뜻을 풀게 하시어

---

4) 직해동자습훈평화(直解童子習訓評話): 이 책의 정식 서명인 것으로 보인다.

이어서 화의군 신 영瓔과 계양군 신 증增에게 명하시어 그 일을
담당(관리 감독)케 하시고 동지중추부사 신 김하와 경창부윤 신
이변에게 그 의심나는 바를 다져서 두 가지로 써두게 하시니
음의音義(소리와 뜻)가 분명하여 마치 손바닥을 가리키는 것과
같으니 오직 통한한 바는 책이 거의 성편되자 이어서 궁검弓劍(활
과 검)을 버리신 것(32년 제위했던 세종에 연이어 문종 제위 2년
만에 승하하심)이다.

공손히 생각하건대 주상(단종)이 왕위를 이으신 처음에 선왕

의 뜻을 좇아 빨리 간행하기를 명하시고 또 신 삼문이 일찍이 참교(참여하고 교열)하였다고 하여 서를 지으라 명하시니 신이 가만히 생각하건대, 비록 사방의 말은 남북의 다름이 있을망정 성기(성음의 기운)가 아, 설, 순, 치, 후에서 생기는 것은 남북이 다름이 없으니 이것만 훤히 알면 성운이 무슨 어려움이겠습니까. 동방에 나라가 있어 몇 천백 년의 오램을 지나되 사람이 날마다 쓰면서 칠음이 내게 있는 줄 몰랐으니, 칠음도 또한 모르는데 하물며 청탁이야 어찌 알았겠습니까. 한어 배우기가 어려운 것도 괴이치 아니합니다. 이 책이 한 번 번역됨에 칠음과 사성이 입을 따라서 나뉘고 (운도가) 경과 위가 바르게 되어 호리毫釐(털끝만큼도)가 틀리지 않거니, 또 무엇 때문에 옆에서 바로잡아 주는 사람이 없음을 한하겠습니까. 배우는 사람이 만일 먼저 훈민정음 약간의 글자를 배우고 여기에 미친다면 열흘 동안에 한어도 통할 수 있고, 운학에도 밝을 수 있어서 사대의 능사(잘 할 수 있는 일)가 다 될 것입니다. 두 분 성인(세종과 문종)이 제작하신 묘함에 높이 백대에 뛰어나시며, 이 책의 번역도 외천보국을 위한 지극한 계획이 아닌 것을 볼 수 있으며, 성상의 선계선술(조상의 업적을 훌륭히 이은 아름다움)의 아름다우심도 또한 극진하시다고 말씀할 수 있을 것입니다.

04.

『사성통고』 범례

    조선 세종 때, 신숙주 등이 임금의 명으로『홍무정운』의 한자를 한글로 옮기고, 사성으로 갈라 청탁 따위를 연구하여 편찬한 책으로 지금은 전하지 않는다. 이 책의 범례는 중종 12(1517)년에 최세진이 『홍무정운역훈』(1455년)의 음계를 보충하고, 자해가 없는 신숙주의 『사성통고』를 보완하기 위하여 2권 2책으로 편찬한『사성통해』에 실려 있다. 『사성통해』는 한자를 최세진이 중종 12(1517)년에 지은 목판본 2권 2책이다. 세종 때 왕명으로 신숙주 등이『홍무정운역훈』을 편찬하였으나, 너무 방대하여 보기가 어려웠으므로 다시 간이한『사성통고』를 편찬케 하였다. 그러나 『사성통고』는 글자마다 자음은 표기되었으나, 그 글자의 해석이 없었으므로 이런 단점을 보완하기 위하여『홍무정운』을 기초로 하여 실용에 적합하도록 엮은 것이 이『사성통해』이다. 상권은 '사성통해서四聲通解序', '운모정국韻母定局', '광운36자모지도廣韻三十六

字母之圖’, ‘운회韻會 35자모지도’, ‘홍무운 31자모지도’, ‘범례 26조’, ‘사성통해상四聲通解上’, 하권은 ‘사성통고범례四聲通攷凡例’, ‘번역노걸대박통사범례飜譯老乞大朴通事凡例’, ‘동정자음動靜字音’, ‘사성통해하四聲通解下’로 되어 있다. 상권에 실은 각 자모도에는 하나하나 훈민정음으로 발음 대조를 붙였고, 본문은 운목에 따라 한자를 먼저 배열하고 한 운목에 딸린 각 글자는 사성의 차례로 나열하여 방점 표시를 안 하도록 하였다. 또, 한자의 주는 주음註音을 정음正音과 속음俗音으로 나타내고, 속음은 다시 『사성통고』에 표시된 속음과 금속음今俗音으로 구별하였다. 한자의 해석은 주로 한문으로 하였으나, 더러는 당시의 우리말을 금속호今俗呼라 하여 표기하였다. 이 금속호의 어휘가 450여 개에 달하고 있어, 국어 연구에 귀중한 자료가 된다. 1614(광해군 6)년과 56(효종 7)년에 중간한 중간본이 전한다.

이 범례에는 첫째, 그 당시 한음과 우리 어음의 차이. 둘째, 『사성통고』음, 즉 『홍무정운역훈』 음의 정체. 셋째, 훈민정음과 몽고자의 관계 등을 추정하는 데 상당히 중요한 재료들이 들어 있다. 그뿐 아니라 훈민정음이 발표된 이후 치두, 정치의 구별이 추가되고 또 문자의 순서가 변경되고 또 한자음에도 ‘ㅇ’ 종성을 쓰지 아니한 예 등의 중요한 사실도 오직 이로써 알게 되고 해례가 나오기 전까지 원칙으로 종성을 반듯이 갖추어야 하고 편법으로 ‘ㅇ’의 종성이 생략된다는 사실도 오직 이로써 알게 되었을 뿐이다.

『사성통고(四聲通攷)』 범례

一. 以圖韻諸書及, 今中國人所用, 定其字音, 又以中國時音所廣用, 而不合圖韻者, 逐字書俗音於反切之下.

一. 운도圖와 운서韻의 여러 책과 지금 중국인이 쓰는 것으로서 그(『홍무정운역훈』) 자음을 정하고 중국 당시 음으로 널리 쓰이나 운도와 운서에 맞지 않는 것은 그 글자마다 반절 아래 속음을 달았다.

一. 全濁上去入三聲之字, 今漢人所用, 初聲與淸聲相近, 而亦各有淸濁之別. 獨平聲之字, 初聲與次淸相近, 然次淸則其聲淸, 故音終直低, 濁聲則其聲濁, 故音終稍厲.

一. 전탁의 상성, 거성, 입성 3성의 글자는 지금 한인들이 쓰는바, 초성이 청성(전청)과 근사하기는 하지만 또한 각각 청탁의 구별이 있다. 오직 평성자의 초성은 차청에 가까우나 차청은 그 음이 청함에(소리가 맑음) 음상이 늘 곧고 낮으며, 탁성은 그 소리가 탁하므로 음이 늘 조금 거세다.

一. 凡舌上聲以舌腰點腭, 故其聲難而, 自歸於正齒. 故韻會以知徹澄孃歸照穿牀禪. 而中國時音, 獨以孃歸泥. 且本韻混泥孃而不別, 今以知徹澄歸照穿牀, 以孃歸泥.

166

一. 무릇 설상舌上의 소리는 혀의 허리가 잇몸에 닿으므로 그 소리가 어려워서 저절로 정치整齒음으로 돌아가는 까닭에 『운회』에서도 '니泥'와 '샹孃'을 섞어서 구별하지 아니하고 지금의 '지知', '철徹', '증澄'은 '조照', '천穿', '상牀', '선禪'모로 합치고, '샹孃'은 '니泥'로 합쳤다.

一. 唇輕聲非敷二母之字, 本韻及蒙古韻, 混而一之, 且中國時音亦無別, 今以敷歸非.

一. 순경성唇輕聲 가운데 '비非'모와 '부敷'모의 2모의 자모는 본운(『홍무정운』)과 몽고운(『몽고운략』)에서는 혼동하여 하나로 되어 있고 중국 당시 음에도 구별이 없으므로 이제 '부敷'모를 '비非'모로 돌린다.

一. 凡齒音, 齒頭則擧舌點齒, 故其聲淺, 整齒則卷舌點腭, 故其聲深, 我國齒聲ㅅㅈㅊ在齒頭整齒之間. 於訓民正音, 無齒頭整齒之別. 今以齒頭爲ㅅㅈㅊ, 以整齒爲ㅅㅈㅊ以別之.

一. 무릇 치음이란 치두는 혀를 들어 이에 닿음으로써 그 소리가 얕고 정치는 혀를 말아서 잇몸에 닿음으로써 그 소리가 깊으니, 우리의 치음은 ㅅ, ㅈ, ㅊ는 치두와 정치의 중간에 있다. 훈민정음에는 치두와 정치의 구별이 없으므로 이제 치두에는 ㅅ, ㅈ, ㅊ를 만들고 정치에는 ㅅ, ㅈ, ㅊ를 만들어 구별한다.

一. 本韻疑喩母諸字多相雜, 今於逐字下, 從古韻, 喩則只書ㅇ母, 疑則只書ㆁ母, 以別之.

一. 본운(『홍무정운』)에서 '의疑', '유喻'모의 모든 글자가 서로 뒤섞인 것이 많으므로 지금 글자마다 그 아래에 '유喻'모면 그저 'ㅇ' 글자로 쓰고 '의疑'모면 그저 'ㆁ' 글자로 써서 구별한다.

一. 大抵本國之音, 輕而淺, 中國之音, 重而深, 今訓民正音, 出於本國之音, 若用於漢音, 則必變而通之, 乃得無礙. 如中聲ㅏㅑㅓㅕ張口之字, 則初聲所發之口不變, ㅗㅛㅜㅠ縮口之字, 則初聲所發之舌不變. 故中聲爲ㅏ之字則, 讀如ㅏ·之間, 爲ㅑ之字則, 讀如ㅑ·之間, ㅓ則ㅓㅡ之間, ㅕ則ㅕㅡ之間, ㅗ則ㅗ·之間, ㅛ則ㅛ·之間, ㅜ則ㅜㅡ之間, ㅠ則ㅠㅡ之間, ·則·ㅡ之間, ㅡ則ㅡ·之間, ㅣ則ㅣㅡ之間, 然後庶合中國之音矣. 今中聲變者, 逐韻同中聲首字之下, 論釋之.

一. 대저 우리나라의 음은 가볍고 얕으나, 중국의 음은 무겁고 깊은데 이제 훈민정음은 우리 음에서 나온지라 만약 한음에 쓰려면 반드시 변통이 있어야 애체礙滯(막히고 정체됨)됨이 없을 것이다. 이를테면 중성에서 ㅏ, ㅑ, ㅓ, ㅕ의 장구張口(입을 옆으로 벌려 발음하는 평순음)의 글자는 초성을 낼 때도 입이 변치 아니하고 ㅗ, ㅛ, ㅜ, ㅠ 축구縮口(입을 오므리고 발음하는 원순음)의 글자는 초성을 낼 때도 혀가 변치 아니하는 것이라. 중성의 ㅏ가 되는 자는 ㅏ, ·의 중간과 같이 읽고(발음하고) ㅑ일 때는

168

ㅑ, ·의 중간과 같이 읽고 ㅓ는 ㅓ, ㅡ의 중간, ㅕ는 ㅕ, ㅡ의 중간, ㅗ는 ㅗ, ·의 중간, ㅛ는 ㅛ, ·의 중간, ㅜ는 ㅜ, ㅡ의 중간, ㅠ는 ㅠ, ㅡ의 중간, ·는 ·, ㅡ의 중간, ㅡ는 ㅡ, ·의 중간, ㅣ는 ㅣ, ㅡ의 중간이라야 거의 중국음에 맞다. 지금 중성이 변한 것은 운마다 같은 중성 첫 자 아래 이를 설명한다.

一. 入聲諸韻終聲, 今南音傷於太白, 北音流於緩弛, 蒙古韻亦因北音, 故不用終聲. 黃公紹韻會, 入聲如以質韻颱卒等字, 屬屋韻菊字母, 以合韻閤榼等字, 屬葛韻葛字母之類, 牙舌脣之音, 混而不別, 是亦不用終聲也. 平上去入四聲, 雖有清濁緩急之異, 而其有終聲, 則固未嘗不同, 況入聲之所以爲入聲者, 以其牙舌脣之全清, 爲終聲而促急也, 其尤不可不用終聲也, 明矣. 本韻之作, 倂同析異, 而入聲諸韻, 牙舌脣終聲, 皆別而不雜, 今以ㄱㄷㅂ爲終聲. 然直呼以ㄱㄷㅂ, 則又似所謂南音, 但微用而急終之, 不至太白可也. 且今俗音, 雖不用終聲, 而不至如平上去之緩弛, 故俗音終聲, 於諸韻 用喉音全清ㆆ, 藥韻用脣輕全清ㅸ, 以別之.

一. 입성인 모든 운의 종성이 지금의 남방음에서는 너무 분명하게 손상되었고[1] 북방음은 완이緩弛(느리고 늘어짐)함에 흐르거니와 몽고운도 또한 북방음을 따른 까닭에 종성을 쓰지 않았다. 황공소黃公紹의 『고금운회』에도 입성에서 '질質'운의 '율颱', '졸卒' 등의

---

1) 무성 입성자음 p, t, k가 남방음에서는 일부 소실되었으나 대부분 입성폐쇄음 [ʔ]으로 남아 있음을 말한다. 그에 비해 북방음에서는 'ʔ>zero'로 변했음을 말한다.

글자를 '옥屋'운 '국菊' 자모에 넣고 '합合'운의 '합閤', '합榼' 등의 글자를 '갈葛'운 자모에 넣어 아([-k]), 설([-t]), 순([-p])의 음(종성)을 혼동하여 구별치 아니하였으니 이 또한 종성을 쓰지 아니한 것이라. 평성, 상성, 거성, 입성의 사성이 비록 청, 탁, 완, 급의 차이는 있을망정 그 종성이 있을 때만 본시 일반일 뿐이 아니라 하물며 입성이 입성되는 바는 아음, 설음, 순음의 전청으로 종성을 삼아서 촉급하기 때문이다. 이것이 더욱 종성을 쓰지 아니 할 수 없는 것이 명백하다. 본운을 지음에 있어 같은 운을 합하고 다른 운은 갈라서 입성 여러 운의 아음, 설음, 순음 종성도 모두 구별하여 섞지 아니 하였으니 이제 ㄱ, ㄷ, ㅂ로 종성을 삼는다. 그러나 ㄱ, ㄷ, ㅂ를 곧게 발음하면 또 소위 남방음과 같아지니 다만 가볍게 써서 급히 마쳐 너무 분명하게는 발음하지 않는 것이 옳으니라. 또 속음은 비록 종성을 쓰지는 않는다고 하지만은 평성, 상성, 거성과 같이 완이緩弛함에 이르지 않는 까닭에 속음 종성으로 여러 운에는 후음 전청의 'ㆆ'를 쓰고 '약藥'운(종성에만)에는 순경 전청의 'ㅸ'를 써서 구별한다.2)

一. 凡字音必有終聲, 如平聲支齊魚模皆灰等韻之字, 當以喉音ㅇ爲終聲, 而今不爾者, 以其非如牙舌脣終之爲明白, 且雖不以ㅇ補之, 而自成音爾, 上去諸韻同

---

2) 최세진의 『번역노걸대박통사』 범례에 의하면 몽고운에서 소(蕭), 효(爻), 무(尤) 등은 평, 상, 거 3성의 각운과 약(藥)운에는 'ㅸ'으로로 종성을 삼았다. 소(蕭), 효(爻), 무(尤) 등의 운에 그대로 'ㅸ'의 종성을 쫓고 오직 약(藥)운에만 그 입성을 보이기 위하여 전청의 'ㅸ'로 바꾼 것으로 보인다.

一. 무릇 자음에는 반드시 종성이 있어야 하니 평성의 '지支, 제齊, 어魚, 모模, 개皆, 회灰' 등의 운자도 마땅히 후음 'ㅇ'으로 종성을 삼아야 하겠지만 지금 그렇게 아니하여도 아, 설, 순의 종성과 같이 명백한 것은 아니요, 또 'ㅇ'으로 보충하지 아니 하더라도 제대로 음을 이루기 때문에 상, 거의 모든 운도 마찬가지다.

一. 凡字音四聲, 以點別之, 平聲則無點, 上聲則二點, 去聲則一點, 入聲則亦一點.

一. 무릇 자음의 사성은 점으로써 구별하니 평성은 점이 없고, 상성은 두 점이요, 거성은 한 점이요, 입성도 또한 한 점이라.

『번역노걸대박통사범례(飜譯老乞大朴通事凡例)』

『번역노걸대박통사범례飜譯老乞大朴通事凡例』는 1517년 최세진이 편찬한 『사성통해』 권말에 실려 있다. 『번역노걸대飜譯老乞大』와 『번역박통사飜譯朴通事』는 한어 회화 교재인 『노걸대老乞大』와 『박통사朴通事』의 원문에 한글로 음을 달고 또 번역한 책이다. 『번역노걸대박통사범례』는 『사성통해』보다는 시기적으로 앞선 것으로 추정된다. 『번역노걸대박통사범례』는 9개 조항으로 1) 국어國語, 2) 한음漢音, 3) 언음諺音, 4) 방점傍點, 5) 비봉미삼모非奉微三母, 6) 청탁성세지변淸濁聲勢之辨, 7) ㅱ,ㅸ위종성ㅱㅸ爲終聲, 8) 정속음正俗音, 9) 복지치삼운내치음제자攴紙寘三韻內齒音諸字으로 구성되어 있다.[1]

---

[1] 『번역노걸대박통사(飜譯老乞大朴通事)』에 대해서는 남광우(1972, 1974), 안병희(1979), 이돈주(1988, 1989), 김무림(1998)의 연구가 있어 참고가 된다. 특히 범례의 번역은 이돈주(1988, 1989)와 김무림(1998)의 연구를 많이 참조하였다.

번역노걸대대박통사(飜譯老乞大大朴通事) 범례(凡例)

翻譯老乞大朴通事凡例

漢訓諺字皆從俗 撰字旁之點亦依鄕語

一 國語
凡本國語音, 有平有仄, 平音哀而安, 仄音有二焉, 有厲而擧, 如齒字之
呼者, 有直而高, 如位字之呼者, 哀而安者, 爲平聲, 厲而擧者, [ ]2)直而高
者, 爲去聲爲入聲, 故國俗言語, 平聲無點, 上聲二點, 去國3)入聲一點.
今之反譯, 漢字下在左,4) 諺音, 並依國語高低, 而加點焉. 但通攷內
漢音字旁之點, 雖與此同, 而其聲之高低, 則鄕漢有不同焉, 詳見旁
點條.

한훈의 언자는 다 속음을 따랐고 글자의 부수(방)는 향어에
따랐다.

一. 국어
무릇 우리나라의 어음은 평음과 측음이 있으니, 평음은 슬프면
서 편안하고, 측음은 둘이 있으니, '齒'자의 발음과 같이 거세고

---

2) '爲上聲'이 누락되었음.
3) '國'자는 '聲'자의 오각임.
4) '左'는 '右'의 오각임.

들리는 것이 있고, '位'자의 성조와 같이 곧고 놓은 것이 있다. 슬프면서 편안한 것은 평성이요, 거세고 굴리는 것은(상성이며), 곧고 높은 것은 거성과 입성이다. 그러므로 우리나라의 시속의 언어에 평성은 점이 없고, 상성은 점이 둘이며, 거성과 입성은 점이 하나이다.

이번 번역에서 한자 아래 오른쪽에 있는 언음은 모두 국어의 고저에 의거하여 점을 찍은 것이다. 다만 통고 안의 한음은 글자 옆의 점이 비록 이와 같더라도 그 소리의 높낮이는 우리와 중국이 같지 않은 점이 있다. 자세한 것은 방점조를 보라.

一 漢音

平聲全淸次淸之音, 輕呼而稍擧, 如國音去聲之呼. 全濁及不淸不濁之音, 先低而中按後厲而且緩, 如國音上聲之呼. 上聲之音, 低而安, 如國音平聲之呼. 去聲之音, 直而高, 與同國音去聲之呼. 入聲之音, 如平聲濁音之呼, 而促急, 其間亦有數音, 隨其呼. 勢而字音亦變焉. 如入聲軸聲, 本音:죡 呼如平聲濁音, 而或呼如去聲爲·죡, 角字, 呼如平聲濁音爲교[5]而或괁如去聲爲괁,[6] 或呼如上聲爲괁, 又從本韻 거之類.

一. 한음

평성에서 전청과 차청의 음운 가볍게 발음되면서 약간 들리므로 국음의 거성과 같으며, 전탁과 불청불탁의 음은 처음은 낮다가 중간에 당기여 뒤에 거세지다가 다시 느스러지니 국음의 상성과 같다. 상성의 음은 낮고 편안하니 국음의 평성과 같다. 거성의 음은 곧고 높으니 국음의 거성과 더불어 같다. 입성의 음은 평성의 탁음과 성조가 같으면서 촉급하지만, 그 사이에 또한 몇 개의 발음이 있으니 성조의 추세에 따라서 자음字音이 또한 변하였다. 예를 들어 입성의 '軸'은 본음이 ':쥭'이니 성조가 평성의 탁음과 같지만, 혹은 거성과 같이 되어 '·쥭'가 되기도 한다. '角'은 성조가 평성의 탁음과 같이 되어 ':교'나 또는 ':걍'가 되기도 하고, 거성처럼 되어 '·걍'가 되기도 하며, 상성처럼 되어 '걍'가 되기도 하면서, 또 본운의 '거'류를 따르기도 한다.

一 諺音

在左者, 即通攷所制之字, 在右者, 今以漢音依國俗撰字之法, 而作字者也. 通攷字體, 多與國俗撰字之法不同其用雙字爲初聲, 及ㅱㅸ爲終聲者, 初學雖資師授率多疑碍, 故今依俗撰字體, 而作字如左云. 如通攷內齊쯰其끼皮삐調땨愁쯯灻향着쨕 今書쯰爲치끼爲키삐爲피땨爲탸 쯯爲츄향爲햐쨕爲죠걍之類ㅋㅌㅍㅊㅎ, 乃通攷所用次淸之音, 而全濁初聲之呼, 亦似之, 故今之反譯, 全濁初聲, 皆用次淸爲初聲, 旁加二點, 以存濁音之呼勢, 而明其爲全濁之聲.

一. 언음

　왼쪽의 언음은 통고에서 제정한 바의 글자이고, 오른쪽의 언음은 지금의 한음으로써 국속한자법에 의해 지은 글자이다. 통고의 글자체는 국속차자법에 의한 글자와 같지 않음이 많으니, 쌍자로 초성을 삼은 것과 'ㅁ, ㅸ'으로 종성을 삼은 것은 처음 배우는 사람이 비록 스승의 가르침을 받더라도 의문과 막힘이 있을 것이다. 그러므로 이제 속찬의 자체에 의거하여 다음과 같이 글자를 짓는다.

　통고의 '齊찌, 其끼, 皮삐, 調땨, 愁쭈, 爻햫, 着쟉'과 같은 언음 표기를 이제는 '찌'를 '치'로, '끼'를 '키'로, '삐'를 '피'로, '땨'를 '탸'로, '쭈'를 '추'로, '햫'를 '햑'로, '쟉'를 '죠'나 '쟉'로 쓰는 것과 같은 종류이다. 'ㅋ, ㅌ, ㅍ, ㅊ, ㅎ'은 통고에서 차청의 음에 사용된 바이지만, 전착의 초성 발음이 또한 이들과 비슷하므로, 지금의 번역에서는 전탁의 초성에 모두 차청으로 초성을 삼으나, 글자 옆에 두 점을 더함으로써 탁음의 호세를 유지하게 하여 그것이 전탁의 소리가 됨을 밝혔다.

一 旁點　漢字下諺音之點

在左字旁之點, 則字用通攷所制之字, 故點亦從通攷所點, 而去聲入聲一點, 上聲二點, 平聲無點, 在右字旁之點, 則字從國俗編撰之法而作字, 故點亦從國語平仄之呼而加之.

漢音去聲之呼, 與國音去聲相同, 故鄕漢皆一點, 漢音平聲全淸次淸,

通攷則無點, 而其呼與國音去聲相似, 故反譯則亦一點, 漢人之呼亦
相近似焉 漢音上聲 通攷則二點 而其呼勢同國音平聲之呼 故反譯則
無點 漢人呼平聲 或有同上聲字音者焉 漢音平聲全濁及不清不濁之
音 通攷則無點 而其聲勢同國音上聲之呼 故反譯則亦二點 漢音入聲
有二音 通攷則皆一點 而反譯則其聲直而高 呼如去聲者一點 先低後
厲而促急 少似平聲濁音之呼者二點 但連兩字皆上聲 而勢難俱依本
聲之呼者 則呼上字如平聲濁音之勢然後 呼下字可存本音 故上字二
點若下字爲虛 或兩字皆語助 則下字呼爲去聲

一. 방점 한자 아래 언음의 점

　왼쪽 글자 옆의 점은 글자가 통고通攷에서 제정한 글자이므로
점 역시 통고의 점을 따랐으니, 거성과 입성은 한 점이고, 상성은
두 점이며, 평성은 점이 없다. 오른쪽 글자 옆의 점은 글자가
국속편찬법國俗編撰法에 의해 지은 글자이므로 점 역시 국어의 평
측의 발음에 의하여 점을 더 하였다.

　한음漢音의 거성의 발음은 국음國音의 거성과 서로 같으므로 우
리와 중국의 것이 모두 한 점이다. 한음의 평성에서 전청과 차청
은 통고에서는 점이 없으나, 그 발음이 국음의 거성과 서로 비슷
하므로 번역에 있어서는 역시 한 점을 더하였다. 한인漢人의 발음
역시 이와 비슷하다. 한음의 상성은 통고에서는 두 점인데, 그
호세呼勢가 국음의 평성의 발음과 같으므로 번역에 있어서는 점
을 더하지 않았다. 한인이 평성을 발음하면 간혹 상성의 자음字音
과 같음이 있다. 한음 평성의 전탁 및 불청불탁의 음은 통고에서

는 점이 없으나 그 성세聲勢가 국음의 상성의 발음과 같으므로 번역에서는 역시 두 점을 하였다. 한음의 입성에는 두 음이 있으나 통고에서는 모두 한 점으로 되어 있다. 번역에서는 그 소리가 곧고 높아서 거성과 같은 것은 한 점을 하였고, 먼저 낮고 뒤에 세어지며 촉급하여 평성 탁음의 발음과 약간 비슷한 것은 두 점을 하였다. 다만 연이은 두 자가 모두 상성이어서 본래 소리의 발음을 함께 유지하기 어려운 것은 상자上字를 평성 탁음처럼 발음한 연후에 하자下字를 발음하면 가히 본음을 유지할 수 있으므로 상자上字는 두 점을 하였다. 만약 하자下字가 허자虛字이거나 두 자 모두 어조자語助字인 경우는 하자下字를 거성으로 발음한다.

一 非ㅸ奉ㅹ微ㅁ三母

合脣作聲 爲ㅂ而曰脣重音 爲ㅂ之時 將合勿合 吹氣出聲 爲ㅸ而曰脣輕音 制字加空圈於ㅂ下者 即虛脣出聲之義也 ㅹㅁ二母亦同 但今反譯 平聲全濁 群定並從牀匣 六母諸字初聲 皆借次淸爲字 邪禪二母 亦借全淸爲字 而此三母 則無可借用之音 故直書本母爲字 唯奉母易以非母 而平聲 則勢從全濁之呼 作聲稍近於ㅍ 而至其出聲則爲輕 故亦似乎淸母 唯其呼勢 則自成濁音而不變焉 上去入三聲 亦皆逼似乎非母 而引聲之勢 則各依本聲之等而呼之 唯上聲 則呼爲去聲 微母則 作聲近似於喻母 而四聲皆同 如惟字 本微母 而洪武韻 亦自分收於兩母ㅎ或위 今之呼ㅎ 亦歸於위 此微母近喻之驗也 今之呼微 或從喻母亦通 漢俗定呼爲喻母者 今亦從喻母書之

一. 비봉, 봉병, 미몽 삼모

입술을 합하여 소리를 내면 'ㅂ'이 되니 순중음이요. 'ㅂ'을 하려고 입술을 합치려다가 합하지 않고 공기를 불어서 소리를 내면 'ㅸ'이 되니 순경음이다. 글자를 제정함에 있어서 동그라미를 'ㅂ' 아래에 더한 것은 곧 입술을 비위 소리를 낸다는 의미이다. 'ㅃ, ㅱ' 두 자모字母도 역시 이와 같다. 다만 지금의 번역에서 평성 전탁인 '군群, 정定, 병並, 종從, 상床, 갑匣'의 여섯 자모에 속한 모든 글자의 초성에는 차청음을 빌려 글자로 삼았고, '사邪, 선禪'의 두 자모字母는 또한 전청음을 빌려 글자로 삼았으나, 이 세 자모字母(非, 奉, 微)는 가히 빌려 쓸 만한 음이 없으므로 바로 본래의 자모로써 글자로 삼았다.

오직 봉모奉母만은 비모非母로 바꾸었는데, (奉모의) 평성은 전탁의 발음을 따르지만 소리를 짓는 것은 'ㅍ'에 조금 가깝고 그 소리를 냄에 이르러서는 가벼우므로 또한 청모淸母와 비슷하나. 오직 호세呼勢만은 스스로 탁음을 이루어 변하지 않는다. (奉모의) 상성, 거성, 입성 등도 역시 비모非母와 매우 근사하지만 소리를 끄는 호세呼勢는 각각 본래 소리에 의하여 발음하고, 오직 상성만은 거성이 되게 발음한다.

미모微母는 소리를 지음이 유모喩母와 근사하지만 사성四聲은 모두 같다. '유惟'자와 같은 것은 본래 미모微母인데, 홍무운洪武韻에서는 또한 두 자모字母에 나누어 수록하였으니 '븨'가 되거나 혹은 '위'가 된다. 지금의 발음에서는 '븨'가 역시 '위'에 귀속되므로 이것은 미모微母가 유모喩母에 가까운 증거이다. 지금의 미모微母의 발음에서 간혹 유모喩母를 따라 하더라도 역시 통한다. 한속漢俗에서 유모喻母로 정하여 발음하는 것은 이제 또한 유모喻母를 좇아 표기하였다.

一 淸濁聲勢之辨

全淸 見端幫非精照審心影九母 平聲初呼之聲 單潔不岐 而引聲之勢 孤直不按 上去入三聲 初呼之聲 亦單潔不岐 而引聲之勢 各依三聲 高低之等而呼之 次淸 溪透淸滂穿曉六母 平聲 初呼之聲 歧出雙聲 而引聲之勢 孤直不按 上去入三聲 初呼之聲 亦歧出雙聲 而引聲之 勢 各依三聲之等而呼之 全濁 群定並奉從邪床禪八母 平聲 初呼之 聲 亦歧出雙聲 而引聲之勢中按後屬 上去入三聲 初呼之聲 逼同全 淸 而引聲之勢 各依三聲之等而呼之故與全淸難辨 唯上聲 則呼爲去 聲 而又與全淸去聲難辨矣 不淸不濁 疑泥明微喻來日七母 平聲 初 呼之聲 單潔不岐 而引聲之勢中按後屬 初呼則似全淸 而聲終則似全 濁 故謂之不淸不濁 上去入三聲 各依三聲之等而呼之 唯來母 初呼 彈舌作聲可也 初學與泥母混呼者 有之誤矣 匣母 四聲初呼之聲 歧 出雙聲 與曉母同 而唯平聲 則有濁音之呼勢而已 上去入三聲 各依 三聲之等而呼之 大抵 呼淸濁聲勢之分 在平聲 則分明可辨 餘三聲 則固難辨明矣

一. 청탁성세지변

전청음인 '견見, 단端, 방幫, 비非, 정精, 조照, 심審, 심心, 영影'의 아홉 자모字母는 평성에 있어서는 처음 내는 소리가 단결불기單潔不岐하 고 소리를 끄는 호세呼勢는 고직불안孤直不按하며, 상성, 거성, 입성

180

세 성조에 있어서 처음 내는 소리는 역시 단결불기單潔不岐하나 소리를 끄는 호세呼勢는 각각 세 성조의 고저에 의하여 발음한다.

차청음인 '계溪, 투透, 청淸, 방滂, 천穿, 효曉'의 여섯 자모는 평성에 있어서는 처음 내는 소리가 기출쌍성岐出雙聲하나 소리를 끄는 호세呼勢는 고직불안孤直不按하며, 상성, 거성, 입성 세 성조에 있어서 처음 내는 소리는 역시 기출쌍성岐出雙聲하나 소리를 끄는 호세呼勢 각각 세 성조의 고저에 의하여 발음한다.

전탁음인 '군群, 정定, 병並, 봉奉, 종從, 사邪, 상床, 선禪'의 여덟 자모는 평성에 있어서는 처음 내는 소리가 역시 기출쌍성岐出雙聲하고 소리를 끄는 호세呼勢는 중안후려中按後屬하며, 상성, 거성, 입성 세 성조에 있어서 처음 내는 소리는 전청음과 거의 같으나 소리를 끄는 호세呼勢는 세 성조의 고저에 의하여 발음하므로 전청음과 구별하기가 어렵다. 오직 상성만은 거성으로 발음하므로 역시 전청음과 거성과 구별하기가 어렵다.

불청불탁인 '의疑, 니泥, 명明, 미微, 유喩, 래來, 일日'의 일곱 자모는 평성에 있어서는 처음 내는 소리가 단결불기單潔不岐하고 소리를 끄는 호세呼勢는 중안후려中按後屬하며, 처음의 발음은 전청음과 비슷하고 소리를 마치는 것은 전탁음과 비슷하므로 불청불탁이라 한다. 상성, 거성, 입성 세 성조는 각각 세 성조의 고저에 의하여 발음한다. 오직 내모來母는 혀를 튀겨서 소리를 내어야 옳은데, 처음 배우는 사람이 니모泥母와 혼동하는 경우가 있는 것은 잘못이다.

> 一 ㅱㅸ爲終聲
>
> 蒙古韻內 蕭爻尤等 平上去三聲 各韻及藥韻 皆用ㅱ爲終聲 故通攷
> 亦從蒙韻 於蕭爻尤等 平上去三聲 各韻以ㅱ爲終聲 而唯藥韻 則以
> ㅸ爲終聲 俗呼藥韻諸字 槩與蕭爻同韻則 蒙韻制字 亦不差謬 而通
> 攷以ㅸ爲終聲者 殊不可曉也 今之反譯 調땽爲탏 愁쯯爲츄 着쟉爲
> 죠쟢 作쟉爲조좌 者ㅱ本非ㅜㅗㅸ本非ㅗㅛ之聲 而蕭爻韻之ㅱ 呼
> 如ㅜ 尤韻之ㅱ 呼如ㅜ 藥韻之ㅸ 呼如ㅗㅛ故以ㅱㅸ爲終聲者 今亦
> 各依本韻之呼 飜爲ㅗㅛㅗ而書之 以便初學之習焉

一. ㅱㅸ위종성

몽고운蒙古韻에서는 소蕭, 효爻, 우尤운 등의 평성, 상성, 거성의
각 운韻 및 약운藥韻은 모두 'ㅱ'으로서 종성을 삼았으므로, 통고通攷
에서 또한 몽고운을 좇아 소蕭, 효爻, 우尤운 등의 평성, 상성, 거성
의 각 운韻은 'ㅱ'으로 종성을 삼았으나, 오직 약운藥韻만은 'ㅸ'으
로 종성을 삼았다. 시속時俗의 음音으로 약운의 글자는 소蕭, 효爻운
과 같은 운韻이므로 몽고운蒙古韻에서 글자를 지은 것은 역시 오류
라 할 수 없는 것인데, 통고에서 'ㅸ'으로 약운의 종성을 삼은
것은 자못 깨닫기 어렵다.

지금의 번역에서는 調의 '땽'는 '탏'로, 愁의 '쯯'는 '츄'로, 着의
'쟢'는 '죠/쟢'로, 作의 '쟉'는 '조/좌'로 하였다. 'ㅱ'은 본래 'ㅜ/ㅗ'
가 아니며 'ㅸ'도 본래 'ㅗ/ㅛ'가 아니니, 소蕭, 효爻운의 'ㅱ'은 'ㅗ'
와 같고, 우尤운의 'ㅱ'은 'ㅜ'와 같으며, 약藥운의 'ㅸ'은 'ㅗ/ㅛ'와
같다. 그러므로 통고에서 'ㅱ'과 'ㅸ'으로 중성을 삼은 글자는 이

제 본래 운의 발음에 각각 의거하여 'ㅗ/ㅛ/ㅜ'로 번역하여 씀으로써 처음 배우는 자의 학습에 관리하게 하였다.

一 正俗音

凡字 有正音 而又有俗音者 故通攷 先著正音於上 次著俗音於下 今見
漢人之呼 以一字而或從俗音 或從正音 或一字之呼 有兩三俗音 而通
攷所不錄者 多焉 今之反譯 書正音於右 書俗音於左 俗音之有兩三呼
者 則或書一音於前 又書一音於後 而兩存之 大抵 天地生人 自有聲音
五方殊習 人人不同 鮮有能一之者 故切韻指南云 吳楚傷於輕浮 燕薊
失於重濁 秦隴去聲爲入 梁益平聲似去 江東河北 取韻尤遠 欲知何者
爲正聲 五方之人 皆能通解者 斯爲正音也 今按本國通考 槩以正音爲
本 而俗音之或著或否者 蓋多有之 學者好爲拘泥焉

一. 정속음

무릇 한자漢字에는 정음正音이 있고 또 속음俗音이 있으므로, 통고通攷에서는 먼저 위에 정음을 달고 다음으로 아래에 속음을 달았다. 이제 한인漢人의 발음을 들어보면 하나의 한자가 혹은 속음을 따르기도 하고 혹은 정음을 따르기도 하며, 혹은 하나의 한자에 두어 개의 속음이 있기도 한데, 통고에 기록되지 않은 것이 많다. 지금의 번역에 있어서는 왼쪽에 정음을 쓰고 오른쪽에 속음을 쓰되, 속음이 두어 개 있을 경우에는 하나의 음을 앞에 쓰기도 하고 뒤에 쓰기도 하여 두 가지를 있게 하였다.

대개 천지天地가 사람을 냄에 스스로 성음聲音이 있으나 오방五方

이 달리 익혀 사람마다 같지 않으니 오직 하나의 음音만이 있는 경우는 드물다. 그러므로 절운지남切韻指南에서 말하기를 오吳, 초楚의 음音은 너무 경부輕浮하고, 연燕, 계薊의 음은 지나치게 중탁重濁하며, 진秦, 롱隴의 거성去聲은 입성入聲이 되고, 양梁, 익益의 평성平聲은 거성去聲과 비슷하며, 강동江東과 하북河北의 취운取韻은 더욱 멀다고 하였으니, 어느 것이 정음인가를 알고자 한다면 오방五方의 사람이 능히 통하여 이해할 수 있는 것이 곧 정음에 된다고 할 것이다. 이제 우리나라의 통고를 살펴보면 대개 정음正音으로 본本을 삼으면서 속음俗音은 있고 없는 경우가 많이 있으니 배우는 사람은 구애받을 필요가 없다.

一 支紙眞三韻內齒音諸字

通攷貲字音즈 註云俗音즈 韻內齒音諸字 口舌不變 故以ㅿ爲終聲然後,可盡其妙 今按齒音諸字 若從通考加ㅿ爲字 則恐初學難於作音 故今之反譯 皆去ㅿ聲 而又恐其直從去ㅿ之聲 則必不合於時音 今書正音加ㅿ之字於右 庶使學者 必從正音 用ㅿ作聲然後 可合於時音矣通攷凡例云 一則ㅣ·之間 今見漢俗 於齒音着ㅣ諸字例 皆長於用·爲聲 故今之反譯 亦皆用·作字 然亦要条用ㅣ·之間讀之 庶合時音矣

一. 복(支), 지(紙) 치(眞) 삼운 내 치음 여러 글자

통고通攷에서 貲자의 정음은 '즈'이지만, 주에 이르기를 속음은 '즈'인데, 운내의 치음자는 입과 혀가 변치 않으므로 'ㅿ'으로써 종성을 삼은 연후에야 정확한 발음을 할 수 있다고 하였다. 그러

나 이제 만약 통고의 주석에 따라 'ㅿ'을 더하여 글자를 삼는다면 처음 배우는 사람이 발음함에 어려움이 있을 것으로 생각되므로, 지금의 번역에서는 모두 'ㅿ'을 제거하되 또 한편으로 'ㅿ'을 제거한 소리를 그대로 따른다면 반드시 시속의 음에 맞지 않을 것이다. 그러므로 이제 오른쪽에는 'ㅿ'을 더하여 정음을 쓰는 것이니 배우는 사람은 반드시 정음을 좇아 'ㅿ'을 더하여 발음한 후에야 시음에 부합할 수 있을 것이다.

통고의 범례凡例에서 이르기를 'ㅡ'는 'ㅡ'와 'ㆍ'의 사이로 읽으라고 하였다. 이제 중국의 시속時俗을 살펴보면 치음齒音에 'ㅡ'를 붙인 글자는 모두 'ㆍ'를 사용한 글자보다 길게 발음되고 있으므로, 지금의 번역에 있어서는 모두 'ㆍ'를 사용하여 언음諺音을 달았다. 그러나 역시 'ㅡ'와 'ㆍ'의 사이라는 점을 참고하여 읽어야만 거의 시속의 음에 부합할 수 있을 것이다.

『사성통해(四聲通解)』 서문과 범례

　중종 12(1517)년에 최세진崔世珍이『홍무정운역훈』(1455년)의 음계를 보충하고, 자해字解가 없는 신숙주의『사성통고』를 보완하기 위하여 2권 2책으로 편찬하였다. 수록된 한자의 배열이『홍무정운』보다 4운韻이 많은 80운을 기준으로 하고, 각 운에 속하는 한자는『사성통고』와 마찬가지로 먼저 자모순으로 분류하고, 같은 자모에 속하는 한자는 사성순으로 배열하였다. 각 소운小韻의 대표자는『홍무정운역훈』의 그것과 거의 같으며, 소운 대표자 앞에 그 자음을 한글로 표음하고, 때 로는 속음을 병기하는 방식도 같다. 최세진의 서문에 의하면, 먼저『홍무정운역훈』의 수록자를 대폭 보충한『속첨홍무정운』을 짓고, 이것을『사성통고』형식으로 개편하여『사성통고』를 지었는데, 그가 따로 지은『노박집람』도 참고하면서 4년간에 걸쳐 원고를 일곱번 고쳤다고 했다.『사성통해』의 내용 순서는 서문 다음에 '운모정국'이 있고,

이어서『광운』36자모지도,『운회』35자 모지도,『홍무정운』31자 모지도가 실려 있고, 범례 26조항 다음에 '동운東韻'부터 한자가 배열되어 있다. 현전본의 하권 끝에는『사성통고』범례 10조와『번역노걸대』,『박통사』범례 9조, 그리고「동정자음動靜字音」항이 실려 있다.『사성통해四聲通解』의 특색은 다음과 같다. 첫째,『홍무정운』의 반절은 옮겨 적지 않고 한글로 표음한『홍무정운역훈』의 음을 그대로 옮겨 적어 정음正音(홍무정운음)과 속음俗音(15세기 중국북방음)을 구별하였으며 때로는 최세진이 관찰한 16세기의 북방음을 금속음今俗音(대체로 중원 음운과 같음)이라고 하여 표기하기도 했다. 따라서『홍무정운역훈』과『사성통해』는 정음과 속음의 음계가 같고 전탁음을 유지하고 있는 정음, 속음의 31성모, 76운목(『사성통해』는 80)의 운모 중성도 같다. 둘째, 이 책에서는 중국의 관화官話에서 이미 소실된 입성운미入聲韻尾(-p, -t, -k)를 그대로 반영하여『홍무정운역훈』의 정음과는 달리, 정음에서도 입성운미를 표시하지 않았다. 다만 '약운藥韻'의 정음만 'ㅸ'으로 운미 표기하였다.『홍무정운역훈』에서는 정음입성운미로 ㄱ, ㄷ, ㅂ을 표기했고, 속음의 입성운미는 'ㆆ'(약운만 ㅸ)이었는데,『사성통해』의 속음도 이와 같다. 셋째, 수록자의 자순은『홍무정운역훈』,『사성통고』과는 달랐고 소운 대표자도 다르며, 때로는『홍무정운역훈』,『사성통고』의 소운을 통합하기도 하였다. 이것은 최세진이『몽고운략』,『고금운회거요』,『운학집성』과『중원아음』,『고운지음』등을 참고로 하여『사성통해』를 지을 때,『홍무정운』과『몽고운략』에서 음이 같은 글자부터 수록했기 때문이다. 넷째, 이 책에서는 정음, 속음, 금속음 이외에

'몽고운략'음, '운회거요'음, '중원음운'음 등을 표기하기도 하였다. 다섯째, 자석은 주로 『고금운회거요』에서 취했는데, 자석 가운데에는 451여 단어에 걸쳐 물명 등을 국어로 기록하기도 했다. 이 책은 한글로 표음된 운서로서 중국어, 특히 근세 북방음의 연구에 중요한 자료가 되고 있을 뿐만 아니라, 한글로 된 자석도 있어 국어사의 연구 자료로도 이용되고 있다. 현재 원간본은 전하지 않는다. 을해자로 된 복각본으로서 임진전쟁 이전에 간행된 것으로 보이는 목판본이 일본의 국회도서관에 소장되어 있다. 국내에는 광해군 6(1614)년의 목활자본과 효종 7(1654)년의 목판본이 규장각도서에 있다. 국내에서는 1614년판을 서울대학교 국문과에서 영인하였다.[1]

1. 『사성통해』 서문

臣竊惟, 言出於口, 淸濁隨聲, 聲施諸文, 平仄成韻, 是知聲韻之體, 與天地齊生. 因是而有四聲之分, 七音之辨也, 必能審四聲輕重, 以求其子母, 嚼七音呼吸, 以明其開闔 然後, 庶可識其妙用也. 天下莫不知其然, 而通者或鮮, 此韻書之所由作也. 然而諸儒集韻, 分合失倫, 隻字偏旁, 譌舛相承.

신 최세진이 삼가 생각해 보건대, 말은 입에서 나오고 청탁은 소리를 따르며 소리는 글에 베풀어지면 평성과 측성으로 나뉘어

---

1) 강신항, 『사성통해 연구』, 신아사, 1973.

운을 이루니 이로써 성운의 바탕이 천지와 함께 생겨난다는 것을 알 수 있다. 이렇기 때문에 사성(운모와 이에 따른 성조)의 구분과 칠음(성모)의 구별이 있는 것이나, 반드시 사성(운모)의 경중(성질)을 자세히 살펴서, 자모를 밝혀내고 칠음(성모)의 음가를 살펴서 개합(열고 닫힘)을 밝힐 수 있게 된 연후에야 그 묘한 용법 알기를 바랄 수 있을 것이다.

세상에 이러한 이치를 모르는 이가 없으나 훤히 아는 사람이 드물어서 운서를 만들게 되었던 것이다. 그러나 운서를 편찬하는 사람들이 운을 분류할 때 나누고 합하는 질서(체계)를 세우지 못하여 글자의 부수를 모은 잘못된 것을 그대로 답습하고 있다.

洪惟皇明太祖高皇帝, 見古韻書, 愍其乖雜, 當天下混一之初, 首詔詞臣, 一以中原雅音, 併同析異, 刊定洪武正韻, 然後千古蹖駁, 始歸于一也.
惟我東國, 世事中華, 語音不通, 必賴傳譯. 故設官[2]委任, 俾專其業, 恭惟 世宗莊憲大王, 至誠事大, 恪謹侯度, 凡于吝奏, 必經睿覽, 始究學譯, 當先聲韻.

---

2) 사역원(司譯院)은 조선 태조 2(1393)년에 설립된 외국어 교육기관이자 통역, 번역 사무와 실무를 맡던 관청이다. 고려시대 명칭이었던 통문관(通文館), 상원(象院)이란 별칭으로도 불렸다. 한학(漢學), 여진학(女眞學), 몽학(蒙學), 왜학(倭學)을 정식으로 취급하였다. 여진학은 청나라가 된 후에는 청학(淸學)이라고도 하였다. 국제관계에서 통역, 번역에만 종사하였을 뿐 아니라 중국을 거쳐 오는 과학, 기술의 이해에서도 사역원을 통하였고, 중국 방면에 가서 직접 과학, 기술 공부에 역관(譯官)들이 활동한 예도 많다.

명나라의 태조인 고황제께서 전해 오는 운서를 보시고 그 내용이 어긋나고 조잡스러운 것을 딱하게 여기시어, 혼란스럽던 천하를 하나로 통일하는 시기를 맞이하여, 무엇보다도 먼저 학문하는 신하들에게, 오로지 『중원아음』을 기준으로 해서 똑같은 것은 합하고 다른 것은 나누어서 『홍무정운』을 간행하도록 명하시니, 이렇게 한 다음에야 천 년 동안 어지럽게 뒤섞여 오던 음운 체계가 비로소 하나로 통일되게 되었다.

우리나라는 오랫동안 중국과 외교관계를 유지해 왔으나 말이 통하지 않아 반드시 통역하는 사람에게 의뢰해 왔던 까닭에 조선조 건국초부터 사역원을 설치하고 이 일을 맡겨서 이 일만을 힘쓰도록 해 왔다.

세종대왕께서는 중국과 성실히 외교관계를 유지하여 중국 인근국가 통치자(후도侯度는 원래 중국 제후의 도리라는 뜻)로서의 도리를 정성껏 다하시느라고, 중국 황제께 전달하는 모든 문서를 친히 살피시면서 한어 학습에는 마땅히 성운부터 먼저 연구하여야 한다고 하셨다.

創制訓民正音, 命譯洪武正韻, 又慮其浩穰難閱, 而覽者病焉. 乃命高靈府院君申叔舟, 類梓諸字, 會爲一書, 冠以諺音, 序以四聲, 諧之以淸濁, 系之以字母, 賜名曰四聲通攷.

且以世宗所定四聲通攷, 別附之頭面

훈민정음을 창제하고 『홍무정운』을 번역하라고 명령하실 때

에 그 분량이 너무 많아서 읽기
가 어려워 보는 사람이 이를 괴
로워함을 걱정하시어, 곧 고령
부원군 신숙주에게 『홍무정운』
에 실린 글자들을 분류해서 한
책으로 모은 다음에 한글로 먼
저 음을 쓰고 사성별로 나열하
고 청탁별로 분류하고 자모순
으로 수록하라 하시고 『사성통
고』라는 책이름을 내리시었다.

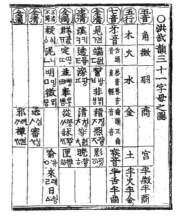

또 세종이 정한 『사성통고』를 따로 앞머리에 붙였다.

夫始肄華語者, 先讀老乞大朴通事二書, 以爲學語之階梯, 初學二書

者, 必觀四聲通攷, 以識漢音之正俗, 然其二書訓解, 承訛傳僞, 通攷

諸字, 有音無釋.

承訛傳僞, 則雖經老譯, 莫能就正, 有音無釋, 則一字重出, 無所適從.

臣卽將二書諺解音義, 書中古語, 裒成輯覽, 陳乞刊行, 人便閱習.

대저 한어를 배우기 시작하는 사람은 먼저 『노걸대』와 『박통
사』 두 책을 읽어서 말을 배우는 차례로 삼고, 두 책을 처음 배우
는 사람은 반드시 『사성통고』를 읽어서 한어자음의 정음과 속음
을 익혀야 했다. 그러나 『노걸대』와 『박통사』의 '잘못된 해석訓釋'
을 계속 이어받고 있어 『사성통고』는 음만 기록되어 있고 글자

풀이가 없다.

　잘못된 것을 그대로 이어가면, 비록 나이가 많은 역관을 거친다고 하더라도 이것을 바로잡을 수가 없고, 자음만 있고 글자풀이가 없으면, 한 글자가 몇 군데에 거듭 수록되어 있어도 정확한 것을 따를 수가 없다. 이에 신이 『노걸대』와 『박통사』를 언해하여 그 음과 뜻풀이를 하고 또 책 안의 고어를 모아서 『노박집람老朴輯覽』을 편집하여 제가를 받아 간행하니 사람들이 책을 읽거나 한어를 배우기가 쉽게 하였다.

今將通攷一書, 亦已轉聞于朝. 證據古韻, 抄著音解, 焚膏繼晷, 臘藁七易, 迄今四載, 方克就緒. 釐之爲上下二卷, 名之曰, 四聲通解. 庶令新學, 便於檢閱, 音釋源委, 開卷瞭然, 一字數音, 不至誤用矣. 但以古人取字, 凡音響恊者, 以類而集, 名之爲韻書, 偏旁同者, 以形而聚, 目之爲玉篇, 盖有聲而無形者, 隨韻而准知其音, 有體而無聲者, 依篇而的見其韻, 此有韻則宜有篇, 而篇韻之相爲表裏, 不可缺一者也.

　이제 『사성통고』 한 책도 역시 이미 간접적으로나마 조정에서 (그 미비함을) 알게 되어, (이를 보완할, 새 운서 편찬이 필요하여) 고운을 근거하여 음과 풀이를 저술할 때에, 밤낮으로(기름불을 켜고 햇볕 아래) 원고를 일곱 번 고쳐 쓰는데 오늘날까지 4년의 세월이 흘러 바야흐로 겨우 실머리(시작)에 이르게 되어 이를 상, 하 2권으로 분류하고 이름을 『사성통해』라 하였다. 새롭게 공부(한어)를 시작하는 사람으로 하여금 찾아보고 읽어 보는데 편리하며, 음과 뜻풀이의 근원을 책을 펼치자마자 훤하게 하여, 한 글자나 여러 음이 잘못 쓰임이 없도록 바라고 있다.

다만 옛사람이 한자를 가지고 소리의 울림이 어울리는 것들끼리 분류하고 모아서 책을 만들어 운서라 하고, 변偏이나 방旁 등 부수가 같은 자형끼리 모아서 옥편玉篇이라 표제를 붙였는데, 대개 소리(字音)가 있고, 자체(形)가 없는 것은 운에 따라서 그 음을 알 수가 없고, 자체는 있으나 자음이 없는 것은 부수를 따라서 정확하게 그 운(字音)을 알 수 있으니, 이러한 것이 운이 있으면 마땅히 부수가 있어야 한다는 점이니 부수와 운이 서로 표리가 되고 하나가 빠져서는 안 되는 것이다.

臣伏覩洪武正韻, 只類其聲而不類其形, 是則存其韻, 而缺其篇也. 況我本朝, 修寫咨奏, 求倣畵段者, 欲得其字, 又迷所在, 必也覩執偏旁, 搜尋類形然後, 可知其指歸之韻.
臣不揆鄙拙, 敢劢己見, 只取通解所抄, 彙成玉篇一帙, 增那改併, 皆從便覽, 不著音釋, 獨系韻母, 使後學, 尋韻考字, 如指諸掌, 而形聲之兼通無碍, 不至於偏滯, 也決矣.

신이 『홍무정운』을 살펴 보옵건대 다만 그 자음만 가지고 부류라고, 그 자형을 가지고는 분류하지 않았으니, 이러한즉 운만 있고 부수가 빠져 있다. 하물며 우리나라에서 명나라에 올리는 자문咨文이나 주문奏文을 작성할 때에, 획과 자형을 본받아서 그

글자를 찾으려고 해도 어디에 있는지를 몰라서, 반드시 부수偏旁를 가지고 같은 부류의 자형을 찾은 다음에야 그것이 속해 있는 정확한 운을 알 수가 있다.

신 최세진이 어리석음을 헤아리지 않고, 감히 제 소견대로 다만 『사성통해』에서만 뽑아 모아서 옥편 한 질을 편찬했다. 늘이고 고쳐서 아우른 것이 모두 편람(보기에 편함)을 중심으로 했고, 음과 뜻풀이를 적지 않고 단지 운모만을 가지고 계통을 세워서, 후학으로 하여금 운을 찾고 글자를 밝히는 것이 손바닥 들여다보듯이 쉽게 하도록 하였고 자형과 자음에 다 통하는 데 걸림돌이 없게 하여 한쪽에 치우쳐서 막히는 일이 없도록 했다.

臣學淺識庸, 叨忝門籍, 但糜廩粟, 無少報效. 自學箕裘, 篤志不懈, 憂世寡知, 營構指南, 逮成是書, 固知僭越. 以管窺天, 疎駁亦多, 非入儒科, 唯施譯學, 庶要便蒙, 苟圖簡捷, 又迫衆求, 不獲終辭. 非擅著述, 且畏獨善云耳. 至如魯魚晉豕之歸正則, 敢俟后之知音者.

신은 학문이 얇고 학식이 용렬한데도 외람되게도 문벌을 욕되게 하고 있고, 다만 녹(廩粟=官=官給米)만 축내고 조금도 보답을 못하고 있었는데, 집안의 학문(箕裘=世傳)을 공부하기 시작한 이래로 마음을 굳게 먹고 부지런히 공부해 왔으며, 세상에서 이 분야를 아는 이가 드문 것을 걱정하여 지침서를 엮어서 이 책을 편찬하기에 이르렀으니 진실로 분수에 넘치는 일임을 알 겠다.

관竊으로 엿보는 듯한 좁은 소견과, 사실과 멀고 뒤섞인 곳도 역시 많으니 유학자들에게는 소용이 없고 역학자들에게만 긴요하게 쓰이고 진실로 빨리 익히기만을 바라고 있는데, 또 여러 사람의 요구에 몰려서 마침내 사양하지 못하고 간행하게 되었으니 외람된 저술일 뿐 아니라 또한 독선적이라는 말을 들을까 두려울 뿐이다. 魯노자와 魚어자를 혼동하고 진ᄐ과 시亥가 바로 잡혔으니 감히 후세에 이 분야에 정통한 분이 나타나기를 기다릴 뿐이다.

時正德十二年, 歲舍丁丑十一月日, 通訓大夫行內贍寺副正, 兼承文院參校漢學教授, 臣崔世珍拜手稽首謹序

때는 중종 12(정덕 12, 1517)년 해는 정축 11월 일에 통훈대부 행내 첨시 부정 겸 숭문원 참교 한학교수 신 최세진이 두 손 모으고 머리를 조아려 삼가 씀.

[『광운』 36자모도의 주석]

舌上音, 即同本國所呼, 似與正齒音不同, 而漢音, 自歸於正齒, 非敷泥孃, 鄉漢難辨, 集韻, 皆用三十六母, 而稱影曉匣三母, 爲淺喉音, 喻母爲深喉音, 又以影母, 敘入匣母之下, 古今沿襲, 不同盖亦必有所由也, 而今不可究矣.

설상음은, 즉 우리나라에서 발음하는 것과 같으나 정치음正齒音

과 비슷하여 같지 않으니, 한
음에서는 설상음舌上音이 저절
로 정치음正齒音과 같아졌고, 비
모非母와 부모敷母, 니모泥母와 양
모孃母는 우리 나라와 한음에서
구별할 수 없게 되었다. 집운集
韻에서는 36자모를 부두 쓰고
있으나 영효갑影曉匣 삼모三母를
천후음淺喉音이라 하고 유모喻母

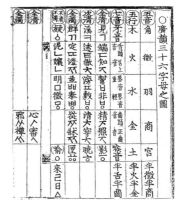

를 심후음深喉音이라고 하였으며, 또 영모影母를 갑모匣母 아래에 부
연하여 예로부터 이어 내려오는 계통이 같지 않고, 모두 대개
까닭이 있을 것이나 여기에서는 다 밝히지 않겠다.

魚卽疑音, 孃卽泥音, 幺卽影音, 敷卽非音. 不宜分二, 而韻會分之者,
蓋因蒙韻內, 魚疑二母音, 雖同而蒙字卽異也. 泥孃幺影非敷六母, 亦
同但以泥孃二母, 別著論辨, 決然分之, 而不以爲同, 則未可知也.

魚음(ŋ-)은 곧 疑음(ŋ-)이요 孃음(n-)은 곧 泥음(n-)이요 幺
음(?-)은 影음(?-)이요, 敷(f-)은 곧 非음(f-)은이라 마땅히 둘로
나눌 필요가 없는데, 운회에서 이들을 나눈 것은 대개 몽고(권)시
대에 편찬된 운서에서 魚성모음과 疑성모음이 비록 같더라도 이
를 표기하는 원나라 글자가 같지 않아서 둘로 나눈 것이다. 泥성
모음과 孃성모음, 幺성모음과 影성모음, 非성모음과 敷성모음이

모두 같으나 다만 泥성모음과 孃성모음을 따로 나타내어 확연히 구별하고 둘이 같은 것으로 생각하지 않으니 알 수 없는 일이다.

[자모도 설명]

> 一. 凡字皆有初中終三聲, 必將三聲併合然後, 乃成一字. 如初聲ㄷ, 中聲ㅜ, 終聲ㅇ, 併合而爲둥, 卽東字之音也.

무릇 하나의 자음字音은 모두 초성, 중성, 종성을 갖추고 있으니, 반드시 삼성을 가지고 아우른 다음에야 곧 하나의 자음(음절)을 이룬다. 예를 들면 초성 ㄷ과 중성 ㅜ와 종성 ㅇ을 아우르면 둥이 되니 즉 '東'자의 음이다.

> 言字母者, 謂爲字之母也, 如東韻公字音궁, ㄱ爲初聲, 而ㄱ音, 卽公字之母也. 古之撰韻者, 欲取ㄱ音, 以示標準, 而單擧ㄱ音, 難於形具. 乃以見字之音견而擧, 此見字, 可爲ㄱ音之標準. 故仍以見字, 作ㄱ音之母, 而凡諸ㄱ音之字, 皆使隸於見字之下, 而爲之子焉. 然其初聲ㄱ音之字, 非但見字, 而直用見字, 爲母者, 亦非有取本字之義而擧之也. 雖公字. 可爲字母, 而以見字, 爲之子也.

字母라고 말하는 것은 자음字音의 기준이 되는 것을 일컫는 것이니, 예를 들면 동운東韻의 '公'자의 음 '궁'은 'ㄱ'이 초성인데, ㄱ음이 곧 '公'자의 기준이다. 옛날에 운서를 편찬한 사람이 ㄱ음을 취해서 표준을 보이려고 해도 단지 'ㄱ'음만 가지고는 형체를 이룰 수 없어서 곧 '見'자의 음인 '견'을 가지고 표준을 보이니, 이 '見'자가 'ㄱ'음의 표준이 되는 것이기 때문에, 그대로 '見'자를 가지고 'ㄱ'음의 표준을 삼으니, 무릇 'ㄱ'음이 들어 있는 모든 글자가 모두 見(ㄱ)자로 見(ㄱ)자에 소속되어 子가 되는 것이다. 그러나 초성이 'ㄱ'음인 글자가 '見'자만이 아니거늘 곧바로 '見'자를 써서 기준으로 삼는 것은, 역시 '見'자의 본뜻을 가지고 기준으로 삼은 것이 아니고 비록 '公'자라도 자모(字母)가 될 수 있고 '見'자를 이에 소속시킬 수 있는 것이다.

> 蓋字之淸濁輕重, 隨口成聲, 必取一字, 以爲淸濁輕重之準的, 而示之然後, 學者可從一, 則而不流於他岐之相逐也, 此字母之所由設也. 諸母倣此.

○韻會三十五字母之圖

	全淸	次淸	全濁	次濁	次淸濁音	次濁音
角	見ㄱ	溪ㅋ	群ㄲ	疑ㆁ	魚ㆁ	
徵 宮	端ㄷ	透ㅌ	定ㄸ	泥ㄴ		
次宮商	知ㅈ	徹ㅊ	澄ㅉ			孃ㄴ
宮	幫ㅂ	滂ㅍ	並ㅃ	明ㅁ		
次宮	非ㅸ	敷ㆄ	奉ㅹ	微ㅱ		
商	精ㅈ	淸ㅊ	從ㅉ		心ㅅ	邪ㅆ
次商	知ㅈ	徹ㅊ	澄ㅉ		審ㅅ	牀ㅆ
羽	影ㆆ	曉ㅎ	匣ㆅ			喻ㅇ
半徵半商						來ㄹ
半商半徵						日ㅿ

대개 자음(字音)의 청탁경중(淸濁輕重)은 입에서 발음되는 대로 이루어지는 것이어늘, 반드시 한 글자(자음)를 골라서 청, 탁, 경, 중의 표준으로 삼아서 이것을 보인 다음에야 배우는 사람들이 하나를 따를 수 있고 다른 갈래를 흘러 들어가 서로 쫓는 일이 없을 것이니, 이것이 자모를 설정하는 이유다. 다른 자모들도 이와 같다.

> 一. 初聲爲字母之標, 而見溪等三十一母, 無韻不在焉. 中聲終聲則
> 以之而類聚, 爲韻者也. 取中聲爲韻者, 支齊魚模皆灰歌麻遮九韻,
> 是也. 取終聲爲韻者, 東眞文寒刪先陽庚侵覃塩十一韻, 是也. 取中
> 終二聲爲韻者, 蕭爻尤三韻, 是也. 上去入三聲諸韻, 各從其音, 通隸
> 於平聲也.

초성은 자모의 표시가 되나, 견見, 계溪 등 31모가 운이 없는
것이 없고, 중성과 종성은 중성과 종성이 같은 것끼리 모아서
분류하여 운韻으로 삼았다. 중성을 기준으로 해서 운으로 삼은
것은, 支 등 9운이 이것이며, 종성을 기준으로 해서 운을 삼은
것은 東 등 11운이 이것이며, 중성과 종 두 가지로 기준을 삼은
것은 蕭 등 3운이 이것이니, 상성, 거성, 입성 삼성에 속하는 운들
은 각각 그 음을 따라서 평성에 속한다.

> 一. 凡學譯者, 未知其要, 反疑千萬之字, 各有千萬之音, 無從領挈,
> 勞費記習, 乃至七音相陵, 五聲相混, 竟不知辨執以爲是, 老譯, 旣皆
> 若玆.

무릇 한어漢語를 배우는 사람들이 그 요령을 모르고 도리어 수
많은 한자들이 각각 수많은 자음을 가지고 있다고 여겨, 요령을
잡을 길이 없어서, 기억하고 익히는 데 힘을 소비하고, 이에 7음
이 혼란을 일으키고 5성이 서로 섞이게 되어 마침내 구별하여
요점을 잡아서 어느 것이 옳다고 할 줄 모르게 되었으니, 나이

많은 역관譯官도 모두 이와 같다.

後學, 靡然趨之, 甚者, 患其浩繁, 遂至怠廢, 良可嘆也. 若能先誦字
母, 以挈其領, 次觀通解, 以辨四聲, 則雖千萬諸字之音, 不過以初聲
三十一, 中聲十, 終聲六而管綴成字, 得有七百餘音而已, 此, 字母之
不可不先誦, 而通解之尤須披閱, 不釋者也, 學者詳之.

뒤를 이은 학도들도 이에 휩쓸려 심한 사람은 그 분량이 많은
것을 괴로워하여 드디어 태만해지거나 공부를 중단하기에 이르
니 실로 한심스러운 일이다.

만일 먼저 자모字母를 외울 수 있어서 요점을 잡을 수 있고
다음에 사성통해를 보고 사성을 구별할 수 있다면, 비록 수 많은
여러 자음字音이라고 하더라도 겨우 초성 31과 중성 10, 종성 6을
가지고 엮어서 글자(자음)를 이루면, 700여 음절만을 얻을 수 있
으니 이것이 모름지기 자모를 먼저 외우고 사성통해를 마땅히
펼쳐보아 놓지 못할 이유이니, 공부하는 사람들은 이를 자세히
알도록 할 것이다.

2. 『사성통해』 〈범례〉

一. 蒙古韻略, 元朝所撰也. 胡元入主中國, 乃以國字3), 翻漢字之音,
作韻書, 以敎國人者也, 其取音作字, 至精且切. 四聲通攷, 所著俗音,
或同蒙韻之音者, 多矣. 故今撰通解, 必參以蒙音, 以證其正俗音之

同異.

一.『몽고운략』은 원나라 때 편찬된 것이다. 원나라가 주인이 되어
　　중국에 들어와 곧 원나라 글자(파스파문자)로 한자음을 주음하
　　여 운서(『몽고자운』)를 편찬하여 국민들을 가르친 책이니 한자
　　음에 맞추어서 원나라 글자로 표기한 것이 매우 정밀하여『사
　　성통고』에 기록되어 있는 속음이 간혹 몽고나라 시대의 운서의
　　음과 같은 것이 많았다. 그래서『사성통해』를 편찬할 때에도
　　반드시 몽고(元)운서의 음을 참고해서 정음과 속음의 같고 다름
　　을 증명했다.

一. 字之取捨, 音之正俗, 專以洪武正韻, 爲準, 但以俗所常用之字,
而正韻遺闕者, 多矣. 故今並增添, 或以他韻參補之, 可省搜閱之勞,
俾無遺珠之嘆矣. 亦非敢使之盡用也. 又恐帙繁, 罕於日用者, 亦不
具取.

一. 수록자를 가려 뽑거나 글자음의 정음과 속음을 정하는 것은
　　오로지『홍무정운』을 가지고 기준으로 하였으나 다만 일반적
　　으로 상용하고 있는 글자漢字로서『홍무정운』에는 빠진 것이
　　많기 때문에 이제 아울러 보태거나 혹은 다른 운서를 참고해서
　　보완하여 찾거나 읽는 수고로움을 덜게 하고 중요한 것이 빠졌
　　다는 아쉬움이 없기를 바라고 있으나 역시 감히 다 쓰도록 하려

3) 국자는 원나라 세조가 1269년에 명하여 만든 파스파(八思巴)문자.

는 것이 아니다. 또한 분량이 너무 많아질 것을 두려워하여 평
상시에 드물게 쓰는 글자는 역시 수록하지 않았다.

一. 洪武韻, 不載而今所添入之字, 作圈別之.

一.『홍무정운』에 실려 있지 않고 이제 보탠 글자는 동그라미를
해서 이를 구별했다.

一. 洪武韻入字及註解, 一依毛晃韻, 而循用毛氏之失, 不曾規袪故,
今不取也. 黃公紹作韻會, 字音則亦依蒙韻, 而又緣蒙字有一音兩體
之失故, 今不取其分音之類也, 唯於註解則正毛氏之失, 聚諸家之著,
而尤加詳切. 故今撰通解, 亦取韻會註解, 爲釋.

一.『홍무정운』의 수록자와 주해는 오로지 모황이 편찬한『예부운
략禮部韻略』(정식 이름은『增修互註禮部韻略』)에 바탕을 둔 것이
나 모씨의 결점을 그대로 따라서 일찍이 고쳐서 바로잡지 못하
였기 때문에 이제『사성통해』편찬에서는『홍무정운』의 주해를
취하지 않았다. 황고소가『고금운회』(원 지원 29년, 1292년에
황공소가 지은 운회는 전하지 않으므로 웅충熊忠의『고금운회거
요』를 말하는 것)를 지을 때, 자음은 몽고시대에 편찬된 운서를
바탕으로 했으나 또 하나의 음을 두 가지 글자로 표기하는 몽고
글자八思巴字에 연유되어 있기 때문에 이제 음을 나누는 분류를
따르지 않았다. 다만『운회』의 주해는 모씨의 결점을 바로잡고

여러 사람들의 저술을 모아서 더욱 자세히 기록한 것이므로, 이제『사성통해』를 편찬함에 있어서 역시『운회』의 주해를 취하여 글자의 뜻풀이를 하였다.

一. 一字而重出數處者, 音釋亦有同異. 故各於所在, 詳抄該用之釋, 其單現于一母者則以字解, 從略故, 略抄主義之解而已, 今不盡取其釋也. 雖或擧著文字出處, 而不詳釋其義者, 有之可於韻會考之. 間有今俗所取用而古釋不著者, 今又添載, 或用鄕語直解.

一. 한 글자로서 여러 곳에 나오는 것은 자음과 글자 풀이를 자세히 기록하고, 한 운모에만 나오는 글자는 글자 풀이를 간략하게 하고자 하였으므로 중심이 되는 뜻만을 간단하게 기술하고 이제 그 모든 뜻을 서술하지 않았다. 비록 혹시 글자의 출처를 들어내고서도 그 뜻을 자세히 풀이하지 않은 것이 있으니,『운회거요』를 참고해 볼 수 있고, 간혹 오늘날 일반적으로 쓰고 있는데 옛날 풀이가 나타나지 않은 것은 이제 또 추가로 실었고 또는 우리말로 직접 풀이하였다.

一. 一重現諸字, 必擧著所, 在四聲及字母韻母之字, 於註末, 皆作陰字爲標, 以別之, 指示所歸, 若俱在一韻同母而異聲則各擧本聲平上去入一字, 爲標, 異母異聲則擧其所在字母諺音, 爲標, 又出於他韻者, 雖散入四聲, 而只擧首韻, 爲標, 至覽首韻則其他三聲, 從可見矣.
一. 四聲通攷, 各韻諸字, 一母四聲, 各著諺音, 平聲無點. 上聲二點.

去聲入聲一點, 今撰通解, 只於平聲, 著其諺音, 上聲去聲則其音, 自同而平仄之呼, 可從本聲故, 更不著其諺音及加點. 而只書上聲去聲也. 今俗呼入聲諸字, 或如全濁平聲, 或如全淸上聲, 或如去聲, 其音不定, 若依通攷, 加一點則又恐初學之呼, 一如去聲. 故 亦不加點, 註下諸字諺音, 則一依通攷例, 加點, 鄕語則依本國, 諺解例, 加點.

一. 『사성통고』에서는 수록되어 있는 각 운의 여러 글자에다가 한 운모씩 사성별로 언물음을 달고, 평성은 점이 없고, 상성은 두 점, 거성과 입성은 한 점을 찍었으나, 이제 『사성통해』를 편찬함에 있어서는 다만 평성에만 그 언물음을 달고 상성과 거성은 그 음이 평성과 같되 평, 측을 구별해서 제 성조대로 발음하기 때문에 평성 이외의 자음에는 언문음과 방점을 찍지 않고 단지 상성과 거성이라고만 하였다. 오늘날 일반적으로 입성자들은 전탁음의 평성자처럼, 또는 전청음의 상성, 혹은 거성처럼 발음하여 그 음이 일정치 않은데, 만일에 『사성통고』대로 한 점을 찍으면 또 처음에 배우는 사람들이 한결같이 거성처럼 발음할까봐 역시 점을 찍지 않았다. 주 아래 여러 글자의 언문음은 오로지 사성통고의 보기대로 점을 찍고, 우리말은 우리 나라 언해의 보기대로 점을 찍었다.

一. 註內只曰俗音者, 卽通攷元著俗音也. 曰今俗音者, 臣今所著俗音也. 今俗音, 或著或否者, 非謂此存而彼無也. 隨所得聞之音而著

之也. 入聲諸字, 取通攷所著俗音則依通攷, 作字, 加影母於下. 若著
今俗音及古韻之音 則只取初中聲, 作字, 不加影母. 或以入聲而讀如
平上去三聲者, 必加平上去, 一字, 爲標.

一. 주 안에서 다만 속음이라고 한 것은 곧 통고에서 원래 속음이라
고 기록했던 것이고, 금속음이라고 한 것은 신(최세진)이 이번
에 기록한 속음이다. 금속음을 적기도 하고 적지 않기도 한 것
은, 이것은 있고 저것은 없다는 것을 말하는 것이 아니라, 속음
을 듣는 대로 기록하였기 때문이다. 입성자들은 『사성통고』에
서 기록한 속음을 듣는 대로 기록하였기 때문이다. 입성자들은
사성통고에서 기록한 속음을 취하여 통고대로 글자를 만들어
서 영모자(ㆆ)를 붙이지 않았으며, 혹시 입성자를 평성, 상성,
거성처럼 발음할 때에는, 반드시 평성, 상성, 거성의 한 글자를
더해서 표를 삼았다.

一. 諸字於一母之下, 洪武韻與蒙韻同音者, 入載於先, 而不著蒙音.
其異者, 則隨載於下, 而各著所異之蒙音. 故今撰字序, 不依通攷之
次也. 至於韻會集韻中原雅音中原音韻韻學集成及古韻之音, 則取其
似, 或可從, 而著之, 非必使之勉從也.

一. 수록자는 하나의 운모 아래, 『홍무정운』 수록자와 몽고운서 수
록자 가운데 음이 같은 것을 먼저 기재하되 몽고운서 음 표시를
하지 않고, 『홍무정운』 음과 다른 음은 아래에다 이어서 기재하

되 몽고운서음 표시를 하지 않고, 『홍무정운』음과 다른 음은 아래에다 이어서 기재하되 각각 몽고운서의 음임을 들어내었다. 그래서 이번에 편찬한 『사성통해』의 수록자 순서는 『사성통고』 수록자의 차례대로가 아니다. 『고금운회거요』, 『집운』, 『중원아음』, 『중원음운』, 『운학집성』과 옛 운서의 음은 비슷한 것을 취하거나 따를 만한 것은 이를 들어내되 반드시 꼭 따르라고 한 것은 아니다.

一. 洪武韻及通攷, 其收字取音, 與古韻書及今俗之呼, 有大錯異者, 多矣. 其可辨出, 而分之者, 則移入該攝之母, 其或疑之者, 則仍舊存之, 而只著辨論, 以竢知者之去取焉.

一. 『홍무정운』과 『사성통고』는 수록자와 그 자음이, 고운서 및 오늘날의 현실음과 크게 어긋나는 것이 많다. 그래서 구별해 내어 누눌 수 있는 것은 해당하는 섭의 운모로 옮기고, 혹시 의심스러운 것은 그대로 두되 다만 구분해야 될 이유만 적어서 이 분야의 전문가가 버리고 취하기를 기다리고자 한다.

一. 註內, 稱本註者, 卽洪武韻之註也, 其曰本註音某者, 亦合從之.

一. 주 안에서 '本註'라고 일컬은 것은 즉 『홍무정운』의 주이니 '本註音某'라고 한 것도 역시 『홍무정운』대로 따른 것이다.

一. 九經韻覽凡例, 云, 字有體用之分, 及自然使然始然已然之別也, 今將定體, 及自然已然, 爲正音用, 以使然始然, 爲借音者, 以其靜爲體. 而動爲用也, 今以上下二字, 觀之上從去聲, 下從上聲, 是之謂體. 若自下而升上, 則上從上聲. 自上而降下, 則下從去聲, 是之謂用也. 又如輕重之重, 統緒之統, 自然者, 並從上聲. 自重而重之, 及言統攝之統, 凡屬使然者, 並從去聲. 由靜以致動也.

一. 『구경운람九經韻覽』(구경은 효경孝經, 논어論語, 맹자孟子, 모시毛詩, 상서尙書, 주역周易, 예기禮記, 주례周禮, 춘추春秋 등 유교의 경전을 뜻하며, 남송南宋 때 이들에 대하여 직음식直音式으로 음을 단 구경직음九經直音이 있었음. 구경운람은 운중심으로 주석을 단 서적으로 보임) 범례에서 말하기를 글(자음)에는 '체' '용'의 구별과 '자연' '사연' '시연' '이연'의 구별이 있다고 하니, 이제 '정체'와 '자연' '이연'으로 '정음'을 삼아 쓰고 '사연'과 '시연'으로 '차음'을 삼는 것은, '정'으로써 '체'를 삼고 '동'으로써 '용'을 삼는 것이니, 이제 위아래 두 자(자음)로 볼 것 같으면, 위는 거성이 되고 아래는 상성이 되니 이를 '체体'라고 일컫는 것이다. 만일에 아래로부터 위로 올라가면 위의 자음은 상성이 되고 위로부터 아래로 내려가면 아래 자음은 거성이 되니 이것을 '용用'이라고 한다. 또 '경중輕重'의 '중重'과 '통서統緒'의 '통統'은 '자연自然'이니 둘 다 상성이요, '자중自重'의 '중重'과 '통섭統攝'의 '통統'은 '자연自然'이니 둘 다 상성이요, '자연自重'의 '중重'과 '통섭統攝'의 '통統'은 모두 '사연使然'에 속하는 것이니 다 거성이 되니 '정靜'으로부터 '동動'에 이르는 것이다.

又如治字, 攻而未理者, 爲始然. 從平聲, 致理者, 爲已然, 從去聲. 今以始然者, 爲借音, 已然者, 爲本音者, 由動以致靜也. 又如分判之分, 始然者, 從平聲. 采取之采, 使然者, 從上聲. 今並從本音者, 采義, 先采色而分義, 後人爲也. 又如使令之令, 從平聲. 命令之令, 從去聲, 均爲動用而定. 去聲爲本音者, 重命令也, 餘可類推.

또 '치治'자 같은 것은 '공이미리攻而未理'이면 '시연始然'이 되어 평성이 되고, '치리致理'면 '기연已然'이 되어 거성이다. 이제 '시연始然'으로 차음借音을 하고 '기연已然'으로 본음本音을 삼는 것은 '동動'으로부터 '정靜'으로 이르기 때문이다. 또 '분판分判'의 '분分'은 '시연始然'이라 평성이 되고 '채취采取'의 '채采'는 '사연使然'이라 상성이 되는데, 이제 모두 본음을 따른 것은: '채의采義'에 먼저 '채색采色'으로 뜻을 나누고 인위적인 것을 뒤로 한 것이다. 또 '사령使令'의 '령令'은 거성이 되니, 고르게 '동용動用'을 삼아서 정하는 것이니, 거성이 본음이 되는 것은 '명령命令'을 중히 여긴 까닭이니 나머지 도 미루어 알 수 있다.

臣, 今按字之動靜, 其類甚多, 而先賢集韻, 或載或否, 今撰通解, 亦不具錄, 乃於編末, 聚爲一部, 以示後學, 雖元本所不載, 而亦不可不知其實也. 又當取用也.

신이 이제 생각하옵건대 글자(자모)의 변화 예가 매우 많거늘 선현들이 운서를 편찬할 때에 혹은 기재하고 혹은 개재하지 않았는데 지금 사성통해를 편찬하면서도 역시 모두 수록하지 않고 끝에다가 한 데 모아서 후학들을 위하여 보이었으니, 비록 원본(본문)에 싣지 않았어도 역시 그 실상을 알아야 하고 또 마땅히 활용해야 한다.

一. 入聲ㄹㄱㅂ三音, 漢俗及韻會蒙韻, 皆不用之, 唯南音之呼, 多有用者.

一. 입성운미인 ㄹ ㄱ ㅂ 3음은 한족의 대중음과 『고금운회거요』 및 몽고시대의 운서에서 모두 쓰지 않고, 오직 남쪽 지방의 발음에서 많이 쓰고 있다.

盖韻學, 起於江左, 而入聲, 亦用終聲. 故從其所呼, 類聚爲門, 此入聲之所以分從各類也. 古韻亦皆沿襲舊法, 各收同韻而已, 然今俗所呼, 穀與骨, 質與職, 同音. 而無ㄹㄱ之辨也. 故今撰通解, 亦不加終聲. 通攷於諸韻, 入聲則皆加影母, 爲字, 唯藥韻則其呼, 似乎效韻之音. 故蒙韻, 加ㅂ爲字, 通攷加ㅸ爲字, 今亦從通攷, 加ㅸ爲字.

一. 대개 운학이 양자강 연안에서 발달되어 역시 종성으로 입성을 쓰고 있어서 발음되는 대로 몇 부분으로 분류하니, 이것이 입성이 몇 운류韻類로 나누인 까닭이다. 옛날 운서에서도 역시 모두

옛 방법을 따라서 같은 운 안에 수록할 뿐인데, 그러나 오늘날 일반 대중은 '곡穀'과 '골骨', '질質'과 '직職'을 같은 음으로 발음하고 있으니. −ㄹ과 −ㄱ의 구별이 없어진 것이다. 그리므로 이제 사성통해를 편찬하면서 역시 종성을 기록하지 않았다. 사성통고에서는 속음의 입성운미를 모두 '영모影母'(ㆆ)로 나타내되 다만 '약藥'운은 그 발음이 '효效'운(-iau)과 비슷하여 몽고시대 운서의 자음에서는 ㅱ으로 표시하고 『사성통고』의 속음에서는 ㅱ으로 표시하였는데, 이번의 『사성통해』에서도 역시 『사성통고』와 마찬가지로 ㅱ으로 표시하였다.

─. 凡物之鄕名, 難以文字爲解者, 直用諺語爲釋, 庶不失眞. 又易曉解. 若兩字爲名者, 則於先出字下, 詳著鄕名及漢俗之呼, 後出字下則只著本解.

─. 무릇 우리 나라 물건 이름으로, 한자어로 풀이하기 어려운 것은 곧바로 우리말로 풀었으니(기록하였으니), 대상을 잘못 짚지 말고 또 쉽게 이해하기를 바라며, 또 두 글자로 된 한자어漢字語는 먼저 나오는 글자 밑에 우리말의 이름과 한어 구어의 발음을 자세히 적고, 나중에 나오는 글자 밑에는 다만 본뜻만을 적었다.

─. 字有兩三音者, 以先儒, 各有所見而著之, 因古昔字寡而以致, 或借用或叶音也. 今撰通解, 必書各音出處者, 示先儒所著之音也. 然其不關時用者, 亦不盡取也. 其未引出處者, 則是爲本音也.

一. 두세 가지 음이 있는 글자는 옛선비가 각각 소견을 가지고 이를 나태낸 것인데, 이것은 옛날에 글자가 드물어서 이렇게 된 것이고, 혹은 차용하고 혹은 음을 맞춘 것이다. 그래서 이제 사성통해를 편찬하면서 반드시 각 음의 출처를 쓴 것은, 옛 선비가 기록한 음을 보인 것이다. 그러나 현실음과 관계가 없는 것은 역시 다 기록하지 않았다. 음의 출처를 적지 않은 것은 본음이다.

一. 字之無釋者, 或取中朝質問之言, 爲解.

一. 글자 가운데 풀이가 없는 것은 중국 사람에게 물어보아 이를 풀었다.

一. 凡一字而重現於上去二聲者, 音釋混同, 固難從一. 古韻, 必以上聲爲先而從之, 今亦從之, 但毛韻及韻會, 許於二聲通押者, 多矣. 當竢得聞本字時呼之音然後, 爲正也, 而今不能悉正者, 力不及也.

一. 무릇 한 글자로서 상성과 거성에 겹쳐서 나타나는 것은, 음과 새김이 뒤섞이어 참으로 하나를 따르기가 힘들다. 옛 운서에서 반드시 상성을 먼저 내세운 것은 이번에도 그대로 따랐으나 모황의 『예부운략』과 『고금운회거요』에서 상성과 거성 글자가 서로 압운을 할 수 있도록 한 것이 많으니, 원 글자의 현실음을 듣게 될 수 있는 때를 기다려서 바로잡아야 하나, 이제 모두 바로잡지 못한 것은 힘이 미치지 못하기 때문이다.

一. 註內, 凡言下同者, 只取本聲而已, 不可通觀下聲也. 如平聲註內, 稱下同則只看平聲. 不可連看上去入三聲也.

一. 글자 밑의 주에서 '아래도 같다'고 한 것은 다만 같은 성조 안의 자음이 같다는 뜻이지, 다른 성조에 배열된 자음까지 말하는 것은 아니다. 예를 들면 평성의 주에서 '아래도 같다'고 한 것은, 다만 평성만 보라는 뜻이고 상성, 거성, 입성까지 연달아 보아서는 안 된다.

一. 飜切之式, 古有門法立成等局, 不相通融. 雖老師大儒, 鮮能通解也. 今但取其上字爲聲, 下字爲韻, 而聲諧韻叶則音無不通矣. 不必拘拘泥古也, 故今撰通解, 只著諺音, 不取反切也. 韻學集成, 亦著直音正切, 不取古切也.

一. 반절법은 옛날에 문법이니 하는 여러 규범이 있어서 서로 통하지 않아, 비록 연세가 많은 스승이나 대학자도 반절법을 깨우칠 수 있는 사람이 드물다. 이제 다만 웃 글자를 가지고 성모로 삼고 아래 글자로 운을 삼아 성과 운이 조화롭게 결합을 하면, 음이 통하지 않은 것이 없으니 구태여 옛것에 사로잡힐 필요가 없다. 그러므로 이제 『사성통해』를 편찬하면서 다만 우리 글자(언문)로 음만 적고 반절은 표시하지 않았다. 운학집성에서도

직음으로 나타내는 반절법만 기록하고 옛날 반절법은 나타내지 않았다.)

一. 鄕漢字音則例, 今不盡贅, 消得并考洪武韻凡例, 及二書輯覽飜譯凡例然後, 庶得分曉其訣法也.

一. 우리나라와 중국 한자음의 예를 이제 다 적을 수 없으니 『홍무정운』 범례와 『노박집람』 및 번역 『노걸대』, 『박통사』의 범례를 아울러 깨우친 다음에 자음의 올바른 모습을 깨우치게 되기를 바라노라.

一. 上聲全濁諸字時音, 必如全淸去聲呼之也. 但金輔太監, 到本國, 呼其名輔字爲上聲則似乎淸音, 又見漢人時呼, 愼字音爲친, 是則全用平聲濁字作音之例而呼之也.

一. 상성 전탁자들의 현실음은 반드시 전처의 거성처럼 발음한다. 그러나 금보태감金輔太監이 우리나라에 왔을 때 그 이름인 '輔'자를 상성으로 발음하면 청음과 비슷하며, 중국 현실음에서 '愼'자의 음이 '친'이니 이것은 평성의 탁성자로 음을 만든 예를 전적으로 써서 발음한 것이다.

然書言故事, 云陞上之上音賞. 眭眦之眦音蔡. 切韻指南, 云時忍, 切腎字, 時賞, 切上字, 同是濁音, 皆當呼如去聲, 而却將上字, 呼如淸

그러나 서언고사書言故事에서 말하기를 '승상丞上'의 '상上'의 음은
'상賞'이라 하고, '애자睚眦'의 '자眦'음은 '채蠆'라 하며, 『절운지남切
韻指南』에서 말하기를 '시인時忍'으로 '腎(신)'자의 음을 나타내고,
'시상時賞'으로 '상(上)'의 음을 나타내서 원래 똑같이 탁음인데
모두 마땅히 거성과 같이 발음하고 오히려 '상上'자를 가지고 청
음의 '상賞'자처럼 발음하고, '기건其蹇'으로 '건(件)'자의 음을 나타
내고 '기량其兩'으로 '强강'자의 음을 나타내서 역시 거성처럼 발
음하고 또 '강强'자를 청음의 '걍(羌)'자처럼 발음하니, 그러한즉
'시인時忍'으로 '주哂'자의 음을 나타내고 '기건其蹇'으로 '견遣'자의
음을 나타내는 것이 옳으냐고 말하는 것뿐인데, 탁음 상성자들의
음이 혹은 거성 같고, 혹은 청음 같으며 혹은 차청과 같으니 그
음을 정하기 어려움이 이와 같다.

『절운지남』에서 또 말하기를 '葵규'를 '貴귀'라 하고 '菊국'을
'韭구'라 하는 자들은 곧 방언으로서 믿을 수 없는 것인데 하는
수 없이 그대로 속음을 따를 수밖에 없을 뿐이라고 하였으니

속음이 잘못된 발음을 역시 따를 수밖에 없는 것이 이와 같으니라.

> 一. 註引經史子書之名, 必取一字, 爲圈, 若四字爲名之書則只取下
> 二字爲圈, 以求省文, 如論語則止取語字, 孟子則止取孟字, 至如中
> 原雅音, 韻學集成, 只取雅音集成之類.

一. 주에서 인용한 여러 참고서적의 이름은 반드시 한 글자만 따서
○표를 하였으며 만일에 네 글자로 된 서명은 잔지 두 글자만
따서 동글라미를 해서 글을 줄였으니 『논어論語』는 '어語'자만
『맹자孟子』는 '맹孟'자만 따고, 『중원아음中原雅音』과 『운학집성韻學
集成』은 '아음雅音'과 '집성集成'이라고 하였다.

> 一. 正韻凡例, 云人居異區, 五方殊習, 而聲之所發, 乃有剽疾重遲之
> 別. 故字音之呼, 萬有不同也, 欲知何者爲正聲, 五方之人, 皆能通解
> 者, 斯爲正音也.

一. 『홍무정운』 범례에서 이르기를, 사람이 다른 지역에서 살아 각
지역에서 다르게 배워 발음이 빠르고 느린 구별이 있으므로,
자음字音의 발음이 참으로 많아 다르다. 어떤 자음이 정성正聲인
가 알고 싶으면 각 지방 사람들이 다 알아들을 수 있는 음이,
이것이 정음正音인 것이다.

> 一. 諸韻, 終聲ㄴㆁㅁ之呼, 初不相混. 而直以侵覃塩, 合口終聲, 漢

一. 여러 운에서 종성인 ㄴㅇㅁ의 발음이 애당초 섞이지 않아서
   곧 침담염覃侵塩의 종성은 합구合ㅁ(ㅁ)인데, 중국 속음에서 모두
   ㄴ으로 발음하고 있으므로 眞(ㄴ)과 侵(ㅁ), 刪(ㄴ)과 覃(ㅁ), 先
   (ㄴ)과 塩(ㅁ)의 종성이 많이 뒤섞이고 있다. 東운과 庚운에 이
   르러서는 또 중성 ㅜㅠ의 발음이 뒤섞인 것이 역시 많다. 그래
   서 고금운회거요의 庚운 안에서, '盲'음이 '蒙'음과 같고, '宏'음
   이 '洪'음과 같으니, 이것은 중성이 비슷해서 서로 섞이게 된
   것이다.

一.『홍무정운』의 진운중성眞韻中聲이 ㅡㅣㅜㅠ로 발음하여 하나의
   운을 이루는 것과 같지 않고, 또 옛날 운서에서 '眞'운과 '文'운
   으로 나누고 있어서 이제 사성통해에서도 이를 나누어 '眞'운은
   ㅣ중성, '文'운은 ㅡㅜㅠ 중성으로 하여 후학으로 하여금 같은
   음을 가지고 글자를 찾아 보기를 편하게 되기를 바랐고 감히
   개인적인 의견으로 옳다고 해서 멋대로 고쳐서 경문經文을 고친

것이 아니며, 상거입上去入 3성도 이와 같다.

一. 支韻中聲, 一丨, 齊韻中聲, ㅖ似合區分矣. 然而丨聲諸字, 與齊韻俗呼, 混同無別, 則其可區分乎, 韻學集成, 亦相混也. 中州音韻, 亦分一聲爲一韻, 丨聲爲一韻, 今亦宜分支韻, 一聲爲一韻, 丨聲與齊爲一韻則庶乎聲韻, 分明矣. 又如庚韻, 丨丨爲一韻, ㅟㅢ爲一韻, 亦宜矣, 然而今於支齊庚三韻, 不敢擅者, 以其聲類, 不甚相遠故, 因舊存之也, 學者只知其槪率而已.

一. '지支'운의 一丨 중성과 '제齊'운의 ㅖ 중성이 비슷하나 나뉘어 있는데, 그러나 丨중성계 등 여러 글자가 대중의 속음으로는 '제齊'운과 비슷하니 어떻게 구분할 수 있겠는가? 『운학집성』에 서도 역시 서로 섞이어 있다. 『중주음운中州音韻』에서도 一중성으로 하나의 운韻을 세우고, 丨중성으로 하나의 운韻을 세우고, 丨중성과 '제齊'운으로 하나의 운韻을 세우면 성운聲韻이 거의 분명해질 것이다. 또 '경庚'운 같은 것은, 一ㅢ중성으로 하나의 운韻을, ㅟㅢ중성으로 하나의 운韻을 세우는 것이 역시 마땅하나 그러나 이제 지支, 제齊, 경庚 3운을 감히 함부로 나누지 못하는 것은, 그 중성들이 그렇게 심하게 서로 차이가 나지 않으므로 전통대로 하였으니 배우는 사람은 다만 그 요체만 알았으면 할 뿐이다.

07.

『화담집』〈잡저〉'성음해(聲音解)'

서경덕이 남긴『화담집』〈잡저〉에〈황극경세성음해〉,〈발전성음해미진처〉,〈황극경세수해〉,〈육십사괘방원지도해〉,〈괘변해〉 등이 실려 있는데, 이는 소옹의『황극경세서』에 대한 화담의 견해로 해설한 것이다. 서경덕의 성음 이론은 최성점, 신경준, 황윤석 등 성음학자들에게 많은 영향을 끼쳤다.

雜著 聲音解

　天有陰陽, 大小異氣, 地有剛柔, 大小異質. 氣變於上而象生焉, 質化於下而形具焉. 日月星辰, 成象於天, 水火土石, 成形於地. 象動於天而萬時生, 形交於地而萬物成, 時之與物有數存焉. 物有聲色氣味, 聲之數爲盛, 故邵子窮陰陽剛柔大小之數. 原本以推體, 推體以致用, 致用則體數退而本數藏矣. 天之用數, 百有十二, 地之用

하늘은 음과 양의 크고 작은 기氣가 있으며 땅에는 강과 유의
크고 작은 질質이 있다. 기가 위에서 변하여 상象이 생겨나고 질은
하래에서 변화하여 형形이 갖추어진다. 일日, 월月, 성星, 신辰(日月
星辰)이 하늘에서 상象을 이루고 수, 목, 토, 석은 땅에서 형形이
갖추어진다. 하늘에 있는 상象이 변화하여 만시萬時가 생겨나고
땅의 형形이 교차되면서 만물이 생겨나는데 그 시간과 만물에는
수가 존재한다. 만물에는 성聲, 색色, 기氣, 미味(聲色氣味)가 있는데
성음의 수가 가장 많다. 고로 소옹이 음양과 강유의 크고 작은
수를 밝혀 놓은 것이다. 근본을 밝히려면 체體를 헤아려야 하고
체를 헤아리려면 용用이 미치는 바를 살펴야 하니, 즉 용을 드러
내기만 하면 체가 물러나고 본수가 숨게 되는 것이다. 하늘의
용수는 112이고 땅의 용수는 152이니 이에 정성과 정음의 글자
를 밝혀서 이를 도표로 나타내었다. 성聲에는 높낮이가 있어 평平,
상上, 거去, 입入으로 나누고 벽闢(열음), 흡翕(닫음)을 따르게 하였
다. 또한 음音에는 [허의] 굴屈(굽힘)과 신伸(폄)이 있으므로 개,
발, 수, 폐로 나누고 소리의 청탁淸濁을 따르게 하였다.

則知其爲日月聲, 陰則主翕也.

日爲署, 月爲寒, 寒者, 署之餘也, 陰從陽者也. 故月之聲從日之
星, 而禾之聲多聲之變也. 光之聲, 良聲之變也. 日月同聲而特闢翕
異, 而讀官與龍之聲, 則知龍聲乃官聲之變也. 而變闢爲翕者爾. 獨
心聲變之爲翕, 則推不得, 是爲龍字下白圈, 乃有聲而無字者也. 若
使心聲變以爲翕聲, 則似可作琴字, 然非翕聲之正也. 白圈之不成
字, 調之則琴聲之似也. 三箇黑圈, 列於每聲之下者. 卽所去陰體數
四十八也. 是不唯無字, 乃無聲者也.

일일성日日聲은 양陽 중에 양이다. 그 성聲은 마땅히 평성이고 벽闢
(비원순 개구)음이다. 다多, 량良 이하의 일곱 음[다多, 량良, 간干,
도刀, 처妻, 궁宮, 심心] 이 모두 평성이면서 벽闢음의 글자이므로
그것이 일일성이 되어 양陽이 곧 벽闢음의 글자를 주관하게 된다.

일월성日月聲은 양과 더불어 음陰이다. 그 성은 마땅히 평성이고
흡翕(원순 합구)음이다. 화禾, 광光 이하의 여섯 음[화禾, 광光, 원元,
모毛, 과裹, 룡龍]이 모두 평성이면서 흡翕음의 글자이므로 그것이
일월성이 되어 곧 흡翕음의 글자를 주관한다.

일日(해)는 더위가 되고 월月(달)은 추위가 된다. 추위란 더위의
끝에서 오는 것이니 곧 음陰은 양陽에서 나오는 것이고 월月은 일日
의 소리를 다르는 것이다. 고로 화禾는 다多의 소리가 변한 것이고,
광光은 량良의 소리가 변한 것이다. 일日과 월月에 배열되어 있는
음들은 모두 평성이지만 벽闢, 흡翕의 차이가 있다. 그리하여 [일
일성의] 궁宮과 [일월성의] 용龍의 소리를 읽어보면 용龍 운모가

궁宮 운모에서 변한 것을 알 수 있다. 곧 벽闢이 흡翕으로 바뀐 것이다.

유독 심心성이 변하여 흡翕으로 된 것은 알 수가 없다. 이는 龍용 자 아래에 ○인 것은 소리는 있으나 글자가 없다. 만약 심心성을 변화시켜 흡翕음이 되게 하면 琴금자를 쓸 수 있을 듯하지만 흡翕 성의 올바름은 아닐 것이다. ○는 글자를 이루어낼 수 없는 것이 니 그것을 조정하여 보면 금琴성과 비슷할 뿐인 것이다. 세 개의 ●가 각각의 성 아래에 배열되어 있는데 음陰의 체수體數인 48을 없앤 것이다. 이는 글자만 없는 것이 아니라 성도 없는 것이다.

日星聲, 太陽中之少陽也. 其聲亦宜平闢, 比日日聲則爲不甚闢, 開丁以下六聲, 皆爲平闢之轉, 則知其爲日星聲, 但不若太陽之太 闢爾. 日辰聲, 太陽中之少陰也. 其聲宜平翕, 回兄以下六聲, 皆爲 平翕之字, 而甚於太陰之翕也. 則知其爲日辰之聲. 星爲晝, 辰爲 夜, 夜者晝之餘, 而陰從陽者也. 故辰之聲, 從星之聲, 而回之聲, 開 聲之變也. 兄之聲, 丁聲之變也. 星辰同聲而唯闢翕異爾. 君鳥二字 下白圈, 乃牛男二聲之推不得者也. 推其例, 變闢爲翕則牛字似可 作鉤聲, 男字似可作堪聲, 然闢翕不楷正, 故不爲字而徒有其聲也. 龜字, 乃牛字下白圈之成字者也. 推聲之變字, 固不成於闢而成於 翕者, 亦有成於闢而不成於翕者也. 牛下之圈, 從日日聲, 妻字之變 而不成字者也. 上去入三聲, 皆平聲之推也.

일성성日星聲은 태양 중에 소양이다. 그 성은 마땅히 평성이고

벽闢음이다. 일일성日日聲에 비하면 벽음이 심하지는 않지만 개開, 정丁 이하의 여섯 가지[개開, 정丁, 신臣, 우牛, 어魚, 남男] 성이 모두 평성 벽闢음으로 전환되어 일성성日星聲이 되었음을 알 수 있다. 다만 태양처럼 지나치게 벽闢음은 아니다.

일진성日辰聲은 태양 중에 소음少陰이다. 그 소리는 평성이면서 흡翕음이다. 회回, 형兄 이하의 다섯[회回, 형兄, 군君, 구龜, 오烏] 소리가 모두 평성이면서 흡翕음의 글자가 된다. 태음太陰보다 오므리는 정도보다 심하니 그것이 일진日辰의 성이 된다는 것을 알 수 있다.

성星은 낮이 되고 진辰은 밤이 된다. 밤은 낮의 끝이니 음이 양을 따르는 것이다. 그러므로 진辰의 소리는 성星의 소리를 따르니 회回의 운모는 개開의 운모에서 변화한 것이고 형兄의 운모는 정丁의 운모에서 변화한 것이다. 즉 성星과 진辰이 평성인 점은 같지만 벽闢과 흡翕이 다를 뿐이다.

귀龜는 우牛 아래 ○가 [벽闢으로 변하여] 이루어진 글자이다. 성을 변화시켜 이룬 글자들을 미루어 보면 [구龜처럼] 진실로 벽闢음을 이루지 못하고 흡翕음을 이룬 것이 있고, [우牛, 남男처럼] 벽闢음을 이루었으나 흡翕음을 이루지 못한 것이 있다. 우牛 아래 ○는 일일성日日聲을 좇아 처妻에서 변했으나 글자를 이루지 못한 것이다. 상거입上去入 세 성조는 모두 평서에서 확대된 것이다.

月日星日辰日之聲, 皆多聲等字之變也. 日月星月辰月之聲, 皆禾字等聲之變也. 月辰星辰辰辰之聲, 回字等聲之變也. 其中白圈, 皆從其變位第幾字而推也. 字聲之無窮於八十三聲之調, 是自然之

理. 更推不去, 又約求其本, 則不出於多禾開回四聲七調之外矣. 至
於水火土石之音, 則與日月星辰之聲, 其變同一規也. 其開發收閉
之四調切以清濁, 猶平上去入之四變, 分以闢翕也.

　월일성신日月星日의 성은 모두 [일일성평벽日日聲平闢]인 다多소
리의 글자가 변한 것이고 월월성월진月月星辰月의 성은 [일월성
평흡日月聲平翕]인 화禾 등의 글자가 변한 것이다. 월진성신신月辰星
辰辰辰의 성은 [일신성평흡日辰聲平翕]인 회回 등의 글자가 변한 것이
다. 그 중 ○의 음은 모두 변화된 성조 자리의 몇 번째 글자인가
따져서 추측해 볼 수 있다.

　글자의 성이 83성의 가락보다 무궁한 것이 바로 자연의 이치이
다. 그러나 더 확대시키지 않고 그 근본을 요약해 보면 [평성인]
다多, 화禾, 개開, 회回의 사성과 칠조 밖에서 벗어나지 않는다.

　수水, 화火, 토土, 석石의 음은 일日, 월月, 성星, 신辰의 성과 함께
그 변화규칙이 동일하다.

　개開, 발發, 수收, 폐閉의 4개 조調는 청탁으로 갈라지는데 마치
평, 상, 거, 입의 네 가지 변화가 벽闢과 흡翕으로 나뉘어지는 것과
같다.

　　惟在聲則陽爲闢而陰爲翕, 在音則柔爲清而剛爲濁, 其故何也. 以
水則明而火則暗, 土則疎而石則確爾水者, 火之質, 火生於水, 故火
之音從水之音, 土者, 石之質而石生於土, 故石之音從土之音也. 是
則清濁有異, 而音則相從而近也. 發收閉三音之調, 皆開音四調之

생각하건대 성聲에서는 양陽이 벽闢이 되고 음陰이 흡翕이 되는데
음音에서는 유柔가 청음淸音이 되고 강剛이 탁음濁音이 되는 이유는
무엇인가?

물(水)은 밝고(明), 불(火)은 어둡고(暗), 흙(土)은 성글고(疎), 돌
(石)은 딱딱하다(確). 물은 불의 바탕이 되고 불은 물에서 생겨나
므로 불의 음이 물의 음을 따르는 것이다. 도한 흙은 돌의 바탕이
되고 돌은 흙에서 생겨나므로 돌의 음이 흙의 음을 따르는 것이
다. 이러한즉 청탁의 차이가 있더라도 음은 서로 따르고 가까운
것이다.

발수폐發收閉 세 음의 조調는 모두 개음開音 네 조의 변화이다.
■는 양陽의 체수體數인 40을 뺀 것이니 이는 음이 없는 것이다.
□는 모두 앞의 음을 확대시켜도 얻을 수는 없으며 음은 있지만
글자가 없는 것이다.

화火, 토土의 음이 다른 음보다 많은 것은 무슨 까닭인가?

사행四行 가운데 토土가 많은 자리를 차지하고 있어, 거기에서 생성되는 수 또한 많기 때문이며, 화火는 숨어 있어서 항시 드러나는 것은 아니지만 그 쓰임은 지극히 크기 때문이다.

진辰의 입성入聲과 석石의 폐음閉音이 홀로 다른 것에 배해 적은 것은 무슨 까닭인가?

하늘에는 네 성좌(辰)[일日, 월月, 성星, 신辰]가 있는데 일월성日月星은 밝지만 진辰은 밝지 않다. 또 진辰은 밤에 속하니 술시戌時부터 인시寅時까지가 밤이 된다. 여름에는 만물이 사용하는 밤이 극히 짧아져서 술戌과 인寅은 용수用數에 들어가더라도 해자축亥子丑은 용수가 전혀 쓰이지 않는다.

땅에는 사행이 있는데 물(水), 불(火), 흙(土)은 많지만 돌(石)은 적다. 돌이라는 물건의 성질은 질質은 온전하지만 기氣는 풍요롭지 않아 물건을 낳거나 물건을 변화시키지 못한다. 그러므로 진辰과 돌(石)의 글자의 수가 유독 적은 것이다.

聲之數止七, 音之數止九, 何也. 天之用數, 常盈於六而極於七, 故天星之明, 可見者北斗而數止七, 晝夜之數, 過七則變矣. 地之用數, 常止於九, 故開物於月之寅, 閉物於月之戌, 亥子丑三月, 不爲用數, 究於九而變化極矣. 是則聲不得不七箇調列, 音不得不九樣調列, 音不得不九樣調切, 聲衍以至於八十三字, 音衍以至於百有三十二字, 捴聲音字母之數, 二百有一十五, 括盡變化之㪤, 雖二萬八千九百八十一萬六千五百七十六字之變, 皆不能出此區域, 以其

撮其本而紀其會爾. 有如諺書之十六字母, 約而盡矣. 天地之數, 窮
於十六, 日月星辰之聲, 水火土石之音相乘, 而皆至於十六矣.

성聲의 수는 7에 그치고 음音의 수는 9에 그치는 것은 무엇 때문인가? 하늘의 용수는 항상 6에서 가득차고 7에서는 극점에 이른다. 그러므로 하늘의 별 중에서 가장 밝아서 볼 수 있는 것은 북두北斗인데 그 수가 7에 마무른다. 낮과 밤의 수는 7을 넘으면 변한다.

땅의 용수는 항상 9에 머문다. 따라서 인월寅月에 만물이 열리고 술월戌月에 만물이 닫힌다. 해자축亥子丑 세 달은 용수가 되지 못하고 9에 도달하면 변화가 극심하게 된다. 그러므로 성聲은 7개 소리로 벌릿 않을 수 없고 음音은 9가지 가락으로 나뉘지 않을 수 없는 것은 성聲의 흐름이 83자에 이르고 음의 흐름은 132자에 이르니 성음의 자모의 총수는 215가 된다. 이는 변화의 요점을 골고루 묶어낸 것이니 비록 289,816,576자가 변하더라도 이 구역에서 벗어날 수 없다. 그 근본을 간추려서 그 셈에 따라 적었을 뿐이다.

언문 16자모도 요약하여 다 나타낼 수 있다. 천지의 수는 16에서 다하는 것이니 일, 월, 성, 신의 성과 수, 화, 토, 석의 음을 서로 곱하면 모두 16에 이른다.

聲主淸濁而音主闢翕, 乃反以闢翕隨聲而淸濁隨音, 何也.
其平上去入, 卽聲之淸濁, 而開發收閉, 卽音之闢翕, 故淸濁隨音

而闓翕隨聲, 互相備而以見聲字之不能無音, 音字之不能無聲也.
故平上去入每聲之中, 開發收閉字具焉, 開發收閉每音之中, 平上
去入之字具焉.

성聲은 청탁淸濁을 주관하고 음은 벽闢과 흡翕을 주관하는데 거꾸로
벽闢과 흡翕이 성을 따르고 청탁이 음을 따른 것은 무슨 까닭인가?

그 평, 상, 거, 입이 성의 청탁이고 개, 발, 수, 폐가 음의 벽闢과
흡翕이기 때문에 청탁이 음을 따르고 벽闢과 흡翕이 성을 따르는
것이다. 서로 잘 갖추어져 있어서 성에 음이 없을 수 없고 음에
성이 없을 수 없는 것을 볼 수 있다. 그러므로 평, 상, 거, 입
각 성 가운데 개, 발, 수, 폐 글자가 갖추어져 있고 개, 발, 수,
폐의 각 음 가운데 평, 상, 거, 입의 글자가 갖추어져 있는 것이다.

日月聲, 必以多良以下七字當之, 何也.

是則於字林中求其平闢之聲, 如多良等字, 聲異而平闢同則引以
當之, 不必多良獨可爲平闢之聲, 推多良之聲類則凡可爲平闢者, 皆
爲日日聲, 此特括其字母爾.

古黑等字亦然, 音主調切, 故不拘於平上去入, 而惟開淸同調, 則
當水水之音, 不必古黑獨爲開淸也.

音之調, 不出於喉齶舌齒脣, 而喉齶舌齒脣之交則變化不窮, 開
發收閉, 拈盡喉齶舌齒脣之變.

일월성에는 반드시 다多, 량良 아래에 7개 글자[다多, 량良, 간干,

도刀, 처妻, 궁宮, 심心]를 그곳에 두어야 하는 것은 무엇 때문인가?

이는 『자림字林』에서 평성이면서 벽闢음인 운모를 찾아서 다多, 량良 등의 글자처럼 성이 다르더라도 평성이면서 벽闢음이면 끌어와 이곳에 둔 것이다. 다多, 량良만 평성이면서 벽闢음의 성이 될 수 있는 것은 아니다. 다多, 량良의 성과 같은 종류를 헤아려보면 무릇 평성이면서 벽闢음인 것은 모두 일일성이므로 이것은 특히 그 자모를 모은 것이다.

고古, 흑黑 등의 글자 또한 그러하다. 음은 조調를 위주로 나누어진다. 따라서 평, 상, 거, 입에 구애되지 않고 오직 개음이면서 청음인 조이면 마땅히 수수음水水音이다. 고古, 흑黑만 오지 개음이면서 청음이 되는 것은 아니다.

음의 조調는 후악설치순喉齶舌齒脣에서 벗어나지 않으면 후악설치순이 교차하면서 변화가 무궁하다. 개, 발, 수, 폐는 후악설치순의 변화를 요약해낸 것이다.

聲不出平上去入, 音不出開發收閉, 何哉.

豈溫涼寒燠, 氣節於四時, 雪月風花, 景分於四致歟.

聲音妙處在數, 原其本而致其體, 退其體而達其用, 至於窮萬物之數, 非天下之至變, 其孰能與於此哉.

성이 평, 상, 거, 입에서 벗어나지 않고 음이 개, 발, 수, 폐에서 벗어나지 않는 것은 무슨 까닭인가?

어찌하여 따듯함과 서늘함, 추위와 더위가 사계절의 기후를 조절하고, 눈(雪), 달(月), 바람(風), 꽃(花)은 사계절에 따라 풍경이 구분되는가.

성음의 묘한 것은 수에 있으니 그 근본에 근거하여 체(體)를 드러내며 그 체가 물러나면 그 작용을 다 하게 하는 것이다. 만물의 수를 추구하는 데 있어 천하의 지극한 변화가 아니라면 그 누가 여기에 참여하겠는가?

雜著

跋前聲音解未盡處

　圓圈而白者, 象陽之虛明, 方圈而白者, 象陰之虛明, 虛明之地, 聲音必通.

　今謂之有聲音而不成字者, 轉闢爲翕, 變淸爲濁則有半聲半音之不成字者, 理之必然, 無足疑矣. 圓圈而黑者, 象陽之窒塞, 方圈而黑者, 象音之窒塞, 窒塞之地, 聲音必不通則非獨無字, 而聲音亦無也, 字雖不成, 而半聲音者, 宜著其變, 其無聲無字者, 宜去之, 亦著於圖者, 示數之體用迭爲進退爾.

　但吾方之音多訛, 故難於上去開發之辨, 然比之華語, 不失本字之調而差訛爾. 如宮音, 白舌居中, 吾亦讀來便如此, 故知差訛而不失本字之調, 且訛成一規, 從訛而要通, 亦有此理, 看聲音圖理透則便見破了, 初不係邦言之差訛爾, 象音之音, 疑陰.

『화담집』 권2 〈잡저〉에 실린 〈앞의 성음해에서 미진한 부분(跋前聲音解未盡處)〉

제5편 부록

01.
'훈민정음'에 대한 기초적 이해

'훈민정음'의 탄생과 세종

'훈민정음'이라는 문자는 『훈민정음 해례訓民正音解例』의 정인지
의 서문과 『세종실록』의 기록이 일치하는 점으로 보아 세종 25년
12월에 어제 서문과 함께 예의例義[1]의 게시와 함께 창제된 것이
다. 세종 25(1443)년 이전에 '훈민정음'의 창제 과정에 대한 기록
이 거의 남아 있지 않아 그 세부적인 경위에 대해서는 자세히
알 수 없다. 다만 세종 24(1442)년 3월에 세종이 『용비어천가』를
지으려고 전지傳旨를 내렸다는 사실과 연관시켜 미루어보면 세종

---

1) 홍기문(1946)은 해례본의 앞 본문 전체를 '예의'로 규정하였다. 곧 세종 어제
서문을 '서론장', 문자와 용법을 설명한 예의 부분을 각각 '문자장'과 '용법장'으
로 구분하였다. 안병희(2007: 81) 선생의 경우 세종 어제 서문을 '본문'이라고
하고 문자와 용법을 설명한 부분만 '예의'로 명명하기도 한다. 이 책에서 예의는
세종의 어제 서문을 포함한 한글 28자의 예시와 발음 설명에 이어 종성, 순경음,
병서와 합자, 사성에 대한 핵심적인 원론을 요약해서 설명한 글을 뜻한다.

24(1442)년 3월 이전에 이미 '훈민정음'의 창제는 착수되었으리라고 추측할 따름이다.

『훈민정음 해례』 정인지의 서문에는 "계해년 겨울 우리 전하께서 정음 28자를 만드시고 간략하게 예의를 들어보시고 이름을 훈민정음이라고 하셨다[癸亥冬, 我殿下創制正音十八, 略揭例義以示之, 名曰訓民正音]"고 썼으며, 『세종실록』 권102, 세종 25(1443)년 계해 12월조에는 "이달에 임금께서 친히 언문 28자를 만드셨는데 글자가 비록 간단하고도 요긴하나 전환이 무궁하며 이를 훈민정음이라고 이른다[是月上親制諺文二十八, 字雖簡要, 轉換無窮, 是謂訓民正音]"라고 하였다. 이를 증명할 수 있는 사실로서 '훈민정음'이라는 새로운 문자가 완성되자 그 이듬해인 세종 26(1444)년 2월 16일에 집현전학사 최항 등에게 『운회韻會』를 언해하라고 명한 것과 또 그해 2월 20일에 최만리 등이 갑자상소문을 올렸던 것으로 확인된다.

조선의 새로운 문자 '훈민정음'은 세종 25(1443, 癸亥)년 12월에 세종이 창제하였고 곧바로 세종과 함께 집현전 여덟 학자인 정인지를 비롯하여 최항, 박팽년, 신숙주, 성삼문, 강희안, 이개, 이선로가 함께 '훈민정음 예의'에 대하여 자세히 해(解)와 예(例)를 지어서 스승이 없이도 깨칠 수 있도록 해설한 『훈민정음 해례訓民正音解例』라는 책을 세종 28(1446)년 9월에 완성하였다.[2]

---

2) "이달에 훈민정음이 이루어졌다. 어제(御製)에 가로되(是月 訓民正音成 御製曰)" 이 '是月 訓民正音成'에서 '成(이루다, 짓다)'의 해석을 두고 『훈민정음 해례』이 곧 한글의 완성 시기로 삼고 그 날을 반포 기념일로 정한 조선어학회에 대한 1차 반론은 바로 방종현 교수(1446)가 이 '成'자는 『훈민정음 해례』이 완성된 시기이지 문자가 완성된 시기가 아니라고 지적하였다. 그 이후 이숭녕 교수

예의와 해례가 나온 사이는 불과 3년에 지나지 않지만 그 기간 동안 많은 변개가 이루어졌으며, 『운회』 번역의 중단에 이어 『동국정운』과 제작과 『홍무정운역훈』 언역의 착수, 『용비어천가』의 언해와 외래어 표기법의 실험(몽고와 여진 인명과 지명) 등을 통해 우리말을 표기할 수 있는 제한적 음소문자 28자를 합자의 방식으로 한자음이나 여진자를 비롯한 외래문자를 표기할 수 있는 문자로 그 기능이 대폭 확대되었다.

세종 25(1443)년 12월에 세종이 친히 창제한 '훈민정음' 곧 '한글'을 가지고 세종 29(1447)년에는 우리나라 최초의 한글 시문인 『용비어천가』를 짓는데 활용하였을 뿐만 아니라 세종 29(1447)년 9월에는 『동국정운』을 만들어 조선의 표준 한자음을 훈민정

(1976: 12)는 "요새 말로 하면 원고가 탈고되었던 것이지 아직 책으로 출판되지 않았다", "한글날 반포 운운이라고 하는 것도 어불성설의 이야기가 아니냐"고 비판하면서 한글날 기념일을 이것을 기준으로 하는 것은 잘못되었다고 비판하였다. 언문 28자모가 완성된 곧 새로운 문자가 창제된 시기를 그 기점으로 보지 않고 사료에 전혀 근거가 없는 '제정' 혹은 '반포'라는 용어를 만들어내어 창제 시점을 세종 28(1446)년 12월로 보고 이 날을 기준으로 하여 반포하였다는 관점은 문제점이 없지 않다. 앞에서도 살펴보았듯이 언문 또는 훈민정음이라는 새로운 문자를 세종이 창제한 이후 여러 단계에 걸쳐 지속적으로 보완한 것이다. 곧 세종 25(1443)년 12월의 창제에 이어 이를 이론적으로 졸가리를 세워 해설한 『훈민정음』 해례본의 완성 시기는 세종 28(1446)년이라는 점에 대해서는 어떤 이론도 있을 수 없다. 『세종실록』 세종 26(1444)년 갑자 2월 20일에 최만리가 올린 상소문에 "이제 넓게 여러 사람의 의논을 채택하지도 않고 갑자기 서리 무리 10여 인으로 하여금 가르쳐 익히게 하며, 또 가볍게 옛사람이 이미 이룩한 운서를 고치고 근거 없는 언문을 부회하여 공장 수십 인을 보아 각본 하여서 급하게 널리 '광포(廣布)'하려 하시니, 천하 후세의 공의에 어떠하겠습니까." 라는 기사에 '광포'라는 말을 확대하여 '반포(頒布)'로 해석함으로써 마치 법률적 선포식을 행한 것으로 오인하게 된 것이다. 최근 김슬옹 해제/강신항 감수 (2015), 『훈민정음 해례본』에서도 훈민정음 반포를 기정 사실화하고 있으나 실증적 근거를 찾을 수 없기 때문에 재고되어야 할 것이다.

음으로 표기하여 세종 30(1448)년에 반포하였다. 단종 3(1455)년 11월에는 중국한자 운서인 『홍무정운』을 훈민정음으로 음을 단 『홍무정운역훈』을 발표하였으니 그 준비 기간이 8여 년이 걸렸던 사실을 고려하면 세종 당시에 이미 착수했던 사업이었던 것이다. 이와 함께 우리 고유문자 한글을 활용하여 『석보상절』, 『월인천강지곡』, 『월인석보』 등의 불경서를 언해하여 한글 사용의 가능성을 충분히 입증하였다. 그러는 과정에서 '凡字必合而成音' 규정과 입성 '-t' 표기 방법, 疑(ㅇ), 喩(ㆁ) 혼용 표기 등 한자음의 표기 방식이나 기준도 상당한 변화를 겪게 되었다. 또한 한글 창제 후 불과 수개월 내에 최만리를 비롯한 집현전 학사 다수가 세종의 『운서』 번역 사업에 대한 정면적인 반발을 보여준 시기이기도 하다.

성삼문의 『직해동자습훈화평화』 서문에

"만약 학자들이 미리 훈민정음을 약간의 글자 배우고 그 다음에 한어를 공부하게 되면 순식간에 한어에 통하게 되고 운학에도 밝아진다."

라고 하여 훈민정음은 한문 공부에도 크게 이바지할 수 있다는 사실을 분명히 밝히고 있다. 이처럼 한글의 활용 방안이 구체적으로 제시될 정도의 성공적인 국가사업이었음에도 불구하고 중화사대에 깊이 물든 당대의 지배층 인사들의 반대 또한 만만찮았다. 훈민정음이 창제된 지 불과 넉 달 뒤인 세종 26(1444)년 2월 19일에는 최만리를 비롯한 집현전 일부 학사들의 언문 활용 반대 상소문[3]을 올리기도 하였다.

결국 훈민정음은 그로부터 4백년이 지난 고종 대 갑오개혁 이후 겨우 나라 문자로서 제 자리를 차지하게 되었고, 1968년 박정희 대통령의 한글 전용 선포와 2005년 노무현 정부의『국어기본법』제정 이후 온전한 한글 전용기로 접어들었다. 그러나 지금도 한글은 완성형이 아니다. 글꼴의 발전뿐만 아니라 한자 어휘나 외래어들의 고유어를 생성해 낼 수 있도록 앞으로 새롭게 발전시켜 나가야 할 많은 과제들을 안고 있는 문자이다.

　'훈민정음'은 누가 만들었나?

　'훈민정음' 창제자에 대한 논의는 매우 다양하다. 첫째 훈민정음은 세종이 친히 창제하였다는 '세종 친제설'(방종현, 1947; 이기문, 1974; 이상규, 2017), 둘째 '왕실 협력설'은 다시 세분하여 '대군 협력설'(임홍빈, 2006: 1385), '정의공주 협력설'(이가원, 1994; 정광, 2006)이 있으며, 셋째 '집현전 학사 협찬설'(이숭녕, 1958; 김민수, 1964; 허웅, 1974; 김진우, 1988; Albertine Gaur, 1995)과 넷째 '세종 친제 협찬설'(강신항, 2003; 안병희, 2004), 다섯째 '세종 창제 명령설'(이기문, 1997) 등 매우 다양한 주장이 제기되어 있다.

　세종 친제설을 입증할 만한 사료는 매우 많이 있다.『세종실록』세종 25(1443)년 계해 12월 30일 기사 "이 달에 임금이 친히 언문

---

3) 소위 말하는 '갑자상소문'을 올린 시점이 이미 한글을 창제된 이후이기 때문에 최만리를 비롯한 일부 집현전 학사들이 반대 상소를 올린 것은 지금까지 알려진 것처럼 '언문 창제에 대한 반대'가 아닌 '언문의 활용' 특히 운서 제작에 대한 반대이다.

諺文 28자字를 지었는데"를 비롯해서 『임하필기』 제38권 〈해동악부〉에 "세종대왕이 자모 28자를 창제하여 이름을 언문이라 하였는데", 『정음통석』 서문에 "우리 세종대왕께서 창제한 언서로 중국 반절음을 풀이하면 맞지 않는 것이 없으니", 『홍재전서』 제9권 〈서인序引〉에 "우리 세종대왕께서 창제하신 언서諺書로 중국의 반절음을 풀이하면 맞지 않는 것이 없으니"라는 등의 기록이 세종 친제설의 실증적 근거가 된다.

이 친제설에 대한 반론으로 정광(2006: 8) 선생은 "훈민정음이란 신문자를 세종이 친히 지은 것을 강조하여 문자의 권위와 그로 인한 어떠한 부작용도 제왕의 그늘 속에 묻어버리려는 뜻이 있을 것이지만 그래도 세종이 신문자 28자를 직접 제작했다는 실록의 기사는 어느 정도 신빙성이 있는 기사다."라고 하면서도 정의공주 협찬설을 주장한다. 또 엘버틴 가울(Albertin Gaur, 1995)은 "세종은 새로운 문자를 손수 발명한 공로자로 종종 묘사되지만 이런 헌사는 대개 예우와 새로운 관습에 새로운 권위를 부여하기 위한 정치적인 술수가 섞인 것이다."라고 하여 친제설에 대해 전면 부정적인 입장을 보여주고 있다.

왕실 협력설 가운데 먼저 세종과 문종의 협력설이 있다. 『직해동자습』 서문의 "우리 세종과 문종대왕은 이에 탄식하는 마음을 가져 이미 만든 훈민정음이 천하의 모든 소리를 나타내지 못하는 것이 전혀 없어"라는 다소 신뢰성이 떨어지는 기록과 『운회』 번역 등의 각종 사업에 왕자나 세자에게 일을 감독하도록 명한 내용을 들어 대군 협력설을 주장하기도 한다. 한글의 글꼴과 음가를 규정하는 한자 대표글자(운서의 자모)의 배열을 가지고 대군협력설을 제안한 임홍빈(2016: 1385) 선생은 '군규쾌업君╙快業' 곧 "임금과 왕자가 일을 좋아한다"를 "임금과 왕세자가 훈민정음을 만드는 일을 좋아한다"라는 의미로 확대 해석하여 훈민정음은 임금과 왕세자(문종)과의 협찬에 의해 만들어졌다는 깜찍한 발상을 하기도 했다.

다음은 정의공주와의 협찬설이다. 『몽유야담』〈창조문자〉에 "우리나라 언서는 세종 조에 연창공주가 지은 것이다."와 『죽산안씨대동보』에서 "세종이 방언이 한자와 서로 통달하지 않음을 안타깝게 생각하여 비로소 훈민정음을 지었는데 변음과 토착음은 오히려 다 연구하지 못하여 여러 대군으로 하여금 풀게 하였으나 모두 하지 못하였다. 드디어 공주에게 내려 보냈다. 공주는 곧 풀어 바쳤다."라는 전거를 들어 정의공주 협력설이 제기되었다. 야담 소설이나 족보의 근거가 국가 기록인 실록보다 실증적 우위를 차지하기는 쉽지 않다고 본다.

집현전 학사 협찬설의 논거로는 『청장관전서』가 있다. 이 책의 권54권 〈앙엽기1〉에 "장헌대왕이 일찍이 변소에서 막대기를 가지고 배열해 보다가 문득 깨닫고 성삼문 등에게 명하여 창제하였다."는 기록이다. 세종 창제 명령설에 해당하는 병와 이형상(1653~1733)이 지은 『악학편고』 권1 〈성기원류〉에 "정 하동 인지, 신 고령 숙주, 성 승지 삼문 등에게 명하여 언문 28자를 지었으니" 등의 논거도 있다.

이숭녕(1976: 85) 선생은 세종이 훈민정음 창제 과정에 대해 전혀 다른 평가를 하고 있다. "훈민정음을 제정할 때의 세종의 건강 상태는 말이 아니었다. 특히 기억력의 쇠퇴와 안질로 정사

자체도 세자에게 맡길 정도이어서, 세종은『훈민정음 해례』과정에서 집현전 학사에게 오직 원칙을 제시하고 방향만을 설정했을 따름이고 문제점을 상의했을 정도 9, 세목의 언구에는 관계하지 않았을 것이라고 본다. (…중략…) 국어학사의 연구에서 구체적인 실증 자료를 갖지 못하고, 함부로 조작설을 근거도 없이 내세운다는 것은 학문을 타락시키는 것이라고 본다. 그것의 심한 예가 "세종대왕이 한글을 지으시다가 과로의 결과로 안질眼疾(눈병)을 얻으셨다"는 허위와 조작의 산물임을 이상의 사실 규명으로 단정할 수 있다."는 견해는 한글 창제자가 결국 세종이 아니라는 논의로 연결될 수 있다. 임금 건강에 관한 기록은 실록에 대단히 상세하게 기록될 수밖에 없다. 그러한 세세한 기록을 다 모은 것을 실증주의적 근거로 한 주장이 오히려 전체적 맥락을 제대로 해독하지 못하는 사례가 될 수 있을 것이다. 이러한 논의는 급기야 강규선·황경수(2006: 75)의『훈민정음연구』의 "세종의 건강은 전술한 것처럼 안질, 소갈증, 부종, 임질, 요배견통, 수전, 언어곤란, 각통 등으로 세종 29년부터 세자 섭정 문제가 세종 자신의 주장으로 되풀이 된다. 또 온천 요양차 자주 도성을 떠나는 날이 많았다. 안질 같은 병은 사물을 분간하기 어려운 지경이었다. 왕의 대행을 스스로 주장하던 세종이 연구 생활을 했다는 것은 상상할 수 없는 일이다"라는 식으로 한글 창제 이후에 세종의 건강이 악화된 사실을 논거로 들어 한글 창제를 세종이 하지 않았다는 논의로 확대 재생산이 된다.

　이상의 논의들은 나름대로 실증적 사료를 증거로 제시하고 있으나 훈민정음의 창제 경위에서 적어도 여러 단계에 걸친 보완

과정을 거쳤다는 점을 간과하고 있다.

훈민정음 28자모의 기원설과 연계하여 이두기원설이 대두되기도 하였다. 정인지 서문에 나타나는 '象形而字倣古篆'과 대응을 이루는 세종 25년 세종실록에는 "上親制諺文二十八字, 其字倣古篆, 分爲初中終聲, 合之然後乃成字"로 되어 있다. 이 둘을 대조해 보면 상형한 '字'는 자모(낱글자)를 말하고 '字倣古篆'의 '字'는 한 음절(초+중+종 합자)로 된 글자를 뜻한다는 사실이 명백하다.[4] 28자의 자모는 상형이요, 한 음절로 합자한 글자의 꼴은 중국 고대 한자의 방괘형을 본뜬 '字母象形而字倣古篆'라는 의미이다. 여기서 '而'는 연접으로 '그리고'라는 전후 대등절을 잇는 어조사로 해석되어야 할 것이다. 그럼에도 불구하고 훈민정음은 창제 이전의 있어서 우리말을 표기한 곧 한자음의 음과 훈을 빌려 적은 이른바 차자표기일 수밖에 없다라는 가정 아래 한글 자모의 기원을 고전체에서 찾으려는 김완진(1966: 384~385) 선생은 'ㄴ(隱), ㅁ(音), ㅂ(邑), ㅇ(應), ㅅ(品), ㄷ(處), ·(字), ㅡ(應), ㅣ(伊), ㅏ(牙), ㅑ(耶), ㅓ(於), ㅕ(與), ㅗ(五), ㅛ(要), ㅠ(由, 兪) 등으로 추론하고 있다.

자모의 기원은 분명히 상형이요, 한 음절의 글꼴이 고전체의 방괘형이라는 기본적인 문제를 간과하여 전혀 불필요한 논의로 발전되어 한글 창제의 독창성을 희석시킨 결과가 아닐까? 한글 자모 창제의 독창성을 어떻게 하든 한자를 기반으로 하여 태생된

---

4) 『훈민정음 해례』〈합자해〉에 '初中終三聲, 合而成字'의 '字'의 개념으로 음절문 자를 말한다.

것으로 돌리려는 이유가 무엇일까? 한글 자모의 기원이 중국 고전에 있었다면 해례본 제자해에서 상형설과 가획의 원리나 그 예외에 대해 그렇게도 정밀하게 설명한 이유가 전혀 없었을 것이다. 예의 창제 당시 전탁글자(ㄲ, ㄸ, ㅃ, ㅆ, ㅉ) 6자를 제외한 28자를 제시한 사실을 중시해야 한다. 만일 한자음 표기를 위해 한글 28자를 만들었다면 왜 전탁 글자를 제외했는지를 설명할 수 있어야 한다.

1단계 곧 훈민정음 28자의 창제는 바로 세종이 어제 서문과 예의를 직접 구상하고 발표한 결과이며, 이것을 토대로 한 2단계 곧 해례의 완성은 집현전 학사들과 협찬에 이루어진 것이다. 숙종 시대의 성운학자인 명곡 최석정(1646~1715)의 『경세훈민정음도설』에 "세종대왕이 지으신 언문의 이름을 정인지가 훈민정음이라 지었다[世宗大王, 撰諺文名曰, 訓民正音, 鄭麟趾作]"라고 하였다. 언문 28자는 세종이 친히 세종 25(1443)년에 지은 것이고 이를 훈민정음(정음)이라고 하여 해설한 해례는 정인지를 비롯한 집현전 학사와의 협찬의 결과로 세종 28(1446)년 『훈민정음해례』로 펴낸 것이다.

'언문'과 '훈민정음'의 명칭

세종 25(1443)년 계해 12월 『세종실록』에서 밝힌 "언문 28자諺文二十八字"에서 제시된 '언문'의 명칭과 "이를 '훈민정음'이라 한다[是謂 訓民正音]"는 기록에서 '언문'과 '훈민정음'이 동시에 나타난다. 세종 26(1444)년 갑자 2월 『세종실록』에 최만리 언문 활용 반대 상소문과 세종이 내린 하교문에 '언문'이라는 명칭은 26('비언', '언자' 포함)회 정도 나온다. "곧 지금의 이 언문도[則今之諺文]"라는 대목에서도 세종이 직접 '언문'이라는 용어를 사용하고 있다.5) 곧 세종의 하교문에서 '則今之諺文'이라는 기사를 통해 곧 훈민정음을 창제한 세종께서도 '훈민정음'이라는 말을 사용하지 않고 '언문'이라는 명칭을 사용하고 있다. 또 세종이 정창손에게 친국을 한 뒤 하교문 가운데 "내가 만일 언문으로서 번역한[予若以諺文譯]"이라는 기사에서 세종 스스로가 '언문'이라는 명칭을 사용하고 있다.

이 내용은 훈민정음의 명칭을 규정하는 매우 중요한 논거이다. 최만리의 언문 활용 반대 상소문에 '언문'이라는 명칭이 모두 최만리가 가리킨 말이 아니라 세종의 말도 포함되어 있다는 것을 잘 헤아리지 못한 논의도 있다. 이 내용은 훈민정음 창제가 이미 완료되었음을 분명히 밝힌 대목이면서 그 명칭을 세종도 '언문'이라고 했다는 결정적인 근거 자료이다.

이상의 논거를 통해보면 세종이 직접 훈민정음을 '언문諺文'으로 지칭하고 있음을 알 수 있다. 따라서 '언문'이라는 용어는 '훈민정음(정음)'과 함께 사용상의 목적에 따라 달리 불러진 이름으로 보이며, 『세종실록』의 세종 25(1443)년 12월에 '언문'이라는 이름이 처음 나타나는 것으로 보아 '훈민정음', '정음'보다 먼저 사용되었을 것으로 추정할 수 있다. 그리고 후속 한자음 표기 문제의 대두와 함께 정성, 정음 사상을 존중하는 성리학적 용어

---

5) 최만리의 언문 활용 반대 상소문반대 상소문과 임금의 하교문에 '언문'과 관련된 명칭이 26회 나타난다. 그 가운데 '언문'은 세종이 3회, 최만리가 19회, 김문이 2회 사용하고 있으며, '비언'과 '언자'는 최만리가 각각 1회씩 사용하고 있다.

로서 '정음'이라는 용어가 기능적인 면에서 '언문'과 구분하여 붙여진 것으로 추정된다.

'언문'이라는 명칭을 『표준국어대사전』에 "상말을 적는 문자라는 뜻으로, '한글'을 속되게 이르던 말."이라는 뜻풀이도 있고 또 "특히 훈민정음 제정에 반대하는 사람들은 언문이라는 말을 즐겨 사용하였다"(유창균, 1993: 125)라고 하여 세종 당시 '언문'이라는 명칭이 마치 자기 비하적인 것으로 해석하고 있으나 그러한 가정을 입증할 만한 근거가 전혀 없다.[6] 이러한 논의는 한글의 우수성을 스스로 비하하는 불필요한 논쟁의 불씨가 될 수 있다.

'언문'은 28자의 제한적 음소문자를 지칭하고 '정음(훈민정음)'은 우리말을 물론 한자음 표기를 위시하여 몽고, 여진, 일본 등의 말을 표음할 수 있는 바른 소리 정음正音 곧 표음문자(음성문자)라는 뜻으로 사용된 것이다. 따라서 '언문'은 우리말을 표기하는 수단에 해당하는 이름, 곧 초성과 중성의 낱글자의 명칭이라면 '훈민정음(정음)'은 한자음표기를 비롯한 외래어 표기를 위한 바른 음(正音), 바른 소리(正聲)라는 명칭으로 구분되었다가 그 후 뒤섞어 사용한 것이다. 또한 예의에서 해례로 변개되는 과정에서 훈민정음 28자의 명칭이 '언문〉훈민정음(정음)'으로 확대되었을 가능성이 매우 높다. 곧 28자로 규정된 제한적 음소문자에서 한자음 표기를 위한 표음문자로 그 성격이 확대되고 있음을, 곧 우리말 표기에서 한자음을 비롯한 외래어 표기 문자로서의 기능

---

6) 홍윤표, 『훈민정음이야기』 1, 태학사, 18~20쪽 참조. 홍윤표 선생은 '언문'은 보통 명사로 '훈민정음'은 고유명사로 이해하고 있다.

이 확대되고 있음을 확인할 수 있다.[7]

창제 당시 이러한 두 가지 명칭이 함께 사용한 것은 문자라는 대상을 지칭한 동의어라기보다는 그 기능적인 측면에서 달리 불렸던 것으로 이해된다. 곧 언문은 한자에 대응되는 문자 이름인 동시에 언서諺書와 같은 훈민정음으로 쓴 글이나 책의 명칭으로, 훈민정음은 한자음이나 혹은 여진와 같은 외래어의 바른 소리를 적는 기능적인 문자의 명칭이라고 할 수 있다. 한문 번역서나 언해서에 '정음'이라는 이름이 달린 책이 없는 것을 바로 이러한 사실을 말해주는 것이다. 특히 반대 상소문에 대한 하교문에서 세종이 스스로 '언문'이라는 명칭을 사용하고 있다는 점에서 한문이나 한자에 대응된 이름으로 언문이라는 용어가 먼저 사용되었음을 의미한다.

훈민정음은 우리나라 문자 곧 한글의 이름이기도 하고 당시 우리나라 문자를 해설한 해례본의 서명이기도 한다. "훈민정음은 실제로 한자음의 정리나 중국어 표준발음의 표기를 위하여 제정되었다가 고유어 표기에도 성공한 것이다. 전자를 위해서는 훈민정음, 또는 정음으로 불리었고 후자를 위해서는 언문이란 이름을 얻게 된 것이다"(정광, 2006: 36)라는 논의는 훈민정음 창제의 기본 정신을 심하게 왜곡시킨 견해라고 할 수 있다. 세종 25년 세종이 창제한 문자는 정음이 아닌 '언문 28자'였으나 그

---

7) 『사성통해(四聲通解)』 범례(凡例)에서도 "今訓民正音, 出於本國之音, 若用於漢音則必變而通之, 乃得無碍"라 하여 훈민정음은 원래 조선어를 표기하기 위한 수단으로 만들어졌으나 중국음을 표기하기 위한 수단으로 확대되었음을 밝히고 있다.

후 해례편을 제작하는 과정에서 한자의 표준발음 표기 문자로 그 기능이 확대되면서 '정음'이라는 용어로 정착된 것으로 보아야 한다. 그 근거는 세종 26년 2월 16일 『운회』를 인문으로 번역하라는 지시나 동년 2월 20일 최만리의 언문 활용 반대 상소문에도 '정음'이라는 용어는 나타나지 않고 '언문'이라는 용어만 사용되고 있다. 또한 세종 28년 11월에 궁중 내에 '언문청'이 설치되었다가 문종 원년 1450년에 정음청으로 바꾼 사실을 고려하면 세종이 창제한 당시 언문 28자는 우리말 표기를 위한 문자였음이 분명하다. 그러나 그 이후 한자음 교정 통일을 위해 활용되면서 정음이라는 용어로 전환된 것이다. 따라서 "國之語音 異乎中國"에 대한 해석은 "국어음(우리말)이 중국과 달라서 문자가 서로 통하지 않는다."로 해석해야 할 것이다.

'훈민정음' 창제 배경과 목적

조선을 개국한 태조로부터 태종에 이어 4대 세종은 조선의 왕도 기반을 착실하게 닦은 뛰어난 왕이었다. 일찍 동아시아의 자연철학인 성리학을 기반으로 음양오행 사상의 구조적인 통합적 학문체계를 견실하게 익힌 성군이었다. 우주의 삼라만상의 생성원리를 융합된 사상으로 해석하는 자연철학을 기조로 한 성리학과 역학, 성수학, 악학, 천문학, 성운학 등 전체를 하나로 꿰뚫어 기술하는 동아시아의 학문적 연원과 기반을 깊이 있게 파악하고 있었다.

그 결과 조선의 왕도 정치 기반을 천도 사상과 예악과 음악을 존중하는 법치적 유교적 왕조 국가의 기반을 마련함으로서 조선의 초기 건국 기반은 안정된 모습을 보여 주었다. 성운학의 정비와 훈민정음 창제, 고제의 연구, 법령정비, 지지 작성, 율려정비, 전제 정비, 측우기를 비롯한 정전 관리를 위한 천체 천문학 연구 등 실로 자주적 조선의 학문적 기반을 견실하게 닦아 왔던 것이다. 특히 세종의 외교적 전략은 매우 뛰어났다. 조선의 북관을 종종 침탈했던 북방 여진 세력을 물리친 것은 당시 명나라가 요동과 흑룡강 하류 길열미에 도사를 세우고 만주 지역의 경략을 시도한 것과 맞물려 있다. 육진 종성 지역에 산거하던 여진 세력을 명나라 요동 도사로 송출함으로써 하륜의 뛰어난 외교적 노력으로 결실을 맺은 그 보상으로 명나라의 천제는 조선의 세종을 천자의 지위로 인정하게 된다. 세종 26(1444)년 3월 명 나라로부터 천자를 상징하는 오조육복 3습을 특별히 하사받은 후에 왕실 제도를 도입하면서 시작되었다. 그 내용은 『세종실록』 125권, 세종 31(1449)년의 기록이 남아 있다.

> "예전에 사조용의를 입었었는데, 뒤에 듣자니 중국에서는 친왕이 오조 용을 입는다기에 나도 또한 입고 천사를 대접했는데, 그 뒤에 황제가 오조 용복(五爪龍服)을 하사하셨다. 지금 세자로 하여금 사조용을 입게 하면 내게도 혐의로울 것이 없고 중국의 법제에도 잘못됨이 없겠다." 하매, 모두 말하기를, "진실로 마땅하나이다." 하니, 그대로 따랐다[又曰 昔予服四爪龍 衣, 後聞中朝親王服五爪龍, 予亦服之, 以待天使, 其後, 帝賜五爪龍服。今令 世子服四爪龍, 則於我無嫌, 於朝廷法制, 亦無妨焉。僉曰 允當。從之。]
>
> —『세종실록』 125권, 세종 31(1449)년

세조 2(1456)년의 『세종실록』의 기록에 의하면 세종 26(1443) 년까지는 사조용의四爪龍衣를 입다가 세종 26(1443)년 3월 26일 명 나라로부터 오조용복五爪龍服을 하사받아 오조용의로 바뀌었다는 세종의 뛰어난 자주적 국제 경략의 한 단면을 보여주고 있다. 이러한 시대적 배경 속에서 세종 25(1443)년 동아시아 자연철학 인 성리학과 성운학의 이론적 토대 위에서 동아시아에서 중화와 더불어 주체적인 자국의 문자를 만들고자하는 굳은 의지를 가지 고 있었던 것이다. 특히 원나라의 지배에서 벗어나 신흥 명나라 의 어문 정책 변화와 더불어 주변 국가들의 새로운 자국 문자 제정의 전통을 지향하면서 새로운 문자 곧 훈민정음 제정을 통한 전 국민들의 소통의 어려움을 해소하려는 세종의 백성을 지극히 사랑하신 국가 경략의 구현이 이루어낸 결과물이었다.

이러한 사회적 배경 아래에서 구체적으로 세종이 훈민정음을 창제 하시게 된 배경은 다음과 같다.

첫째, 조선은 입말은 있었지만 글말이 없어 오랜 동안 한자나 이두를 이용하는 데서 오는 불완전한 소통의 어려움 극복하려는 뚜렷한 자주적 의지가 훈민정음 세종의 서문에 분명히 드러나 있다. 특히 이두나 구결을 통한 차자 표기의 불완전함을 분명하 게 인식하고 있었다. 자국의 고유문자 훈민정음 제정은 조선의 입말을 표기할 수 있는 수단일 뿐만 아니라 당시 동아시아의 주요 학문적 언어인 한문을 언해하여 보급하여 백성들의 지식 기반을 확대하려는 확실한 의지를 가지고 있었다.

둘째, 국내 한자음의 혼란을 정리하고 표준화하려는 일은 무엇 보다 더 현실적인 당면 과제였다고 보인다. 훈민정음 창제를 한 그 이듬해인 세종 26(1443)년에 이미 『운서』의 번역에 착수한 것이 이를 말해주고 있다. 곧 정음正音, 정성正聲을 세우는 일이 치국의 요결임을 깨닫고 있었다. 최소한의 제한적 음소 28자의 언문으로는 중국 전적의 번역을 이룰 수 있고 28자를 배합한 정음문자로는 한자음의 정음과 속음을 표준화하는 데 활용할 수 있는 일종의 일거양득의 결과를 노린 것이다.

셋째, 국제 교린을 위한 중국어에 대한 이해와 학습을 위해 중국의 표준음을 훈민정음으로 표기하려는 노력의 결과로 『홍무정운역훈』을 간행하게 된다. 당시 세종은 원나라 북방음 계열인 『고금운회거요』와 『광운』에 기반으로 하여 훈민정음을 창제하였으나 집현전 신진 학자들은 명나라 관찬 운서인 『홍무정운』을 역해하는 작업이 대두됨으로서 한자음 정비 사업은 비록 짧은 기간이었지만 그 기반이 상당히 변화되었음을 알 수 있다.

넷째, 당시 중국뿐만 아니라 조선과 가장 인접해 있었던 만주 여진 세력의 경략과 교류를 위해 다양한 외국어의 음차 표기의 필요성에 따라 "비록 바람소리 학이 울음 개의 짖음과 같은 것일 지라도 다 가히 쓸 수가 있는지라[雖風聲鶴唳。鷄鳴狗吠。皆可得而書矣。]". 또 "무릇 한자와 본국의 방언을 포함한 모든 것을 쓸 수 있다[凡干文字及本國俚語, 皆可得而書]"라고 하여 보편적 음소문자universal phonemic letters인 훈민정음을 창제한 것이다. 이 '훈민정음'이라는 말 속에는 우리말을 표기하는 '언문'과 한자음을 바르게 표기할 수 있는 '정음'의 문자를 통합한 개념으로 파악할 필요가 있다.

다섯째, 새로 창제한 훈민정음을 나라 안으로는 백성들이 문자를 익혀서 활용할 수 있도록『용비어천가』,『석보상절』,『월인청 강지곡』,『월인석보』 등의 문헌을 언해하여 보급하는 동시에 국 제 교린을 위한 사학(한어, 몽어, 여진, 왜학)의 교재 개발과 학습 을 장려하였던 것이다. 훈민정음 창제 초창기에 훈민정음의 대민 보급에 불성서의 간행이 매우 중요한 의미를 지닌다. 한마디로 말한다면 훈민정음의 창제는 안으로는 세종의 편민便民의 정신과 직서기언直書其言의 실용적인 애민 사상을, 바깥으로는 주체적 의 지의 결과였다고 할 수 있다.

세종께서 '훈민정음'을 창제한 목적은 다음과 같다.

첫째, 훈민정음은 우리말을 물론이거니와 국한 혼용표기를 위해 제정한 것이니 오늘날과 같이 훈민정음 전용을 위한 것은 아니었다. 곧 훈민정음 해례본 합자해에서도 "한자와 언어諺語 를 잡용하게 되면 한자음에 따라서 중성, 종성으로써 보족補足 하는 것이 있으니 공자 ㅣ 魯ㅅ:싸·룹의 류와 같으니라[文與諺雜 用則有因字音而補以中終聲者。如孔子ㅣ魯ㅅ:사·룹之類。]"라고 하 여 국한혼용표기를 전제로 훈민정음을 창제한 것이었음을 알 수 있다.

둘째, 조선의 한자음의 표준화를 위해 훈민정음을 활용하였다. 반절식으로 나타내던 한자음을 등운도를 활용하고 언문을 활용 하여 중국『홍무정운』의 한자 개신음을 적절히 수용하여 조선의 한자음을 표준화를 위해『동국정운』을 만들었으며 이어『홍무정 운역훈』을 통해 중국의 정음과 속음을 모두 이해할 수 있도록 훈민정음을 활용한 것이다.

셋째, 외국어음의 표기를 위해 훈민정음을 적절히 활용하였다.

곧 『용비어천가』에 조선 북관 지역의 여진 지명, 여진 인명과 몽고 인명을 언문자를 활용한 것을 보더라도 한자로 표기하던 불완전함을 극복하기 위해 언문을 활용하였다. '托溫[타·온], 泰紳[탸·신], 禿魯[·투루], 豆漫[투·먼], 禿魯兀[툴·우], 童巾[퉁·컨], 婆猪江[포쥬], 哈闌[하·란], 哈闌北[하·란·뒤]'와 같이 여진, 몽고 지명과 인명을 훈민정음으로 표기함으로써 한자로 쓰던 표음의 불완전성을 극복하려고 한 것이다.

넷째, 한자 차용으로 불완전한 조선의 고유어에 대한 표기로 훈민정음을 활용함으로써 조선의 고유어를 정확하게 표음할 수 있었기 때문에 중세 시대의 우리 고유어를 유지하는데 크게 기여하였다. 한문 원전의 해독에서 한자어 대신 우리 고유어로 언해하려는 의지를 곳곳에서 볼 수 있었지만 조선 후기로 내려오면서 차츰 한자 어휘로 대치되는 변화가 생겨났다.

성리대전을 통해 성인지학을 세우고 백성을 교화하고 한자 차자에서 오는 소통의 불편함을 줄이는 동시에 주변 국가와 교린을 강화하려는 의도에서 전 세계적으로 가장 뛰어난 보편 음소문자universal phonemic letters인 훈민정음을 창제한 것이다. 이 훈민정음 창제의 원리를 해설서로 담아낸 『훈민정음 해례』에는 현대 언어학적인 원리를 능가하는 변별적 대립과 계열적·통합적 언어학 원리가 담겨 있다.

『훈민정음 해례』의 완성 배경

세종이 왜 '훈민정음'을 창제한 이후 이를 집현전 학사들과 함께 『훈민정음 해례』라는 책을 만든 이유가 어디에 있는 것일까?

'훈민정음'은 백성을 지극히 사랑한 세종의 적극적인 소통의 계급적 극복이라는 의지가 담겨 있는, 곧 자주 조선의 새로운 문자 소통 질서를 열어준 결실이었다. 이를 더 이론화하고 제계화한 『훈민정음 해례』의 완성은 또 다른 의미를 부여할 수 있다. 곧 우리말 표음을 위한 '언문'에서 한자음이나 외래어 정속음의 표음을 위한 '훈민정음'으로의 기능적 확대를 함의하고 있다.

　『훈민정음 해례』의 완성은 우리말을 표기할 수 있는 우리 고유의 문자 체계를 완성했다는 것을 뜻하는 동시에 그 기능을 더욱 확장시킨 결과를 가져왔다. 그렇기 때문에 '훈민정음' 예의의 완성을 의미하는 '훈민정음' 창제의 의의와 그 기능이 대폭 확장된 『훈민정음 해례』의 완성 의의를 분명히 구분해야 할 것이다.

　'훈민정음'이 창제되기 이전에는 중국의 한자나 이두吏讀나 구결口訣을 빌려서 표기할 수밖에 없었으므로, 우리말의 표현과 문자의 표현이 일치하지 않았으며, 생각이나 느낌을 온전히 나타내는 데는 매우 불완전하고 또 한계가 있었다. 조선조에는 사대부를 제외하고 한자를 온전하게 활용할 수 있는 일반 백성들에게 한자는 배우기도 어려울 뿐만 아니라 접근하기 거북한 문자였기 때문에 대부분의 백성들은 한자로의 문자생활은 거의 불가능했다. 이러한 상황에서 '훈민정음'의 창제는 비로소 일반 백성들도 문자 생활에 참여할 수 있는 길을 열어 준 것이다. 먼저 새로운 문자 '훈민정음'을 창제한 배경은 크게 두 가지로 정리할 수 있다.

　첫째, 자주적인 조선의 문자를 만들어 한문이나 이두로 소통하는 어려움을 극복하게 하는 일이다. 곧 나라말과 중국의 말이 서로 다른데 중국의 문자를 사용한다는 것이 너무나 불편했다. 이미 이두를 활용해 보기도 했지만 정인지의 서문에서 밝힌 바와 같이

"이 형편은 마치 속담에 이른바 예조(모난 자루)8)와 원조(둥근 구멍)가 서로 합할 수 없다함과 같은 것이라고 할 수 있다[假中國之字以通其用。是 猶枘鑿之鉏鋙也。豈能達而無礙乎。]."

고 할 만큼 자주적 의식을 가지고 조선의 문자를 제정한 것이다. 곧 말과 문자가 일치하는 훈민정음 창제를 통해 직서기언直書其言의 확실한 기반을 마련해 준 것이다.

둘째, 백성들이 바른 문자 생활을 할 수 있게 하려는 세종의 애민 정신이다. 이러한 창제 목적은 『훈민정음』 언해의 기술에 분명히 드러나 있다.

---

8) 예착(枘鑿)과 서어(鉏鋙): 서로 어긋나서 들어맞지 않음. 원조(圓鑿)는 둥근 구 멍. 『이소경』의 『초사집주』에 〈속리소 구변제8〉에 "둥근 구멍에 모난 자루로다. 나는 진실로 그것이 서로 어긋나서 들어맞지 않는 것을 알겠도다[圓鑿而方枘兮 吾固知其鉏鋙而難入]"라는 글에서 따온 표현이다. 병와 이형상의 『자학』 '방언' 항에 '예착(枘鑿)'의 '예(枘)'는 마무끝을 구멍에 넣는 것을 뜻하는데 송옥(宋玉) 의 〈구변(九辨)〉에 "둥근자루와 네모난 구멍이야, 나는 그것이 서로 어긋나 들어가기 어려움을 아네"라고 하였다고 한다. 무릇 '예(枘)'는 본래 서로 들어가 는 물건인데 오직 네모난 자루를 둥근 구멍에 넣으려고 하면 넣을 수 없는 것이다. 지금 '방(方)'과 '원(圓)' 두 글자를 삭제하고 다만 '예(枘)'와 '착(鑿)'은 서로 들어가지 않는다고 하면 글자의 뜻도 통하지 않고 또한 문리도 어긋난다." 고 하였다.

"어린 百빅姓셩이 니르고져 홇배 이셔도 ᄆ촘내 제 ᄠᅳᆮ을 시러 펴디 몯홇 노미 하니라 내 이를 爲윙ᄒᆞ야 어엿비 너겨 새로 스믈여듧 字ᄍᆞᆼ를 밍ᄀᆞ노니 사ᄅᆞᆷ마다 ᄒᆡ여 수ᄫᅵ 니겨 날로 ᄡᅮ메 便뼌安한킈 ᄒᆞ고져 홇 ᄯᆞᄅᆞ미니라"

당시 일반 백성들은 자신의 뜻을 글자로 제대로 표현하지 못하는 상황을 안타깝게 여겨서, 백성들이 스스로 문자 생활을 편안하게 영위할 수 있도록 새로운 문자를 창제했다. 이러한 세종의 애민 정신은 지배 권위의 표현이 아니라 실용적으로 백성 스스로 의사소통이 가능한 방안을 마련한 것이다. 이와 같은 창제 동기에는 실용적 민본사상이 깃들어 있음을 알 수 있다. 한문으로 소통되지 않는 다수의 백성들에게 대량으로 한문 전적을 번역하여 읽게 함으로써 국민교화와 함께 나라가 발전할 수 있다는 세종의 민본사상과 애민사상이 깔려 있었다. 이것은 세종의 편민便民의 의지의 발로라 할 수 있다.

『훈민정음 해례』라는 책의 간행 동기는 '훈민정음' 창제 정신을 보다 확대시킨 결과를 가져 왔다.

첫째, 훈민정음 예의로 확대 해설하고 그 창제의 당위성을 공유하기 위하는 데 있다.

둘째, 우리나라 한자음과 중국 한자음의 교정과 통일을 위해 활용하기 위한 것이었다. 당시 원나라가 망하고 명나라가 들어서면서 원나라 시대의 표준 운서 『고금운회거요』나 『중원음운』에서 벗어나 명나라의 남방음을 반영한 『홍무정운』이 표준운서로 사용됨에 따라 중화의 표준음에 대한 교육과 또 이를 절충한 조선 한자음의 교정과 표준화는 매우 시급한 국가적 과제

중에 하나였다. 『훈민정음』이 창제된 후에 곧 바로 『동국정운東國正韻』과 『홍무정운역훈洪武正韻譯訓』의 편찬 작업에 들어갔다는 사실이 이를 말해준다. '훈민정음'의 창제는 일차적으로 일반 백성을 위한 표기문자 제정이었고 부차적으로는 한자음 교정과 통일을 위한 것이지만 궁극적으로는 백성을 위한 소통문자 28자였다. 그러나 이 우리말 표기에 긴요하게 사용될 제한적인 문자 28자 외에 외래어 표기를 위한 글자를 합성하여 다양한 문자를 만들어 쓸 수 있는 가능성을 열어 두었고 각자병서 6자는 한자음 표기용으로 제작하여 기본자 28자에는 제외 시켰다. 그 외에 자음의 자음자 중에는 우리말에 없는 소리를 표기하기 위한 문자도 포함되어 있는데, 이러한 문자를 굳이 만들었다는 사실은 한자음 교정과 통일이라는 목적을 염두에 두었음을 말해 준다.[9]

셋째, 당시 주변국 곧 일본이나 몽골, 여진 등의 사이四夷 국의 언어학습을 위해 활용하기 위해서이다. 따라서 '훈민정음' 창제 당시 28자의 글자도 대포 확대되어 다양한 외래어를 표기할 수 있도록 문자수가 대폭 늘어났다. 자음 17자 외에 40자 이상으로 합자할 수 있다. 여진어와 같은 외래어 표기에 'ㄴㅊㅋ'가 사용되기도 하였으며 범어와 청어, 몽어를 포함하면 더욱 확대된다.

9) 후음에 'ㆁ, ㆆ, ㆅ'자의 제자나, 연서자 가운데 'ㅱ, ㆄ, ㅹ'자의 제자가 그것인데, 이들 문자는 『동국정운』 식 한자음 표기에만 쓰였다. 『동국정운식』 한자음은 훈민정음이 창제될 당시의 현실 한자음이 아니라, 한자음 교정을 위해 인위적으로 만든 이상적 한자음이다.

기본문자			운용문자		
원형문자	가획자	이체자	병서		연서
			각자병서	합용병서	
아음 ㄱ	ㅋ	ㆁ	ㄲ		
설음 ㄴ	ㄷ ㅌ	ㄹ	ㄸ		(ㆄ)
순음 ㅁ	ㅂ ㅍ		ㅃ	ㅳ, ㅵ, ㅄ, ㅴ	ㅸ, ㅱ, ㆄ, ㅹ
치음 ㅅ	ㅈ ㅊ	ㅿ	ㅆ ㅉ	ㅺ, ㅼ, ㅾ, ㅴ	
후음 ㅇ	ㆆ ㅎ		ㆅ(ㆀ, ㅥ)	ㅴ, ㅵ	
5자	9자	3자	8자	10자	5자
기본문자 17자(제한적 음소문자)			병서 18자		연서 5자
초성 23자(ㆀ, ㅥ 포함 25자)			15자(ㅭ포함)		
모두 42자					

　자음은 제한적 음소문자 17자에서 더욱 확대되어 도합 42여 자 이상으로 합자에 의한 운용의 여백을 남겨 주었다.

　모음은 2자 합용으로는 'ㅘ, ㆇ, ㅝ, ㆊ' 4자를 제시하였는데 'ㆇ, ㆊ'는 한자 교정음 표기에만 그 용례가 보인다. 운용 글자로 ㅣ와 1자 합자는 'ㆎ, ㅐ, ㅒ, ㅚ, ㆉ, ㅢ, ㅔ, ㅖ, ㅟ, ㆌ' 10자를 들었는데 이 가운데 'ㆉ, ㆌ'는 국어표기에는 'ㅛ, ㅠ'로 끝나는 명사의 주격 결합형으로 사용되고 한자음 표기에도 나타난다. 운용 글자로 ㅣ와 1자 합자는 'ㅙ, ㅙ, ㅞ, ㅞ' 4자가 있는데 이 가운데 'ㅞ, ㅞ'는 한자음 표기에만 나타난다. 모두 29자로 확대되었다.

기본자					운용	
기본자		초출자	재출자	2자합자	ㅣ와 1자 합자	ㅣ와 2자 합자
양성	·	ㅗ ㅏ	ㅛ ㅑ	ㅘ ㆇ	ㆎ ㅐ ㅒ ㅚ ㆉ	ㅙ ㆈ
음성	ㅡ	ㅜ ㅓ	ㅠ ㅕ	ㅝ ㆊ	ㅢ ㅔ ㅖ ㅟ ㆌ	ㅞ ㆋ
중성	ㅣ					
	3자	4자	4자	4자	10자	4자
11자			18자			
29자						

그런데 '훈민정음' 창제 동기와 관련하여 "國之語音 異乎中國"에 대한 해석을 "(한자의) 국어음이 중국과 달라서 문자가 서로 통하지 않는다"(정광, 2006: 34)라고 하여 '국어음國語音'을 한자의 동음東音으로 규정하여 "세종은 중국과 우리 한자음의 규범음을 정하기 휘하여 발음기호로서 훈민정음을 고안하였다"(정광, 2006: 34)라고 하여 훈민정음 창제의 동기가 한자음 교정 통일에 있었다는 견해가 있다. 그러나 훈민정음의 기술대로 애민 정신에 의한 자국의 문자 창제를 전제로 한 것으로 보아야 한다. 물론 한자음 교정도 중요한 목적 중의 하나였다고 할 수 있지만, 그것이 1차적인 주된 목적이었다고 보는 것은 무리가 있다.

'훈민정음'이 창제되었음에도 그 주된 사용 계층은 주로 부녀자와 일반 백성들이었다고 알고 있지만 실제 통용문자로 용인되지 않았을 따름이지 사대부가나 남성들은 한자 학습을 위해서도 훈민정음의 학습을 불가피한 것이었다. 그러다가 훈민정음의 사용이 확대되기 시작한 것은 왕실을 중심으로 간경도감을 중심으로 불교경전을 펴냄으로써 훈민정음 보급이 전국적으로 확대되기 시작하였다. 이어서 임란 이후 백성을 위한 교화서적과 유교서적의 보급과 함께 숙종조 이후 훈민정음 소설과 부녀자 중심의 내방 가사가 보급 발달하면서부터이다. 하지만 훈민정음 창제 이후에도 여전히 국가의 모든 공문서는 한문이나 이두문으로 작성되었고, 훈민정음으로 된 문서는 국가의 공식 문서로 인정을 받지 못하다가 훈민정음으로 된 문서가 국가의 공식 문서로 인정을 받기 시작한 것은 갑오경장 때부터이다.

넷째, 『훈민정음』해례본과 『홍무정운』의 오음계의 배치는 차이가 있다. 곧 『고금운회거요』계열의 운도를 기준으로 만든 『훈민정음 해례』에는 '입술소리(脣)-궁(宮)', '목구멍소리(喉)-우(羽)'의 오음계 배치로 되었지만 『홍무정운』계열의 운서에는 '입술소리(脣)-우(羽)', '목구멍소리(喉)-궁(宮)'로 되어 있다.10) 이러한 사실은 이미 『훈민정음』창제 당시에도 운도의 통일 문제가 쟁점이 되었다는 것을 암시해 준다. 따라서 정인지의 서문에서도 이러한 논란과 논쟁을 막기 위해 "그러나 풍토가 구별되고 성기 또한 따라서 다른 즉"이라 하였으며, 『동국정운』서문에서도 "대저 음에 같고 다름이 있는 것 아니요, 사람이 같고 다름이 있는 것이며, 사람에 따라 다름이 있는 것 아니요, 지방이 같고 다름이 있는 것이니, 대개 지세가 다르면 풍기가 틀리고 풍기가 다르면 호흡이 다르니"라고 대응했던 것이다. 물론 중국의 운서 간에도 오음계의 배치는 차이가 있다는 점을 내포하고 있다.

『훈민정음 해례』의 오음계 배치가 『홍무정운역훈』, 『사성통해

---

10) 이상규, 「잔엽 상주본 『훈민정음』」, 『훈민정음』제298집, 훈민정음학회, 2012.

』와 차이가 난다는 점을 지적할 수 있다. 곧 음양오행의 동아시아의 사상 체계로 만든 훈민정음의 제자의 원리를 밝힌 제자해에서 제시한 '순(脣)-궁(宮)'의 배합과 '후(喉)-우(羽)'의 배합이 문제가 있음을 유희도『언문지』에서 이 문제를 지적한 바가 있다.[11] 상주본『훈민정음』행간 필사 기록에도『훈민정음 해례』의 오음계 배치의 문제를 지적하였다. 곧 오음, 오성, 오계, 오시뿐만 아니라 특히 율려와 성음의 이치를 성운학과 통합한 곧 전체를 하나의 원리로 일관하는 통합적 구조주의의 원리에서 오성과 오음(또는 칠성과 칠음)의 배합 원리는 매우 중요한 문제이다.

『훈민정음』창제 당시 세종께서는 원나라 북방음이 반영된『고금운회거요』를 기준으로 오음과 오성을 결정했던 결과이다. 실록 기록에 따르면 태종에서 세종에 이르기까지 궁중에서『고금운회거요』를 많이 활용하였음을 알 수 있는 바 세종에게는 매우 친숙한 운서였음에 틀림이 없다. 그 이후 명나라에서는 심약의『원화운보』를 기준으로 한『홍무정운』의 운도에서 이들 배치가 달라졌기 때문에 집현전 학사들 사이에 이 운도의 차이에 대한 문제 제기가 있었을 것으로 보인다.[12] 따라서 이러한 문제 때문에『운회』번역 사업이 중단되고 이를 토대로 하여『동국정운』사업과 함께 명나라 흠정 운서인『홍무정운』번역 사업으로

---

11) 유희의『언문지』1824년에서도 "또한 후(喉)음을 우(羽)라하고, 순(脣)음을 궁(宮)이라 하였으니, 모두 이치에 맞지 않는다[又以喉爲羽, 以脣爲宮, 皆不通於理]"라고 하여『고금운회』의 오음계 배치를 비판하고 있다.

12) 심약의『원화운보』〈오음지도(五音之圖)〉의 "宮 舌居中(喉音), 角 舌縮却(牙音), 徵 舌拄齒(舌頭, 舌上), 商 口開張(齒頭, 正齒), 羽 口撮聚(脣重, 脣輕)"로 기술한 내용과 다른 점을 집현전의 신진학자들도 알고 있었을 것이다.

한자음 표준화 방향이 전환된 것으로 이해할 수 있다.

실록의 예의 이후의 변개

훈민정음의 창제 이후 중국 성운학을 토대로 하여 운도를 중심으로 하여 횡으로 오음(오성)을 종으로 청탁을 근거로 하여 언문 28자를 제정하였다. 우리말 표기뿐만 아니라 조선 한자음과 중국 한자음의 표기를 위해 제자해에서 초성 제자와 소리체계와 전탁과 병서 규정과 합자해를 설치함으로써 우리말 표기에서 우리말 한자음 및 한어음표기로 확장되었음을 알 수 있다. 예의에서 『훈민정음』 해례본으로 확장되는 과정에서 다음과 같은 분명한 변개가 있었다.

첫째, 운도의 종도에서 청탁의 배열이 예의에서와 해례본에서 다음과 같은 배열상의 차이를 보여주고 있다.[13] 예의에 청탁淸濁 구분에 따른 글자의 배열이 '전청(ㄱ)-전탁(ㄲ)-차청(ㅋ)-불청불탁(ㅇ)'의 순서인데 해례본 제자해에서는 '전청(ㄱ)-차청(ㅋ)-전탁(ㄲ)-불청불탁(ㅇ)'의 순서로 바뀌게 된다.[14] 변개된 부분의 일부인데 이 문제는 단순한 변개가 아니라 예의에서 한자음 표기 부분을 보완하는 과정을 반영한 것이라고 할 수 있다.[15]

---

13) "又以聲音淸濁而言之。ㄱㄷㅂㅈㅅㆆ。爲全淸。ㅋㅌㅍㅊㅎ。爲次淸。ㄲㄸㅃㅉㅆ ㆅ。爲全濁。ㅇㄴㅁㅇㄹㅿ爲不淸不濁。ㄴㅁㅇ其聲最不厲。"(『훈민정음 해례』 제자해)

14) 임홍빈, 「훈민정음은 누가 만들었나」, 이병근선생퇴임기념논문집 『국어학논총』, 태학사, 2006, 1378쪽.

15) '전청-차청-전탁-불청불탁'으로 배열하던 순서를 버리고, 소강절의 〈초성경세 수도〉에서 배열한 순서인 '전청(ㄱ)-차청(ㅋ)-전탁(ㄲ)-불청불탁(ㅇ)'의 순서로 바뀌었다.

둘째, 초성 제자 원리를 요약하여 표로 나타내면 다음과 같다. 초성의 배열순서가 예의와 달라졌다. 예의에서는 '아 → 설 → 순 → 치 → 후'의 순서였는데 해례본 제자해에서는 '후 → 아 → 설 → 치 → 순'의 순서로 배열한 것은 성문(出聲之門)인 목구멍에서 입(聲之出口)까지 조음위치point of articulation에 따라 순차적으로 배열하였다. 이 점은 당시 집현전 학사들이 현대 음성학적 조음의 원리를 충분하게 인식하고 있었음을 말한다. 또한 세종이 창제한 초성 17자의 배열 구도가 해례에 와서 약간의 변개가 이루어졌음을 알 수 있다.

셋째, 예의에서 해례본으로 발전되는 과정에서 여러 가지 변개와 첨삭이 이루어진다. 우리말 표기와 한자음 표기를 엄격하게 구분하여 예의에서 미진했던 부분을 보완해 나간 것이라고 평가할 수 있다. '君, 虯, 快, 業'에 해당하는 음가 표기는 언해본에서는 '군, 뀨, ·쾡, ·업'이지만 『동국정운』 한자음 표기가 확정되기 이전의 해례본에서는 '군, 뀨, ·쾌, ·업'이었을 가능성이 크다. 해례본보다 3년 앞에 나온 예의의 한자음 표기는 언해본과는 분명하게 달랐다는 증거이다. 그럼에도 불구하고 예의를 현대어로 해석할 때 아무른 의심도 갖지 않고 언해본의 음가 표기인 '군, 뀨, ·쾡, ·업'으로 한 것은 분명한 잘못이다.

넷째, 예의에서 밝힌 언문 28자를 기본으로 하여 합자 방식에 따라서 해례본에 이르면 초성 기본자 17자를 포함하여 39자, 중성은 11자를 포함하여 25자가 보인다. 그러나 해례본에서 초성 글자와 중성글자는 아래와 같이 64자의 글자가 보이는데 이것은 한자음 표기를 위한 문자 운용의 방식의 방편이었다.

① 초성 글자

단일 초성 글자		ㄱ, ㅋ, ㆁ/ㄷ, ㅌ, ㄴ/ㅂ, ㅍ, ㅁ/ㅅ, ㅈ, ㅊ,/ㆆ, ㅎ, ㅇ/ㄹ, ㅿ
복합 초성 글자	각자병서	ㄲ, ㄸ, ㅃ, ㅉ, ㅆ, ㆅ, (ㆀ, ㄴㄴ)
	합용병서	ㅳ, ㅄ, ㅶ, ㅷ/ㅺ, ㅼ, ㅽ/ㅴ, ㅵ
	연서	ㅸ, (ㆄ, ㅹ, ㅱ)

② 중성 글자

	소리체계		글자체계
단모음	·, ㅡ, ㅣ, ㅗ, ㅏ, ㅜ, ㅓ		단일 중성 글자
이중모음	ㅛ, ㅑ, ㅠ, ㅕ	ㅣ계 상향모음	2자 중성
	ㅘ, ㅝ	ㅜ계 상향모음	
	·ㅣ, ㅢ, ㅚ, ㅐ, ㅟ, ㅔ	ㅣ계 하향모음	
삼중모음	ㅙ, ㅒ, ㅞ, ㅖ	ㅣ계상향→ㅣ계하향	3자 중성
	ㅙ, ㅞ	ㅜ계상향→ㅣ계하향	

『용비어천가』에서 여진어 표기를 위해 'ㄴㅊㅋ'와 같은 문자도 보인다. 해례본의 용자해에서도 고유어의 용례 94개를 들고 있다. 그러므로 예의에서 밝힌 언문 28자는 우리말을 표기하기 위한 최소한의 제한적 음소였음이 분명하다. 이것은 훈민정음 창제의 목적이 창제 당시에는 우리말 표기를 위한 것임을 말해주고 있다. 그러다가 훈민정음은 표음문자로서 외국어를 표기하기 위한 방식으로 발전되었음을 말해주고 있다.

③ 종성 글자

"종성은 다시 초성을 쓴다"고 하여 종성자를 따로 만들지 않았다고 하였다.

다섯째, 훈민정음 창제 이후 한자음의 표기는 『동국정운』이 제정되기 이전과 그 이후 기간 동안 차이를 보인다. 특히 -p, -t, -k 입성운미의 표기가 『훈민정음 해례』에서는 '-t' 운미인 '彆'을 '볃'으로 표기하였고 '-w' 운미 글자인 '虯'도 '뀨'로 '-j' 운미인 '快'도 '쾌'로 표기하여 'ㅇ'을 표기하지 않았다. 그러나 『훈민정음』 언해본에서는 해례본과 달리 지섭(止攝), 우섭(遇攝), 과섭(果攝), 가섭(假攝)과 해섭(蟹攝)의 '-j' 운미에 'ㅇ'을 표기하고 진섭(臻攝)과 산섭(山攝)의 '-t' 운미인 경우 '-ㄹㆆ'을 표기하여 입성운미를 3성 체계에 따라 표기하였다. 바로 『동국정운』식 표기라고 할 수 있는 이러한 표기 방식은 예의에서 확장된 연구 결과였음이 분명하다.

훈민정음 초성 17자 가운데 소멸한 문자는 아래와 같다.

첫째, 예의에서 제시된 'ㆆ'는 『훈민정음』 용자례에서 제외되었다. 다시 말하면 'ㆆ'는 제한적 음소로 우리말의 어두에서는 음소적 시차성을 지니지 못한 문자여서 사잇소리로만 표기 되었으며 한자음의 표기에도 매우 불완전하게 사용된 문자였다. "先考ㆆ뜯 몯 일우시니"(용가 12장), "깊히 업더시니"(용가 19장)에서와 같이 'ㆆ' 글자는 후음의 폐쇄음[ʔ]으로 'ㅇ'과 대비하여 완급(緩急)의 차이가 있는 것으로 우리말에서는 'ㄹ' 아래의 사잇소리 '-ㄹㆆ'로 표기할 수 있다. 또 초성에서는 'ㅇ'과 'ㆆ'이 서로 비슷하여 우리말에서는 통용할 수 있다고 규정하였다.

둘째, 'ㆁ'는 초성에 자주 사용되었으나 그 사례가 점차 줄어들어 16세기 초엽에는 몇몇 예만 보이다가 'ㅇ'으로 바뀌어 종성에서만 사용되었다. 『훈민정음』 해례에서는 "ㆁ은 비록 혀뿌리로 목구멍을 막고 소리는 코로 통하므로 그 소리가 ㅇ과 서로 비슷하기 때문에 운서에서는 疑(ㆁ)와 喩(ㅇ)기 서로 다수 혼용하고 있다(ㆁ雖舌根閉後之聲氣出鼻而其聲與ㅇ相似, 故韻書疑與喩多相混用)."라고 하여 우리말에서나 한자음에서나 이 둘은 시차성이 없는 글자임을 말하고 있다. 곧 체계를 구성하는 문자로서 이음 표기에 필요했던 문자가 아닌가? 이와 같은 관점에서 김동소 (2003)는 'ㅿ'나 'ㆍ'도 절충적 문자로서 우리말의 지역적 변이형을 통합하는 문자로 설명하고 있다. 문자 제정의 초기적 상황에서 초성이나 종성 모든 환경에서 음소적 시차성 유무에 따라 음소인지를 가려내어야 할 것이다.

셋째, 병서 가운데 각자병서는 한자음 표기에 사용되었기 때문에 예의의 28자에는 포함되지 않았다. 다만 15세기 초기 문헌에는 ㄲ, ㄸ, ㅃ, ㅉ는 매우 제한적으로 사용되었고 'ㅆ, ㆅ'은 우리말의 어두에 'ㆀ'는 우리말의 어중에 나타났으나 'ㆅ'과 'ㆀ' 곧 소멸되었고 16세기에 들어서서 'ㅆ'은 부활되었다.

넷째, 합용병서 ㅅㄱ, ㅅㄷ, ㅅㅂ, ㅂㄷ, ㅂㅅ, ㅂㅈ, ㅂㅌ, ㅂㅅㄱ, ㅂㅅㄷ 등은 우리말의 어두에서 사용되었며 드물게 'ㅅㄴ'와 여진어에 'ㅅㅈ'가 사용되기도 하였다.

다섯째, 연서 글자로 'ㅸ'는 우리말에서 'ㅱ, ㆄ, ㅹ'는 한자음 (ㅱ)이나 여진어(ㆄ)에서 사용되었다.

여섯째, 종성 규정에서 예의에서는 "종성은 다시 초성으로 쓸 수 있다(終聲復用初聲)"이라고 하여 종성에 초성을 모두 쓸 수 있는 것으로 규정하였지만 해례에서는 "8종성으로 가히 쓸 수 있다(八終聲可足用也)"라고 하여 사실상 8종성(ㄱ, ㆁ, ㄷ, ㄴ, ㅂ, ㅁ, ㅅ, ㄹ)으로 제한을 두고 있다. '빗곶'과 '엿의갗'을 모두 '빗곳' 과 '엿의갓'으로 'ㅈ, ㅊ, ㅿ'을 모두 'ㅅ'으로 쓸 수 있음을 밝히고 있다.

일곱째, 사잇소리 규정. 이것은 적어도 예의에서 해례에 이르는 과정에서 매우 중대한 규정의 변개라고 아니할 수 없다.

여덟째, 종성에서 합용병서는 'ㄱㅅ, ㅄ, ㄼ, ㄻ, ㄿ'뿐이다. 그런데 "사ᄙᆞ ᄠᅳ디리잇가"(용가 15)의 예에서처럼 종성의 'ㄿ'은 'ㅂ' 뒤에 사용되는 사잇소리의 표기일 뿐이다.

아홉째, 예의에서는 모든 글자가 반드시 합하여 음을 이룬다고 규정하고 종성이 없는 글자에서도 'ㅇ'을 표시하도록 규정하였으나 해례에서는 "ㆁ은 소리가 맑고 비어서 바드시 종성으로 쓰지 않아도 종성이 가히 음을 이룰 수 있다"고 하여 빈자리 종성에 'ㅇ'를 표기하지 않아도 된다는 규정으로 변개하였다.

이와 함께 우리말은 초성자나 중성자 하나만이 떨어져 쓰일 수 없다는 것이 예의의 원칙이지만 『훈민정음』 해례의 〈합자해〉에서는 중성과 종성의 보충적 편법인 한자와 함께 쓰는 경우 "補以中終"으로 규정하고 있다. 곧 '孔子ㅣ', '魯ㅅ 사ᄅᆞᆷ'의 예에서와 같이 중성이나 종성의 글자가 따로 떨어져서 사용되고 있다.

결국 언문 28자 창제 이후 한 음절글자는 초성, 중성, 종성을 갖추어야 한다는 음절 표기 의식(凡字必合而成音)에 대한 상당한 변개가 있었음을 확인할 수 있으며, 정성과 정음의 의식으로 우리말을 포함한 한자음 표기 방식으로 정착되면서 훈민정음(정음)이라는 의식으로 굳어진 것이다.16)

훈민정음은 과학적인 문자인가?

훈민정음을 세계 최고의 문자라고 자랑하고 있지만 구체적으로 훈민정음이 어떤 점이 우수한가를 물으면 제대로 답을 하는 사람이 그렇게 많지 않다. 인류의 문자 발달사적인 측면에서 훈민정음이 어떤 관점에서 과연 과학적이고 창의적인 점을 가지고 있는지 살펴보자.

먼저 발생적 측면에서 훈민정음은 창제자와 창제한 시기가 매우 분명한 세계 유일의 문자이다. 대체적으로 문자 발전은 오랜 시간을 경유하여 사용자들의 언어적 특정에 맞추어 변형되는데 비해 훈민정음은 마치 혜성이 나타나듯 세종 25(1443)년 12월에 세종이 직접 창제한 훈민정음 28자의 문자꼴과 그 음가를 비롯한 간략한 문자 운용법을 밝힘으로써 새로운 문자가 탄생한 것이다. 이것을 토대로 하여 한자음을 비롯한 외래어를 표기하기 위해 집현전 학사들과 3년이라는 연구를 거쳐 훈민정음의 해설서인 훈민정음 해례본을 완성함으로써 훈민정음이 탄생한 것이다. 다시 말하자면 훈민정음은 다른 문자를 변형하거나 개조하여 만든 문자가 아니라 완전 독창적으로 창작한 발명문자이다.

세종이 창제한 훈민정음 28자는 초성 17자와 중성 11자를 포함한 총 28자의 글꼴과 그 음가를 밝히는 동시에 자소의 결합 방식을 연서, 병서, 부서의 방법과 음절결합과 성음 방식을 비롯한 종성규정과 초분절음소인 사성 규정을 예의로 제시함으로써 원

---

16) 이숭녕(1976: 32~33) 선생은 세종 25년 실록 기사와 정인지 서문을 상화 대조하여 세종 사후에 실록을 기록하면서 어렴풋한 기억을 더듬어 추가 기록한 결과로 평가하고 있다.

벽한 새로운 문자를 제시한 것이다.

예의에서 밝힌 초성 곧 자음의 제자 원리는 조음위치에 따른 아, 설, 순, 치, 후, 반치, 반설과 조음방식인 '전청－전탁－차청－불청불탁'을 기준으로 발음기관을 형상한 기본자와 이를 가획과 이체자로 만들었으며, 중성 곧 모음은 하늘(天 , ·), 땅(地, ㅡ), 사람(人 , ㅣ) 삼재를 형상한 기본자 3자에서 부서와 성음 방식으로 11자를 만들었다. 자음과 모음 모두 상형의 방식을 기본으로 하여 만들어졌기 때문에 세계 문자사에서 유일한 독창적인 문자라고 할 수 있다.

문자 분류적인 측면에서 훈민정음은 음소문자phonemic writing인 동시에 다양한 외국어를 표기할 수 있는 음성문자phonetic writing적 성격을 지닌 자모문자alphabetic writing이다. 예의에서 밝힌 28자 가운데에는 전탁글자(ㄲ, ㄸ, ㅃ, ㅆ, ㅉ, ㆅ) 6자는 그 당시 우리말의 음소를 표기하기 위한 것이 아니었으며 연서 규정에 의해 만들 수 있는 ㅸ, ㅱ, ㆄ, ㅹ와 같은 글자 역시 당시 외국어인 한어를 표기하기 위한 음성 부호인 잉여적인 문자였다. 세종이 훈민정음 창제 당시 우리말 표기를 위한 음소문자로서 그리고 당시 중국어나 몽고, 여진어를 기록할 수 있도록 합자 방식을 마련하고 있었기 때문에 음소문자인 동시에 음성문자로서의 성격을 가지고 있었다. 『훈민정음 해례』의 정인지 서문에서도 "비록 바람소리학이 울음 개의 짖음과 같은 것일지라도 다 가히 쓸 수가 있는지라[雖風聲鶴唳。鷄鳴狗吠。皆可得而書矣。]." 또 "무릇 한자와 본국의 방언을 포함한 모든 것을 쓸 수 있다[凡干文字及本國俚語, 皆可得而書]"라고 하여 보편적 음소문자universal phonetic lett ers로서 우수성을 창제 당시의 사람들도 다 알고 있었던 것이다. 또한 훈민정음 28자의 자소의 결합은 반드시 'C(초성)+V(중성)+C(종성)'의 음절 구성을 전제로 성음이 이루어질 수 있다는 음질문자 syllabic writing의 성격을 지니고 있었다.

마지막으로 문사 구성상의 특징을 들 수 있다. 영어 알파벳에서 'A−B−C'가 문형 형태상 아무런 관련을 찾아 볼 수 없다. 다만 'B−D−R', 'E−F' 정도 형태적 유사성이 있으나 훈민정음이 가지고 있는 자형 간의 계열적 통합적 관련성과는 거리가 멀다. 훈민정음은 앞에서도 언급했듯이 CVC 단위로 구성되는 음절문자로서 V(모음)을 중심으로 좌−우, 상−하의 자소 조합에 의해 한 음절의 글자가 만들어지는 방괘형 문자이다. 이점은 한자나 거란문자, 여진문자의 모아쓰기 방식과 매우 유사한 동아시아 문자사의 특징 가운데 하나이다.

훈민정음의 자소인 자음과 모음은 글꼴 그 자체가 음소적 시차성을 함축시켜놓은 놀라운 조직체계를 가지고 있다. 'ㄴ−ㄷ−ㅌ', 'ㅁ−ㅂ−ㅍ', 'ㅅ−ㅈ−ㅊ'의 관계가 횡적으로 자소의 통합 관계 Syntagematic Relation에 가획이라는 방식에 따라 조음 방식을 변별해주고, 'ㄴ−ㅁ−ㅅ', 'ㄷ−ㅂ−ㅈ', 'ㅌ−ㅍ−ㅊ'의 관계가 종적으로 조음 위치에 따른 계열 관계 Paradigmatic Relation가 고려된 2원적 조직체계라는 면에서 매우 뛰어난 과학적 조직체계를 갖춘 문자이다. 모음 역시 원형인 하늘(·)을 땅(ㅡ)과 결합하여 누운 글자 'ㅗ−ㅜ−ㅛ−ㅠ'를 만들고 하늘(·)을 사람(ㅣ)과 결합하여 세운 글자 'ㅏ−ㅓ−ㅑ−ㅕ'를 만들어 이 역시 통합적 관계와 계열적 관계가 2원적으로 조직된 세계 유일의 과학적 문자이다.

이러한 조직 원리를 갖춘 훈민정음의 우수성에 대해 Sampson (1985) 선생은 훈민정음을 자질문자Feature writing라고 규정하며 훈민정음의 과학성을 예찬하고 있다.

바로 이러한 훈민정음의 문자 구성 자체가 과학적이기 때문에 누구나 손쉽게 학습할 수 있다. 『훈민정음 해례』의 정인지 서문에서도 "이 28자는 전환이 무궁하여 매우 간략하되 지극히 요긴하고 또 정하고도 통하도다. 고로 지자(슬기로운 사람)이면 하루아침이 다 못하여 이것을 깨달을 수 있고 우자(어리석은 사람)라 해도 열흘이 다 못되어 능히 다 배울 수 있는 것이니[以二十八字而轉換無窮。簡而要。精而通。故智者。不終朝而會。愚者可浹旬而學。]"라고 하였다.

훈민정음은 독창적이고 과학적인 문자라고 알려져 있다. 그러면 독창적이라고 하는 근거와 과학적이라고 하는 근거는 무엇인가? 먼저 독창성의 근거로는 두 가지 정도를 들 수 있다.

첫째, 지구상에 존재하는 대부분의 문자들은 상형에서 출발하여 오랜 시간 동안 점차 정교화되고 체계화되어 하나의 문자 체계로 발전한 것이다. 그래서 어떠한 문자도 창제자라는 존재가 있을 수 없다. 하지만 훈민정음은 이런 일련의 과정을 거치지 않고 처음부터 완전한 기호 체계를 만들었다. 즉 말 그대로 문자를 창제한 것이다. 그래서 훈민정음을 독창적인 문자라고 하고 있는 것이다.

훈민정음을 창제할 때 파스파 문자나 몽골 문자, 인도 문자에 대한 고려가 없었던 것은 아니지만, 이것이 훈민정음의 독창성을 부인하는 증거는 되지 못한다. 즉 세종이 훈민정음을 창제할 때 이미 존재하는 문자들을 참고하였다는 것은 사실이지만, 그렇다고 해서 훈민정음의 이미 존재하는 문자와 직접적으로 관련된 것은 아니기 때문이다.

둘째, 훈민정음은 국어의 음절에 대한 정밀한 분석을 토대로 만들어졌다. 그런데 중국 운학韻學에서 음절은 성모聲母와 운모韻母로 2분하는 데 비해,[17] 훈민정음에서는 음절을 초성初聲, 중성中聲, 종성終聲으로 3분하였다. 이는 중국의 운학을 참고하였지만, 중국의 운학을 그대로 따르지 않고 국어의 특성에 맞게 음절을 분석하였다는 증거이다. 이역시 훈민정음이 독창적이라는 말할 수 있는 근거이다.

하지만 중국 운학의 자모 체계와의 일치를 고려한 흔적들이 일부 있는 것은 사실이다. 예컨대 후음 체계의 문자 가운데 'ㅇ, ㆅ, ㆆ'를 제자한 사실이다. 15세기 국어에 실존했던 음소 'ㅸ'(순경음 비읍)을 초성 17자 목록에서 누락시킨 사실은 중국 운학의 체계를 반영한 결과이다. 그러나 훈민정음의 창제 동기 가운데는 한음 교정이라는 또 목적이 있었음을 고려할 때, 이러한 사실이 훈민정음의 독창성을 약화시키지는 않는다고 할 것이다.

다음으로 훈민정음이 과학적이라고 말하는 근거는 훈민정음의 제자 원리가 현대 음성학·음운론의 음성 분석 방식과 거의

---

17) 한자음은 성모와 운모로 구성된다. I-MVF 두 요소로 구성되는데 I는 성모이고 MVF는 운모인데 이는 다시 세 요소로 구성되어 있다. M은 개모(介母, 운두), V는 핵모(核母, 운복), F는 운미(韻尾)이다. 개모의 유무에 따라 개구와 합구로 구분되고 다시 등호에 따라 개구호, 재치호, 합구호, 촬구호로 나누어 운모 구성을 설명한다. 곧 IMVE/T(I=Initial, 어두자음, M=Medial Vowel 介音, V=Vowel 모음, E=Ending 음절말음, T=Tone 성조)로 도식화할 수 있다.

일치한다는 사실 때문이다. 즉 훈민정음 창제 당시에 이미 국어의 소리를 조음 위치와 조음 방식에 때라 정밀하게 분석하고, 이러한 분석을 토대로 각각의 소리에 대응하는 글자를 만들었다.

또한 소리를 음절 단위로 분석하고, 음절을 다시 초성·중성·종성으로 분석한 후, 각각 초성자, 중성자, 종성자를 만들었다. 이 역시 현대 음성학·음운론의 음절 분석 방식과 일치한다. 그리고 자음의 제자에서 소리의 세기를 고려하여 가획을 한 사실은 소리의 물리적 특성까지 분석하여, 이러한 소리의 물리적 특성을 문자에 반영했음을 말해 준다. 모음의 제자에서도 축蹙에 따른 모음의 분류는 조음 방식에 따른 소리의 차이를 제자에 반영한 것으로 현대 음성학과 음운론의 원수성의 유무에 따른 모음의 분류와 정확히 일치한다.

훈민정음이 과학적이라고 말하는 것은 바로 이러한 이유들에서이다.

훈민정음 자모의 명칭과 배열순서

훈민정음 창제 당시에는 훈민정음 자모의 명칭이 무엇이었는지에 대한 설명은 없다. 다만 "ㄱ ᄂᆞᆫ 牙앙音흠·이·니 如셩君군ㄷ字쭝初총發벓聲ᄒᆞ·니·라"라고 하여 'ㄱ' 다음에 격조사가 'ᄂᆞᆫ'인 것으로 보아 양성모음이나 중성모음으로 끝나는 것으로 보인다. 따라서 이 'ㄱ'은 'ㄱㅣ' 혹은 'ㄱㆍ'였을 가능성이 있다. 오늘날의 훈민정음 자모의 명칭은 처음으로 최세진의 『훈몽자회』 범례에 자모 배열과 함께 제시되었다. 〈초종성통용팔자〉에서 "ㄱ其役(기역), ㄴ尼隱(니은), ㄷ地ⓓ(디귿), ㄹ梨乙(리을), ㅁ眉音(미음), ㅂ非邑

(비읍), ㅅ時㉒(시옷), ㅇ異凝(이응)", 〈초성독용팔자〉"ㅋ𥠵(키), ㅌ治(티), ㅍ皮(피), ㅈ之(지), ㅊ齒(치), ㅿ而(ᅀᅵ), ㅇ伊(이), ㅎ屎(히)"와 〈중성독용십일자〉에서 "ㅏ阿(아), ㅑ也(아), ㅓ於(어), ㅕ余(여), ㅗ吾(오), ㅛ要(요), ㅜ牛(우), ㅠ由(유)"로 자모의 명칭을 밝혀두고 있다. 초성에서 "ㄱ其役(기역), ㄷ地㉘(디귿), ㅅ時㉒(시옷)"은 먼저 '기윽'이 아니고 '기역'이 된 것은 '윽'으로 읽히는 한자가 없기 때문에 '역(役)'으로 표시했으며, 역시 'ㄷ地㉘'도 '귿'이라는 한자가 없기 때문에 '끝말(末)'의 자석으로 표시했으며, 'ㅅ時㉒' 역시 '옷의(衣)'의 자석으로 표시하였다. 따라서 다른 초성은 모두 '니은', '리을', '미음' 등으로 '으'로 끝나데 위의 석 자는 '기역', '디귿', '시옷'이 되어 마치 일관성이 없어 보인다. 〈초성독용팔자〉에서는 "ㅋ𥠵, ㅌ治, ㅍ皮, ㅈ之……"처럼 한자음의 핵모음이 모두 'ㅣ'로 끝난다. 이러한 점에서 〈초성통용팔자〉의 자모 명칭도 '기, 니, 디, 리……'였을 가능성이 매우 크다. 병와 이형상(1653~1733)의 『자학』〈언문반절설〉에 따르면 이들 초성의 명칭 'ㄱ其役'에서 '기(其)'는 초성의 소리를 '윽(役)'은 종성의 소리를 마치 반절하듯이 그 명칭을 정했다는 증언과도 일치한다.

이 훈민정음 자모의 명칭이 『국문연구의정안』에서는 2음절인 "ㅇ이응, ㄱ기윽, ㄴ니은, ㄷ디귿, ㄹ리을, ㅁ미음, ㅂ비읍, ㅅ시옷, ㅈ지읒, ㅎ히읗, ㅋ키윽, ㅌ티읕, ㅍ피읖, ㅊ치읓"으로 결정되었는데 북한에서는 이 안에 의거하여 자모 명칭을 결정했으나 1934년 〈훈민정음 맞춤법 통일안〉에서는 이를 받아드리지 않고 '기역', '디귿', '시옷'과 나머지는 '니은, 리을, 미음, 비읍……' 등으로 최세진의 『훈몽자회』 범례와 동일하게 정하였다.

훈민정음의 자모 순서는 훈민정음 예의(1443년)의 초성 순서는 '아, 설, 순, 치, 후', 오음의 순에 따라(해례에서는 예의의 순서와 달리 '후–아–설–치–순'으로 소리문(聲門)에서 입까지 공기 흐름의 순서에 따라 배열되어 있어 차이를 보인다.)가 모음은 하늘(天, ·), 땅(地, ㅡ), 사람(人, ㅣ)의 순서에 따라 가획에 의한 초출자와 재출자로 배열하였다.

초성: ㄱ, ㅋ, ㆁ, ㄷ, ㅌ, ㄴ, ㅂ, ㅍ, ㅁ, ㅈ, ㅊ, ㅅ, ㆆ, ㅎ, ㅇ, ㄹ, ㅿ(17자)
중성: ·, ㅡ, ㅣ, ㅗ, ㅏ, ㅜ, ㅓ, ㅛ, ㅑ, ㅠ, ㅕ(11자)

그 후 최세진의 『훈몽자회』(1527) 범례에서는 자모의 배열순서가 크게 바뀌었다. 성운학과 성리학적 역학의 원리에 따라 배열된 훈민정음의 자모 순서를 깨트리고 일대 변화를 이룬 이유는 명확하지 않으나 팔종성법과 관련이 있는 것으로 추정된다. 먼저 초성과 종성에 두루 사용되는 〈초종성통용팔자〉 'ㄱ, ㄴ, ㄷ, ㄹ, ㅁ, ㅂ, ㅅ, ㅇ'를 먼저 배열하고 다음에 〈초성독용팔자〉 'ㆁ, ㅋ, ㅌ, ㅍ, ㅈ, ㅊ, ㅇ, ㅿ, ㅎ'을 아, 설, 순, 치, 후에 맞추어 배열한 결과이다. 중성은 하늘(天, ·), 땅(地, ㅡ), 사람(人, ㅣ)을 기준으로 하여 개구도가 큰 모음으로부터 개구도가 작은 모음의 순서로 배열하였다. 결국 실용적인 관점에서 훈민정음 반절도를 만들면서 자모 순서도 달라진 것으로 보인다.

초성: ㄱ, ㄴ, ㄷ, ㄹ, ㅁ, ㅂ, ㅅ, ㅇ, ㅋ, ㅌ, ㅍ, ㅈ, ㅊ, ㅇ, ㅿ, ㅎ(17자)
중성: ㅏ, ㅑ, ㅓ, ㅕ, ㅗ, ㅛ, ㅜ, ㅠ, ㅡ, ㅣ, ·(11자)

이후 최세진의 『훈몽자회』 범례의 자모 배열 순서는 숙종 이후 활발하게 전개되는 실학자들 연구에 많은 영향력을 끼치게 된다. 오늘날의 자모 순서와 가장 근접하는 홍계희의 『삼운성휘』 (1751)에서는

초성: ㄱ, ㄴ, ㄷ, ㄹ, ㅁ, ㅂ, ㅅ, ㅇ, ㅈ, ㅊ, ㅌ, ㅋ, ㅍ, ㅎ(14자)
중성: ㅏ, ㅑ, ㅓ, ㅕ, ㅗ, ㅛ, ㅜ, ㅠ, ㅡ, ㅣ, ·(11자)

오늘날의 자모 순서와 'ㅋ'과 'ㅌ'의 순서만 차이를 보일 뿐이다. 『훈몽자회』 범례의 자모 배열 순서와 비교해 보면 〈초성통용 팔자〉를 먼저 배치하고 〈초성독용팔자〉를 뒤로 미루어 배치한 것이다. 그리고 'ㅿ'과 'ㆁ'은 제외되었고 나머지 6자가 치음자 'ㅈ, ㅊ'이 앞에 나오고 그 다음 설음자 'ㅌ', 아음자 'ㅋ', 순음자 'ㅍ', 후음자 'ㅎ'의 순서로 되어 있어 『훈몽자회』 범례의 자모 배열순서인 'ㅋ, ㅌ, ㅍ, ㅈ, ㅊ, ㅎ'와는 다르다.

『국문연구의정안』(1909)에서는 청음자(무성음)를 앞에 배치하고 격음자(유기음)를 나중에 배치하였는데 유독 'ㆁ'을 맨 앞에 배치한 것은 강위의 『동문자모분해』(1869)와 일치한다. 『국문연구의정안』에서의 자모 배열 순서는 다음과 같다.

초성: ㆁ, ㄱ, ㄴ, ㄷ, ㄹ, ㅁ, ㅂ, ㅅ, ㅈ, ㅎ, ㅋ, ㅌ, ㅍ, ㅊ(14자)
중성: ·, ㅡ, ㅣ, ㅗ, ㅏ, ㅜ, ㅓ, ㅛ, ㅑ, ㅠ, ㅕ(11자)

『국문연구의정안』의 자모 배열 순서는 어윤적이 주장한 '·'를

폐지하자는 주장을 고려하면 그의 제안과 일치하고 있다. 중성은 'ㆍ'를 제외한『훈몽자회』범례의 자모 배열 순서와 완전 일치한다.

반면 주시경 선생은『국문연구』(1906)에서 초성의 배열 순서를 "ㄱ, ㄴ, ㄷ, ㄹ, ㅁ, ㅂ, ㅅ, ㅇ, ㆆ, ㅋ, ㅌ, ㅍ, ㅊ"로 차이를 보여주고 있다. 또한 중성도 "ㅏ, ㅓ, ㅗ, ㅜ, ㅡ, ㅣ, ㅑ, ㅕ, ㅛ, ㅠ"로 그 배열 순서의 차이를 보이고 있다.

1933년『훈민정음맞춤법통일안』에서는『훈몽자회』범례의 자모 배열 순서에서 'ㅋ, ㅌ, ㅍ'와 'ㅈ, ㅊ'의 순서를 바꾸고 'ㆆ'을 없앤 대신 'ㅇ'을 그 자리에 놓고 'ㆍ'를 제외시켰다.

『훈민정음맞춤법통일안』에서는 훈민정음 자모의 수는 스물넉 자로 하고, 그 순서와 이름은 다음과 같이 정하였다.

초성: ㄱ(기역), ㄴ(니은), ㄷ(디귿), ㄹ(리을), ㅁ(미음), ㅂ(비읍), ㅅ(시옷), ㅇ(이응), ㅈ(지읒), ㅊ(치읓), ㅋ(키읔), ㅌ(티읕), ㅍ(피읖), ㅎ(히읗)(14자)

중성: ㅏ(아), ㅑ(야), ㅓ(어), ㅕ(여), ㅗ(오), ㅛ(요), ㅜ(우), ㅠ(유), ㅡ(으), ㅣ(이)(10자)

다만 북한에서는 국어사정위원회에서 결의한『조선말규범집』(1987)에서 자모의 순서와 명칭을 다음과 같이 정하였다.

초성: ㄱ(기윽, 그), ㄴ(니은, 느), ㄷ(디읃, 드), ㄹ(리을, 르), ㅁ(미음, 므), ㅂ(비읍, 브), ㅅ(시읏, 스), ㅇ(이응, 응), ㅈ(지읒, 즈), ㅊ(치읓, 츠),

ㅋ(키읔, 크), ㅌ(티읕, 트), ㅍ(피읖, 프), ㅎ(히읗, 흐)

중성: ㅏ(아), ㅑ(야), ㅓ(어), ㅕ(여), ㅗ(오), ㅛ(요), ㅜ(우), ㅠ(유), ㅡ(으),

ㅣ(이), ㅔ(에), ㅐ(애), ㅖ(에), ㅖ(예), ㅚ(외), ㅟ(위), ㅣ(이), ㅘ(와),

ㅝ(워), ㅙ(왜), ㅞ(웨)

남북 간의 자모 배열 순서의 차이는 얼핏 보면 차이가 없는 듯하지만 상당한 차이를 보여주고 있다. 사전 편찬의 올림말의 순서 차이로 이어져 민족 언어를 통일하는데 걸림돌이 될 수 있다.

'훈민정음'의 판본

'훈민정음'과 관련된 판본 문헌 자료로는 실록에 실린 『훈민정음 예의』(정음본이라고도 한다)와 세종의 어제서문과 예의를 언해한 『훈민정음 언해』와 세종 서문과 예의를 머리에 올리고 『훈민정음 예의』를 전면 해설하고 예를 단 『훈민정음 해례』와 같은 문헌들이 전한다.

문자 '훈민정음'은 1443년에 완성되었고 이를 해설한 『훈민정음 해례』는 1446년에 이루어졌다. 이 해례에는 앞쪽에 세종 어제와 예의가 실려 있고 그 다음 훈민정음해례가 있으며 마지막에 정인지 서문이 있다. 흔히 세종 어제와 예의를 '예의본', '훈민정음 예의본' 혹은 '정음본'이라고 한다. 그 다음 훈민정음해례는 세종과 함께 정인지, 최항 등 8명의 집현전 학사가 쓴 것으로 '제자해', '초성해', '중성해', '종성해', '합자해', '용자례'의 순서로 5해 1예로 6개 부분으로 구성되었으며 마지막에 정인지의 서문과 간행기가 실려 있다.

『훈민정음 해례』는 세종 25(1443)년에 세종이 친제한 언문 28자의 글꼴과 음가 및 문자 운용 방법을 해설한 내용을 담고 있다. 이 해례본은 두 부분으로 구성되어 있는데 앞부분인 본분에는 어제 서문과 훈민정음 28자의 글꼴과 음가, 문자의 운용법을 설명한 예의로 이루어져 있고 뒷부분은 제자해, 초성해, 중성해, 종성해, 합자해, 용자례 곧 5해 1례와 함께 정인지 서문과 참여한 여덟 학사의 명단이 실려 있다. 『훈민정음』의 글자 수 : 『훈민정음』 해례본의 글자 숫자는 아래와 같다. 예의편은 총 405자인데 어제 서문이 53자이며, 예의는 총 348자이다. 초성 자형 음가를 밝힌 내용은 203자, 중성 자형 음가는 66자, 종성 규정은 6자, 기타 운용에 대한 내용은 73자이다. 한편 해례편은 본문 곧 어제 서문과 예의편이 438자이며 해례 부분의 제자해는 2,320자, 초성해는 169자, 중성해는 283자, 종성해는 487자, 합자해는 673자, 용자례는 431자, 정인지 서문은 558자이다. 세종의 서문의 한자 수는 53자이고 언해문은 108자인데 이 숫자에 맞추기 위하여 언해나 한자 사용에 인위적인 조절이 있었다는 주장도 있다. 예를 들면 김광해, 「훈민정음의 우연들」(『대학신문』, 서울대학교, 1982년 11월 19일자) 및 「훈민정음과108」(『주시경학보』 제4호, 탑출판사, 1989, 158~163쪽)의 논설이 있다.

『훈민정음 해례』 책은 본문격인 예의편과 이를 해설한 해례편을 합하여 세종 28(1446)년 9월 상한에 목판으로 총 33엽으로 인출하였다. 이 『훈민정음 해례』 책은 현재 두 가지 이본이 남아 있다. 1940년 안동 고가에서 찾아낸 원간본은 현재 간송미술관에 소장되어 있으며, 이와 동일한 이본이 2008년 경북 상주에서 공개한 잔엽 상주본이 있다. 다만 상주본『훈민정음 해례』은 전모가 공개되지 않은 불완전한 잔엽본이다. 두 가지 원간본은 모두 중대한 결함을 안고 있다. 전자는 1~2엽이 낙장본이고 후자는 중간 중간이 떨어져 나간 잔엽본에 지나지 않지만 원간본『훈민정음 해례』은 이제 두 종류가 있는 셈이다.[18]

　『훈민정음 해례』은 두 부분으로 구성되어 있는데 어제 서문과 예의편인 본문 4엽과 해설편인 5해 1례로 된 '훈민정음해례'와 정인지 서문 부분이 실린 29엽을 합해서 총 33엽이다. 간송미술관 소장본『훈민정음』의 서지 문제에 있어서 몇 가지 문제점이 드러난다. 첫째, 이 책의 크기에 대해서 정확한 내용을 확인할 수 없다. 안병희(2007: 28) 선생은 새로 보수하는 과정에서 책판의 크기가 달라졌을 개연성이 있다고 보고 세로 32.2cm, 가로 16.3cm 또는 세로 29cm, 가로 20cm로 추정하고 있다. 훈민정음 연구자 가운데 최고의 권위자인 안병희 교수조차도 이 책의 실물을 실측할 기회를 갖지 못했기 때문에 세로 3.2cm, 가로 3.6cm 정도의 오차 범위로 책의 크기를 확정짓지 못하고 판정을 유보하고 있는 상태이다. 김주원(2007) 선생은 이 책의 크기를 문화재청에서 유네스코 기록 문화유산 등재 신청 과정에서 조사한 내용에 가장 근접하는 크기인 세로 29.3cm, 가로 20cm로 발표하였다. 그 외에 많은 연구자들은 직접 실측할 기회가 없었기 때문에 다른 연구자들의 기록을 그대로 옮겨 씀으로써 학자

---

18) 이상규, 「잔엽 상주본『훈민정음 해례』」, 『기록인』 23, 국가기록원, 2013.

들마다 견해가 서로 다르다. 문화재청은 이 책의 크기를 세로 29.3cm, 가로 20.1cm로 공식적으로 발표하였는데 김주원 선생의 측정 결과와 가로의 크기가 0.1cm의 오차를 보이나 이것은 측정 과정에서 생겨날 수 있는 일이거나 각 엽마다 다소의 크기의 차이를 보일 수 있는 문제이다. 잔엽 상주본『훈민정음』와 대비해 본 결과 결국 문화재청 조사 결과나 김주원 선생의 측정 결과는 모두 보수와 보사를 한 이후 축소된 개장본을 대상으로 측정한 결과였다.

개장(책을 해체하였다가 다시 제책함)하기 이전의 간송미술관 소장『훈민정음』의 본래 크기를 확인하기 위해 잔엽 상주본『훈민정음』의 9엽 1장의 크기를 측정해 본 결과 이상백(1957: 4) 교수가 밝힌 것과 비슷한 세로 32cm, 가로 16cm 정도의 크기였다. 물론 9엽도 약간 구겨진 상태이기 때문에 정밀한 측정 결과는 아니라고 하더라도 원간본『훈민정음』본래의 크기는 세로 32cm, 가로 16cm 내외였음을 확인할 수 있다. 그뿐만 아니라 외형상 잔엽 상주본『훈민정음』은 간송미술관 소장본『훈민정음』과 동일본임을 알 수 있다.

둘째, 간송미술관 소장본『훈민정음 해례』의 반곽은 쌍변으로 행간 계선이 있는데 이 반곽의 크기 또한 통일이 되어 있지 않다. 통문관의 이겸노 씨가 처음으로 반곽의 크기를 세로 23.3cm, 가로 16.7cm로 보고하였다. 그 후 이상백(1957: 21) 교수와 안병희(2007: 28) 선생은 세로 23.2cm, 가로 16.5cm로 발표하였고 강신항(2003: 89)과 조규태(2008: 12) 선생은 세로 23.3cm, 가로 16.8cm로 각각 보고하였다. 최근 문화재청 조사 결과는 세로

22.6cm, 가로 16.1cm(본문 4장 앞면 기준)로 발표하였다. 반곽의 가로 크기는 문화재청 조사 결과와 비교하면 이상백(1957: 21)과 안병희(2007: 28)는 1.4cm, 강신항(2003: 89)과 조규태(2008: 12)는 0.7mm의 차이를 보여주고 있다. 세로 크기는 문화재청 조사 결과와 이상백(1957: 21)과 안병희(2007: 28)를 비교해 보면 0.4mm, 강신항(2003: 89)과 조규태(2008: 12)는 0.7mm의 차이를 보이고 있다. 『훈민정음 해례』의 반곽의 크기에 대해 학자들 사이에 최대 1.4cm의 오차를 보인다는 것은 좀처럼 이해할 수 없는 일이다. 이처럼 책판 크기의 차이를 보이는 이유는 두 가지 정도로 추정할 수 있다. 먼저 실측 환경에 따른 오차이거나, 반곽의 내선을 측정하지 않고 외선을 측정한 오류 등의 이유가 있을 것이다. 둘째로 해례본의 반곽이 장마다 약간의 차이를 보일 수 있는 가능성이 있다. 다시 말하면 먹의 농도 차이나 각 엽마다 원판의 차이로 생겨날 수 있는 문제이거나 반곽의 크기도 엽별로 차이가 있을 가능성이 있다. 『훈민정음 해례』의 책판과 반곽의 크기는 9엽 한 장을 대상으로 조사한 결과 대체로 문화재청의 조사 결과와 동일한 세로 22.6cm, 가로 16.1cm(9엽 기준)이다.

『훈민정음』해례본의 글씨체는 세종 30(1448)년 효령대군과 안평대군이 소헌왕후의 추천을 빌며 『묘법연화경』(보물 제766호)를 간행했는데 권말에 안평대군이 쓴 발문이 있는 『묘법화경』과 글씨체가 완전 일치하고 있어 안평대군의 글씨임을 알 수 있다.[19] 대왕의 어제를 신하가 대필하는 경우 대개 해서체로 썼는데 현재 해례본의 본문(서문, 예의)의 2장은 그 뒷부분의 집현전 학사들이 지은 해례가 해행서체인 것과 서로 대조가 된다. 최근 남권희 교수가 발굴한『당송팔대가시선』(1444) 서문 〈몽유도원도〉에 실린 안평대군의 글씨체와 대비해 보더라도 흡사하게 같다.

『훈민정음 해례』에서 본문 부분을 제외한 해례편은 세종과 함께 집현전 학사들이 함께 만든 것으로 당시 성리학 이론을 기반으로 음양오행의 원리를 운용한 융합학제적으로 기술하고 있다. 성운학, 역학, 예악, 수리, 방위, 시절, 천문학 등, 우주생성의 바탕을 천−지, 음−양에 두고 중국의 운도와 운서를 토대로 훈민정음 28자의 생성과 구조 및 운용 방법을 체계적으로 기술하고 있다. 음성학 이론의 관점에서도 현대 음성학적 이론을 능가하는 과학성을 띠고 있다.

훈민정음 해례본의 서지적 정보가 이처럼 통일되지 않는 연유야 있겠지만 세계적인 인류 문화유산의 하나인『훈민정음 해례』의 대한 관리 부실의 한 단면을 보여주는 것이며, 우리나라 문화재 관리의 현주소이다. 안타깝게도 상주본『훈민정음 해례』은 종적을 감추었다. 몇 해 전 유명한 일본인 교수 한 분이 한국 유학생을 앞장 세워 대구의 모 고서점에서 고가의 귀중 고서를 구매하여 유유히 사라지는 모습을 보고 아연실색하지 않을 수 없는 경험을 하였다. 우리 문화재가 공공연히 해외로 유출되고 있다. 국가적 문화재는 적어도 개인의 자산이 아닌 국가의 자산이자 인류의 자산이다. 이러한 문화재 관리의 허술함을 근본적으

---

19) 안병희, 『훈민정음연구』, 서울대학교출판부, 2007, 40~42쪽.

로 보완할 길이 없을지.

『훈민정음』의 내용 구성

훈민정음 예의

『훈민정음 해례』는 훈민정음 28자를 해설한 완결된 하나의 텍스트이다. 먼저 예의편의 내용 구성이 어떻게 되어 있는지 살펴보자.

『훈민정음 해례』는 세종 서문과 바로 이 예의를 본문으로 하고 훈민정음 28자 자모와 글자 운용법에 대한 해설을 한 해례와의 복합된 구성을 이루고 있다. 『훈민정음 해례』에 있는 예의가 과연 세종 25년 창제를 알린 당시의 본문과 동일하였을까? 『세종실록』 세종 28년에 실린 내용과는 달랐을 가능성이 높다고 판단한다. 그 근거는 실록본 계열의 한문으로 된 예의에는 『배자운부』와 최석정의 『경세훈민정음』에 실린 내용이 "人人易習"이 모두 "人易習"으로 되어 있으며 "異乎中國"과 동일한 모습을 보여주며 또 여러 필사본에 이르기까지 동일한 계열을 이루고 있다. 세종 25년에 발표한 예의는 필사로 전달되어 해례본을 만들면서 부분적인 수정이 가해졌을 가능성이 매우 높다.

예의에서 어제 서문은 훈민정음 28자를 새로 만들었음을 선언하는 동시에 신문자 창제의 배경과 목적을 뚜렷이 밝혀 두고 있다.[20] 서문의 내용은 3개 단락으로 구분되지만 의미적 단락으로는 4단락으로 구분된다.[21]

① 나라의 말이 중국과 달라서 한자로는 상호 통하지 않는다.

② 따라서 백성들이 말을 하고자 하여도(뜻을 전달하고 싶어도) 마침내
제 뜻을 펼 수가 없는 사람이 많다.

③ 내가 이러한 상황을 딱하게 생각하여 새로 언문 28자를 만들었다.

④ 사람마다 쉽게 배우고 익혀서 일상에 편하게 사용하라.

①은 언문 28자를 만들게 된 동기이다. 우리나라에서는 말은
있지만 그 말을 표현할 수 있는 문자가 없다. ②에는 ①의 이유
때문에 한자를 모르는 사람은 한문을 읽을 수 없으며, 한자를
배우려고 해도 정확한 한자음은 중국 운서가 아니면 알 수 있는
방법이 없다. 따라서 중국의 한자로는 우리말을 제대로 표현할
수 없을 뿐만 아니라 한문으로 된 중국의 학문을 이해할 수 없
다. 곧 우리말과 한자어를 제대로 쓸 수 있는 새로운 문자가 필
요하다는 유지가 담겨 있다. ③에서는 ①, ②의 이유 때문에 훈
민정음 28자를 만들었음을 밝히고 있다. ④에서는 내가 만든 글
자를 누구든지 쉽게 익혀 일상생활에 편리하도록 사용하기를
바란다는 내용이다. 이 어제 서문을 새롭게 해설한 부분이 해례
마지막에 실린 정인지 서문이다. 수미 상관적 구조로 이루어져
있는 셈이다.

어제 서문에 이어 훈민정음 자모 28자의 글꼴과 그 음가를 밝
히고 있다. 초성 17자와 중성 11자에 글꼴과 음가 배열이 되어

---

20) 예의는 총 406자로 구성되어 있다.

21) 백두현, 「『훈민정음 해례』의 텍스트 구조 연구」, 『국어학』 제54집, 국어학회,
2009.

있다. 초성의 방식은 오음(아, 설, 순, 치, 후)과 '전청－전탁－차청－불청불탁－반설－반치'의 순서로 배열하고 전탁자는 글꼴을 제시하지 않고 다음에 나오는 '병서' 규정으로 설명하고 있다. 중국 운서의 운도 방식과 두 가지 차이가 난다. 오음의 배열 방식에서 '순－궁, 후－우'로 되어 있는데 이는 운회 계열의 운서의 배치 방식이다.『홍무정운』계열은 '순－우, 후－궁'의 배치 방식이어서 차이를 보여주고 있다. 또 중국의 운서에서는 '전청－차청－전탁－불청불탁－반설－반치'의 배열인데 예의에서는 '전청－전탁－차청－불청불탁－반설－반치'의 순서로 배열되어 있다. "초성자의 배열 순서는 바로 이 성운학의 자모 분류체계를 취한 것"(백두현, 2009: 86)이라는 설명은 잘못된 것이다. 이 두 가지 문제가 해례에서 어떻게 재조정되고 있는지의 문제는 후일 훈민정음의 자모 순서 배열이 변화되는 단초가 되는 동시에 많은 성운학자들의 비판의 단초가 되었으며 세종이 운회의 번역에 이어『홍무정운역훈』과『사성통고』를 만든 계기가 된다. 정인지의 해례본 서문에서 언어 풍토설을 강조하며 변명하는 이유가 되었음을 짐작할 수 있다.

중성은 글꼴과 음가를 천(·), 지(一), 인(ㅣ) 삼재를 기준으로 기본자로 삼고 초출자로 'ㅗ, ㅏ, ㅜ, ㅓ'와 재출자 'ㅛ, ㅑ, ㅠ, ㅕ'의 차례로 배열하고 그 음가를 밝히고 있다. 중성자의 기본자는 3자이지만 '천－지', '양－음'의 대립으로 실질적으로는 2원론적 대립체계임을 재출자에서 확인할 수 있다. 중성 또한 해례에서 나오는 다양한 합자 방식에 의한 글꼴은 모두 제시하지 않고 있다. 초성에서 ㄲ, ㄸ, ㅃ 등 전탁자를 병서 규정에 의거해서 글꼴을 제시하지 않았듯이 중성에서도 마찬가지이다. 이중모음과 삼중모음의 글꼴은 합용의 방식으로 처리할 수 있도록 해 둔 것이다.

다음으로 종성법 규정이다. 왜 '초-중-종'과 같은 반열로 다루지 않고 종성은 글자의 운용 방식으로 다만 '종성부용초성終聲復用初聲'이라고만 규정했을까? "종성은 초성을 다시 쓴다"라는 말인데 세종이 처음 구상한 이 종성 규정은 해례편에서는 재조정이 된다. 먼저 우리말에서 형태음소론적 표기를 고려한 결과이고 한자어에서는 입성자 표기 처리에 대한 문제는 상당한 기간을 두고 표류하게 된다.

먼저 연서법 곧 순경음 규정인데 중국 성운학에서는 순중과 순경이 나누어지는데 우리말에는 순경음이 이음에 지나지 않았기 때문에 별도로 글꼴을 만들지 않고 글자 운용으로 처리한 것이다. 다만 "ㅇ을 순음 아래 쓰면 순경음이 된다."라고 하여 글꼴만 제시하였다. 이 순경음(ㅱ, ㅸ, ㅹ, ㆄ)은 우리말에서는 'ㅸ'만 이음표기로 'ㅱ'는 한자음 입성표기에만 사용되었기 때문에 글꼴만 제시하고 그 음가 규정은 해례편으로 넘긴 것이다.

다음으로 합용법에서는 해례에서 말하는 합자법이라는 용어보다 더 포괄적인 기술방식이다. 곧 초성과 중성을 각각 좌에서 우로, 위에서 아래로 글꼴을 만드는 규정과 글자와 글자를 합쳐 쓰는 것과는 구분될 수 있다. 그러나 예의에서는 글꼴 규정으로서 초성을 합용하는 하여 ㅃ, ㄸ, ㄲ, ㅺ, ㅄ, ㄺ 과 병서의 제자 방식을 규정하고 있다. 부서 규정은 제자 규정이 아닌 글자 운용 곧 합자 규정으로 부서는 초성 아래에서나 초성의 오른 편에 배치해야 한다는 규정이다. 합용법은 제자의 규정과 글자의 활용 곧 음절 구성 방법을 포괄하여 기술한 대목이다. 합용법은 초성을 겹쳐 쓰거나 중성을 겹쳐 쓰는 합자의 제자 규정과 초성, 중성, 종성을 합치는 성음을 이루는 음절 구성법을 한께 설명한 규정이다.

마지막으로 음절 위에 얹히는 4성법을 규정하고 있다. 평성, 상성, 거성, 입성 규정인데 실질적으로 평성, 상성, 거성 3성에 대한 규정이라고 할 수 있다.

예의는 언문 28자를 창제한 세종의 친제로서의 서문에 새로운 글자를 제정한 동기와 목적을 분명하게 밝혀 두고 있으며 초성 17자와 중성 11자에 대한 글꼴과 그 음가를 규정한 운도의 대표 한자 34자를 지정한 것이다. 특히 초성과 중성의 음가를 대표하는 한자를 중국 운서를 따르지 않고 독자적으로 '읍(挹)'자를 제외한 초성 17자에서 사용된 글자 가운데 종성이 없는 글자 11자를 배치한 기획은 매우 탁월한 기획이었다.

훈민정음 해례

세종 25년에 훈민정음 창제를 밝힌 세종 친제 예의를 근간으로 하여 세종과 여덟 명의 집현전 학사들이 중심이 되어 이를 해설하여 세종 28년에 완성한 건이 바로 해례이다. 예의에서 미진한 부분을 보완하고 또 새로운 글자 창제의 철학적 이론적 근거를 제시한 이론서이다. 당대의 관점에서 성리학의 우주 생성이론을 기반으로 성운학뿐만 아니라 역학, 예악, 수리학, 천문학 등의 융합적인 통섭을 기초로 한 구조주의적 해석을 한 것으로 현대 언어학적 관점에서도 매우 앞선 언어학적 이론을 구축한 성과라고 할 수 있다.

해례편은 제자해, 초성해, 중성해, 종성해, 합자해의 5해와 용자해의 1예로 구성된 해례와 정인지 서문으로 구성되어 있어[22] 세종어제 서문과 정인지 서문은 수미상관 구조를 이루고 있다.

해례편의 구성을 5해 1예로 구성되어 있어 마치 제자해와 초성, 중성, 종성, 합자해오 용자례와 병렬적 구조로 생각하기 쉬우나 제자해는 초성, 중성, 종성, 합자해오 용자례의 이론적 원리를 제시하고 있기 때문에 그 상단에 놓여야 할 것이다. 그리고 용자례를 제외하고는 본문 해설을 한 다음 결訣에다가 7언형식의 시로서 그 내용을 요약한 결시가 붙어 있다.

① 초성 제자해

제자해는 실제로 제자해를 제외한 4해와 1예에 대한 글꼴과 음가와 그리고 글자의 운용 전반에 대한 창제 원리에 대한 철학적 당대의 이론을 체계적으로 기술한 부분이다. 그런데 이 제자해가 역학, 예악, 수리, 천문학 등의 다학제적 통섭의 결과임에도 이에 대한 비판적인 시각도 없지 않다. 언문 28자의 제정과 활용을 위한 이론적 근본 원리라는 점을 간과해서는 안 된다.

이 제자해는 초성, 중성, 종성의 제자해와 결언과 결사로 구성된 5개의 단락으로 나눌 수 있다. 먼저 초성제자해에 대해 살펴

---

22) 해례는 총 4,368자이며 제자해는 2,320자(제목 3자, 본문 1713자, 결 604자), 초성해는 169자(제목 3자, 본문 108자, 결 58자), 중성해는 283자(제목 3자, 본문 222자, 결 58자), 종성해는 487자(제목3자, 본문 342자, 결 142자), 합자해(제목 3자, 본문 533자, 결 142자), 용자해는 431자(제목 3자, 본문 428자), 정인지 서문 588자로 되어 있어 총 4,932자이다.

보자.

① 훈민정음 28자의 철학적 근거: 이원적 음양이론과 오행의 원리에 따른 우주 생성 원리의 역학기반 위에 성음의 이치가 있다.

② 훈민정음 28자는 상형에 따라 글자를 만들었다.

③ 초성 17자 청탁에 따라 '전청－차청－전탁－불청불탁'으로 배열하고 '불려(不厲, 같이)'의 자질에 따라 비록 불청불탁으로 배열된 'ㄴ, ㅁ, ㅇ'을 기본자로 삼았고 'ㅅ, ㅈ'도 마찬가지로 'ㅅ'을 기본자로 삼았다. 'ㆁ'과 'ㅇ'은 '의유(疑喩)' 자모가 혼용이 되며 비음이지만 아음의 기본자로 삼았다. 아음에서 기본자를 'ㄱ'으로 삼은 이유를 오행의 원리로 예외가 됨을 밝히고 있다.

④ 전청 글자가 소리가 응기면응(凝, 소리 응김) 병서로 하여 전탁자가 된다. 아음에서 전청인 'ㆆ'을 병서하여 전탁자로 삼지 않고 차청인 'ㅎ'을 병서하여 'ㆅ' 전탁자로 삼은 예외 규정을 설명하고 있다.

⑤ 순경음 글꼴의 연서 합용하는 방법과 소리내는 방식을 기술하고 있다.

초성 17자는 아, 설, 순, 치, 후의 배열에 따라 조음방식을 기술하고 성의 '초(稍, 약함)'과 '려(厲, 같이)'에 따라 가획의 방식에 따른 글꼴을 제시한 다음 초성의 제자 원리인 음양 오행에 기반하여 사계, 오음으로 나누어 소리가 발성되는 목구멍에서 입술까지의 "후－아－설－치－순"의 배열 순서에 따라 오행과 소리의 특징, 오계, 오음으로 분속시키고 있다. 이를 정리하면 다음과 같다.

	상형	오행	사계	오음	오방
후음	활이윤	수-虛而通	동	우	북
아음	착이장	목-似喉而實	춘	각	동
설음	이이동	화-轉而颭	하	치	남
치음	방이합	금-屑而廣	추	상	서
순음	강이단	토-脣而滯	계하	궁	중앙

　다만 단서 조항으로 물(水)이 만물의 근원이고 불(火)이 만물을 이루는 것으로 곧 성음 이론으로는 후음이 소리의 발원지로서 그리고 혀가 소리를 고루는 주요한 주체로 후음은 소리를 내는 문이고 혀는 소리를 구별하는 기관이기 때문에 이 다섯가지 가운데 가장 중요한다는 점을 부과하고 있다.

　③에서 ⑤의 설명을 합하여 내용을 요약하여 초성 17자를 운도의 형식을 빌어 나타내면 다음과 같다.

	후음	아음	설음	치음	순음	반설	반치
	우	각	치	상	궁	변치	변상
전청	ㆆ挹	ㄱ君	ㄷ斗	ㅈ卽	ㅂ彆		
차청	ㅎ虛	ㅋ快	ㅌ吞	ㅊ侵	ㅍ漂		
전탁	ㆅ洪	ㄲ虯	ㄸ覃	ㅉ慈	ㅃ步		
불청불탁	ㅇ欲	ㆁ業	ㄴ那		ㅁ彌	ㄹ閭	ㅿ穰
전청				ㅅ戌			
전탁				ㅆ邪			

　정음 창제자들을 이 어음의 원리에 의하여 정음 28자를 만들었는데 우선 기본자를 정하였는바 기본자는 발음기관과 발음방식

을 상형하고 기타 글자는 획을 더하나 기본자를 어울려 매개
자의 음의 특성을 표시하였다고 지적하였다. 자음자에서는 소리
가 가장 거세지 않는 불청불탁에 속하는 자들은 기본자로 정히였
는데 설음에서는 'ㄴ'를, 순음에서는 'ㅁ'를, 후음에서는 'ㅇ'를
정하고 처음에서는 불청불탁에 속하는 자가 없기에 소리가 불청
불탁의 자보다 조금 거센 전청 'ㅅ'를 기본자로 정하였고 아음에
서는 'ㆁ'가 불청불탁에 속하나 그 것이 후음과 비슷하기 때문에
'ㆁ'로 기본자를 정하지 않고 그보다 조금 거센 전청 'ㄱ'로 기본자
를 정하였다고 하였다. 그리고 설음 'ㄴ'는 혀끝이 경구개에 닿는
모양, 순음 'ㅁ'는 입술모양, 후음 'ㅇ'는 목구멍모양, 치음 'ㅅ'은
이모양, 아음 'ㄱ'는 혀뿌리가 연구개에 닿은 모양을 본떴다고
하였다. 그 다음으로 기본자에 의하여 소리가 거셈에 따라 한
획씩 더 하였다고 하면서 'ㄴ'에 한 획을 더하여 'ㄷ'를, 'ㄷ'에
한 획을 더하여 'ㅌ'를 만들었고 'ㅁ'에 한 획을 더 하여 'ㅂ'를,
'ㅂ'에 한 획을 더 하여 'ㅍ'를 만들었고 'ㅇ'에 한 획을 더 하여
'ㆆ'를, 'ㆆ'에 한 획을 더 하여 'ㅎ'를 만들었고 'ㅅ'에 한 획을
더 하여 'ㅈ'를, 'ㅈ'에 한 획을 더 하여 'ㅊ'를 만들었고 'ㄱ'에
한 획을 더 하여 'ㅋ'를 만들었다고 하였다. 반설음 'ㄹ'어ㅣ 반치음
'ㅿ'는 상형하였는데 'ㄹ'는 권설형을 본따고 'ㅿ'는 이이에 혀를
닿은 모양을 본따. 아음 'ㆁ'는 그 어음의 성질이 후음과 비슷하
므로 아음과 후음의 기본자의 합성으로 만들어 이 소리는 'ㄱ'보
다 거세지 않으므로 한 획을 덜어 'ㆁ'를 만들었다고 하였다. 전탁
에 속하는 "ㄲ, ㅃ, ㅆ, ㅉ, ㆅ"는 그 소리가 가장 거세므로 전청
"ㄱ, ㄷ, ㅂ, ㅅ, ㅈ,"와 차청 "ㅎ"를 병서하여 만들었다고 하였다.

예의의 기술과 몇 가지 달라진 점이 있다. 먼저 청탁의 기준에 따른 초성 17자의 배열 방식이 차이가 난다. 먼저 청탁에 따라 예의에서는 '전청-불탁-차청-불청불탁'의 순서가 중국의 운서와 동일하게 '전청-차청-불청불탁-전탁'의 순서로 재편되었다. 그리고 예의에서는 악학 이론에 근거하여 '아-설-순-치-후'의 배열방식이었는데 해례편의 제자해에서는 '후-아-설-치-순'의 배열로 변개가 되었다. 그 이유는 오음, 오계, 오방이라는 성리학의 이론을 통합하여 기술하는 데서 기인한 것이다.

② 중성 제자해

둘째 중성 제자해는 중성 11자에 조음방식과 소리의 특징을 음양과 삼재와 역수의 이치로 설명하고 있다.

· 如吞字中聲(예의)
· 舌縮而聲深, 天開於子也. 形之圓, 象乎天也. (해례 제자해)

'·'에 대한 해설이 예의에서는 매우 간단하게 글꼴과 음가만 제시하였으나 해례편에서는 1) 조음 방법(舌縮而聲深), 2) 천지인 삼재이론과 오방위에 근거(天開於子也), 3) 글꼴과 상형(形之圓, 象乎天也) 3부분으로 확대되었다.

중성의 해설은 5단락으로 구분된다.

① 중성 11자에 대한 제자 원리와 음양, 삼재, 역수의 이치
② 중성 기본자 ·, ㅡ, ㅣ의 음가와 삼재 및 상형

③ 중성 초출자(ㅗ, ㅏ, ㅜ, ㅓ)와 재출자(ㅛ, ㅑ, ㅠ, ㅕ) 8자의 제자 원리와
   삼재와 음양의 이치

④ 중성 11자의 음양오행과 역수의 이치

⑤ 초중종의 음양오행과 삼재의 특징과 상호 관련성

먼저 기본자 ·, ㅡ, ㅣ는 삼재에 기준과 오방위에 따라 대립되
며 혀의 위치 곧 축(縮), 심(深), 천(淺)의 그 글꼴을 설명하고 있
다. 이 내용을 요약하면 다음과 같다.

중성자 11자 가운데 기본자는 '·, ㅡ, ㅣ' 3자는 천지인 삼재를
상형하고 혀의 위치에 따라 소리의 음향이 달라진다. 이를 정리
하면 다음과 같다.

기본자			
자형	·	ㅡ	ㅣ
상형	天圓	地平	人立
설형	舌縮	舌小縮	舌不縮
심천	聲深	不深不淺	聲淺
음양	陽	陰	中立

다음으로 기본자를 합성하여 8자를 더 만들었는데 중성자가
한 번씩 합성한 초출자 4자(ㅗ, ㅏ, ㅜ, ㅓ)와 기본자가 두 번씩
합성한 재출자 4자(ㅛ, ㅑ, ㅠ, ㅕ)는 입의 모양과 합벽에 따라
음양의 원리를 밝히고 있다. 이를 정리하면 다음과 같다.

초출자				
자형	ㅗ	ㅏ	ㅜ	ㅓ
구형	·同而口蹙	·同而口張	一同而口蹙	一同而口張
합벽	합(闔)	벽(闢)	합(闔)	벽(闢)
음양	양(陽)	양(陽)	음(陰)	음(陰)

재출자				
자형	ㅛ	ㅑ	ㅠ	ㅕ
구형	ㅗ同而起於ㅣ	ㅏ同而起於ㅣ	ㅜ同而起於ㅣ	ㅓ同而起於ㅣ
합벽	합(闔)	벽(闢)	합(闔)	벽(闢)
음양	양(陽)	양(陽)	음(陰)	음(陰)

중성 11자의 음양오행과 역수의 이치로 설명하고 있다. 『역경계사』에서는 1에서 10가지 홀수(기수)를 천으로 짝수(우수)를 지에 배합했는데 정현의 『역법』에서는 1~5가지를 생위, 6~10가지를 성수라 하였는데 『훈민정음』에서는 『역경계사』에 따라 기수를 양으로 우수를 음으로 보고 위수를 배치하고 여기에다가 오행, 오방으로 설명하고 있다.

이를 요약하면 다음과 같다.

생	위	성	수	오위	오행
천	ㅗ 1	지	ㅠ 6	수	북
지	ㅜ 2	천	ㅛ 7	화	남
천	ㅏ 3	지	ㅕ 8	목	동
지	ㅓ 4	천	ㅑ 9	금	서
천	· 5	지	一 10	토	중

ㅣ가 자리수가 없으며 정위와 성수로도 논할 수 없다. 곧 음양 이원론에서 그 가운데 자리에 서는 것이기 때문이다. 따라서 삼재론도 인(人, ㅣ)가 제외됨으로 이원론에 해당한다.

초중종의 음양오행과 삼재의 특징과 상호 관련성에 대한 기술은 소옹의 『황극경세서』〈성음창화도〉에 근거하고 있다. 곧 소옹은 한자 반절에서 성모를 천성天聲으로 운모를 지음地音이라 하였는데 이에 따라 천성은 천도로 지음는 지도로 대비하고 천도는 강剛으로 지도는 유柔로 대비하여 설명하고 있다.

중성자 역시 기본자를 정하였는데 심음에서 'ㆍ'를 불심불천不深不淺에서 'ㅡ'를 천음에서 'ㅣ'를 정하였는데 그것들은 천, 지, 인 삼재를 본떠서 만들었는바 하늘의 둥근모양, 땅이 평평한 모양, 사람의 선 모양 즉 'ㆍ'는 혀를 구부린 모양, 'ㅡ'는 혀를 평평하게 하는 모양, 'ㅣ'는 혀를 쑥편 모양과도 연계시켰다. 모음자 "ㅗ, ㅏ, ㅜ, ㅓ"는 모두 "ㆍ, ㅡ, ㅣ"를 서로 어울리어서 만들었는데 양성음자 "ㅗ, ㅏ"는 'ㆍ'를 위에 놓거나 밖에 놓음으로써 양성모음을 표시하여 만들고 음성음자는 'ㆍ'를 아래 놓거나 안에 놓음으로써 음성음을 표시하여 만들었다. "ㅗ, ㅏ"와 "ㅜ, ㅓ"에서 'ㅡ'로써 원순모음을 표시하고 'ㅣ'로써 평순모음으로 표시하였다. 다음으로 상승적 이중모음자 "ㅛ, ㅑ, ㅠ, ㅕ"가 "ㅗ, ㅏ, ㅜ, ㅓ"보다 점이 하나 더한 것은 이중모음으로서 'ㅣ'와의 결합임을 표시한 것이다. 기타 중모음 "ㆎ, ㅢ, ㅚ, ㅐ, ㅟ, ㅔ, ㅒ, ㅖ, ㅘ, ㅝ, ㅙ, ㅞ"는 발음되는 순서에 따라 병서하였다고 하였다.

'훈민정음'의 제자 원리는 크게 두 가지이다. 첫째는 상형이고, 둘째는 가획이다. 훈민정음 해례 제자해에 '各象其形而制之(각각 그 모양을 본떠서 글자를 만들었다)'라는 설명이나 정인지 서문에 나오는 '象形而字倣古篆(상형을 해서 만들되 글자 모양은 고전을 모방했다)'은 상형을 분명히 증언해 준다. 당시에는 중국의 문자학 이론을 크게 참고하였을 것이므로, 문자학의 기본이 되는 육서(六書) 가운데서도 가장 근본이 되는 상형을 훈민정음의 제자 원리로 삼아 자음자와 모음자를 만들었을 것이다. 자음자는 발음 기관 또는 자음 발음시의 발음 기관의 모양을 본떠서 만들었다.

③ 종성 제자해

예의에서 '종성부용초성(終聲復用初聲)'을 해례의 제자해에서는 음양과 삼재 이론에 따라 설명하고 있다. 終聲復°用初聲(종성은 초성의 글자로 다시 쓸 수 있다.)는 훈민정음 창제 당시의 매우 간략한 종성 규정이다. 양에서 음이 되는 것이나 음에서 양으로 또 원에서 정으로 정에서 원으로 순환되는 것처럼 오시의 순환과 동일한 순환 논리처럼 초성을 종성으로 "종성을 초성으로 함께 쓴다"는 표기 규정이기도 하지만 "종성 제자에 관한 규정"으로서도 해석이 가능하다. 정우영(2014: 11)은 이 둘을 아우르는 규정으로 해석하고 있다.

전자의 입장에서는 오늘날과 같이 기본형을 밝혀 적는 형태음소론적인 표기법 규정이다. 곧 모든 초성을 종성에서 쓸 수 있다고 규정했으나 이어쓰기 방식 때문에 철자법이 매우 혼란스러울 염려가 없지 않았던 탓인지 『용비어천가』와 『월인천강지곡』에서만 '엱이갗'처럼 시험 운용을 한 뒤 훈민정음 해례본에서는 "然ㄱㆁㄷㄴㅂㅁㅅㄹ八字可足用也。"라고 하여 종성에 여덟 글자

(ㄱ, ㆁ, ㄷ, ㄴ ㅂ, ㅁ, ㅅ, ㄹ)만 쓸 수 있도록 규정을 변개하였다. 다만 '빗곶(梨花)', '엿의갖(狐皮)'에서처럼 종성의 마찰음(ㅅ, ㅿ)이나 파찰음(ㅈ, ㅊ)을 'ㅅ'으로 통용할 수 있는 예외 규정으로 "ㅅ字可以通用。故只用ㅅ字。"(훈민정음 해례본)을 두었다. 종성에서 '잇ᄂ니〉인ᄂ니'와 같은 자음동화의 예외적인 사례를 근거로 하여 /ㄷ/ : /ㅅ/이 변별되었다는 논거를 삼는 것은 적절한지 의문이다. 당시 종성 'ㅅ'의 표기가 'ㄷ'으로 혼기되는 예가 많기 때문에 8종성 표기법의 규정에 적용된 사례라고 할 수 있다.

초성해의 구조와 내용

초성해는 크게 세 단락으로 구성되어 있다.

① 초성자의 정의
② 아음에서 대표 한자음 '君, 快, 虯, 業'에서 초성 'ㄱ, ㅋ, ㄲ, ㆁ'과 'ㅜ, ㅙ, ㅠ, ㅓ'과 어울려 '군, 쾌, 뀨, 업'이 됨.
③ 설음, 순음, 치음, 후음은 ②와 동일함.
④ 결왈

초성 23자를 설명하기 위해 운서의 자모는 성음이 시작되는 것이기 때문에 '母'라고 규정하고 있으며 초성을 설명하기 위해 반절 상자의 개념으로 아, 설, 순, 치, 후의 순서에 따라 설명하고 있다.

중성해의 구조와 내용

중성해에서는 4단락과 결사로 구성되어 있다.

① 중성자의 정의와 초중종 결합을 튼, 즉, 침을 예시로 하여 11자를 설명
② 기본자 ·, ㅡ, ㅣ의 중성자 합용법의 원리
③ ㅣ의 이중 상합자 예 10개와 삼중 상합자 네 개를 예시
④ ㅣ의 상합자 생성의 유용성

해례편에서는 예의에서 제시한 중성자 11자 이외에 'ㅗ'의 합자에 대한 간략한 예시와 함께 ㅣ의 이중, 삼중 상합자를 제시하여 이중 및 삼중모음을 합자 방식으로 쓸 수 있도록 개방해 두고 있다. 이는 운서 제작에 다양한 중성자가 필요했기 때문이다.

여기서 세종의 언문 27자 제정 당시의 제정 목표를 이해할 수 있다. 한자음 표기를 위해 만든 것이 아니라 우선적으로 우리말 표기를 위해 만든 것이었으나 해례 제정 과정에서 한자음 표기를 위한 수단으로 그 창태 목적이 확대되었음을 알 수 있다.

종성해의 구조와 내용

종성해는 6단락으로 구분된다.

① 종성의 정의와 예시. 음성 입성 '즉(卽)'와 양성 입성 '훙(洪)'의 예에 따라 다른 초성글자도 동일함.
② 종성의 완급에 따라 4성이 구분됨
③ 8종성법의 규정, 유성 자음 곧 불청불탁와 반설, 반치음 'ㆁ, ㄴ, ㅁ,

ㅇ, ㄹ, ㅿ' 6자는 평, 상, 거성의 종성이 되고 저해음 곧 전청, 차청,

전탁자는 종성에서 입성이 됨으로 8종성(ㄱ, ㆁ, ㄷ, ㄴ, ㅂ, ㅁ, ㅅ, ㄹ)만

종성으로 쓸 수 있다.

④ 한자음에서 'ㅇ'을 반드시 종성에 쓰지 않아도 음을 이룰 수 있다.

⑤ 한자음에서 'ㄹ'은 'ㄷ'으로 쓰고 우리말에서는 'ㄹ'을 쓸 수 있다.

⑥ 종성에서 입성 규정과 그 표기법

예의의 종성 규정에서 엄청난 변개를 가져 왔다. 초성은 다시 종성에도 슬 수 있다는 규정을 8종성으로 제약하는 동시에 한자음 표기를 위한 세 가지 규정이 새로 나타난 것이다. 첫째, '梨花'나 '虎皮'를 예의 규정으로 표기하면 '빗곳'이나 '엋의 갗'이 되지만 'ㅅ, ㅈ, ㅿ, ㅊ'을 'ㅅ[t]'으로 통용할 수 있다. 이 규정대로 해석한다면 'ㅅ'과 'ㄷ'이 종성에서 변별적이 아닌 중화된 [t]이라는 말이다. 둘째, 한자음에서 ㅇ 운미의 글자에 'ㅇ'을 반드시 표기하지 않아도 된다는 말이다. 곧 '世솅'를 '셰'로만 쓰도 좋다는 말이다. 그러나 이 규정은 『동국정운』의 규정과 위배된다. 셋째, 한자음에서 [-t] 입성자에 속음으로 비록 'ㄹ'이더라도 'ㄷ'으로 표기하지만 우리말에서는 'ㄹ'을 표기하도록 하였다.

오음의 완급에 따라 종성에서 ㅇ-ㄱ, ㄴ-ㄷ, ㅁ-ㅂ, ㅿ-ㅅ, ㅇ-ㆆ이 서로 짝을 이룬다. 곧 급ㅌ의 대립 글자인 'ㄱ, ㄷ, ㅂ, ㅅ[t], ㆆ'이 입성 글자임을 밝히고 다시 속음에서 한자의 입성 글자인 '별(彆)'은 '볃'으로 표기할 것을 다시 한번 강조하고 있다. 바로 언문 28자를 '정음'이라고 한 이유가 바로 여기에 있다. 14세기 이전에 중국 북방음에서 이미 입성자 [-t]는 소멸되었는데

도 상고음에 따라 조선의 속음 'ㄹ'로 발음하지 말고 'ㄷ'으로 바꾸어야 한다는 규정이다. 이 또한 『동국정운』에 가서는 '—ㄹㆆ'로 바뀌게 된다.

합자해의 구조와 내용

합자해는 예의의 규정을 확대했지만 실로 엄청난 많은 변개를 가져온 부분이다. 우리말 표기를 위한 28자의 제약된 음소문자를 정음을 표기하기 위한 문자로 확산시킨 내용으로 구성되어 있다. 합자해의 구성은 아래와 같이 요약할 수 있다.

① C(초성)+V(중성)+C(종성)을 합성해야 음절문자가 성립된다.[23]

② 초중종의 합성의 위치를 규정하였다. 연서와 병서는 낱글자의 결합 방식이라면 부서는 낱글자의 결합 방식을 포함한 모음을 중심으로 한 음

---

[23] 그러나 모음 단독으로 음절을 이룰 수 있기 때문에 이 규정이 절대적인 것은 아니다. 성음(成音): 이 항은 언뜻 보아 자못 명료한 것 같으나 다시 생각하면 대단히 명료하지 않다. 왜 그러냐 하면 "반드시 합해야 소리를 이룬다(必合而成音)"의 합자가 종성까지를 포함하느냐 아니하느냐에 따라 중대한 차이가 생긴다. 물론 초·중성 부서를 합으로 말한 것 같이 초·중·종성의 부서도 합쳐서 말한 것은 사실이지만 맨 위에 얹힌 '必'의 한 글자가 문제이다. 즉 종성의 존재도 초성이나 중성과 같이 필수냐 아니냐 그 차이를 지적하는 말이다. 아무리 간단하고 정밀한 글이라고 하더라도 이와 같이 중대한 차이를 애매하게 할수는 없다. 종성법, 병서법 등의 문구나 마찬가지로 이 역시 일부러 명료하게 하는 것을 피한 것이 아닐까 추정한다. 연서, 병서, 부서, 성음 규정의 내용을 통합하면 아래의 도표와 같다.

자음 결합	낱글자합자	연서	음소, 음성 합자	위(上)-아래(下)
		병서		앞(左)-뒤(右)
모음 결합	모음 결합	부서	음소, 음절 결합	세운형 누운형 혼합형
	음절 결합	성음		

절 구성 방식을 규정한 내용이다. 음절핵(syllable core)인 중성을 기준으로 하여 '위(上)-아래(下)', '앞(左)-뒤(右)'로 붙여 쓰는 음절합성 규정이다. 'ㆍㅡ ㅗ ㅜ ㅛ ㅠ'는 '누운형'으로 '하늘(天, ㆍ)-땅(地, ㅡ)'의 오방과 성수 배치에 따라 만든 글자이고 'ㅣ ㅏ ㅓ ㅑ ㅕ'는 '세운형'으로 '사람(人, ㅣ)-하늘(天, ㆍ)'의 오방과 성수 배치에 따라 만든 글자이다. 모음 역시 음소 문자인 11자 이외에 음성표기를 위해 '혼합형'으로 'ㅚ, ㅟ, ㅢ, ㅘ, ㅝ, ㅙ, ㅞ' 등의 사용 가능성을 열어 두었다. 최병수(2005), 『조선어 글자공학』, 사회과학원출판사, 11쪽에서 모음 글자의 유형을 '세운형', '누운형', '혼합형'으로 구분하고 있다.

③ 병서에 대한 규정으로 각자병서와 합용병서의 예를 제시하였다. 병서의 예를 전부 언어(諺語)의 예이다. 특히 중성과 종성의 병서를 규정한 것은 훈민정음의 문자의 사용 영역을 대폭 확장시킨 대목이라고 할 수 있다.

④ 훈민정음 창제는 한자와 섞어쓰기를 전제로 한 규정으로 보이중종법(補以中終法)을 규정하였다. '孔子ㅣ'를 '공ᄌᆡ'로 읽어야 한다는 내용이다.

⑤ 사성에 대한 규정과 함께 입성자 종성은 점을 찍는 방법은 평성, 상성, 거성과 동일하지만 입성임을 밝혀 두었다.

⑥ 사성을 사계에 맞추어 설명하였다.

평성	安而和	봄	萬物舒泰
상성	和而擧	여름	萬物漸盛
거성	擧而壯	가을	萬物成熟
입성	促而塞	겨울	萬物閉藏

⑦ ㆆ과 ㅇ은 서로 비슷하여 언어에 통용할 수 있다.

⑧ 반설음의 순중 'ㄹ'과 순경 'ᄛ'을 설정했으나 언어에서는 사용되지 않는다. 반설음의 순경음에 대한 음가를 기술하였다.

⑨ 다음으로는 내부적으로 방음에 대한 처리를 『훈민정음』 합자해에서 다음과 같이 밝히고 있다.

"· ㅡ가 ㅣ소리에서 일어나는 것은 우리말에 소용이 없고 아동의 말이나 변야(邊野)의 말에 혹 있나니 마땅히 두 자를 합하여 쓸 것으로 기 긴의 유와 같은 것인 바 그 세로된 것을 먼저하고 가로된 것을 나중에 함이 다른 것과 다르니라[· ㅡ起ㅣ聲◦於國語無用◦兒童之言◦邊野之語◦或有之◦當合二字而用◦如기긴之類◦²⁴⁾ 其先◦縱後橫◦與他不同◦].'"

아동의 말과 변두리 말 곧 사회계층적 세대차이에 대한 언어 차이와 지역적 분포에 따른 언어 차이를 모두 다 인식하고 있었던 것이다. 그러나 다만 기본자 28자 이외의 방음은 모두 합자 방식으로 표기할 수 있지만 음소로 인정하지 않는 제한적 음소를 고수한 것이다.

훈민정음의 28자의 제자 원리는 위에서 살펴본 것처럼 상형과 가획이다. 훈민정음 기본 28자에 포함되지 않은 글자들은 이미 만들어진 글자를 이용하여 만들었다. 이러한 방식에는 '병서並書' 와 '연서連書', '합용合用'이 있다. 다시 말해 병서와, 연서, 합용은 훈민정음 28자의 제자 원리가 아니라, 이미 만들어진 자를 운용

---

24) 기긴之類: 중세국어에 [jʌ][ji]와 같은 중모음이 있었음을 설명한 것임. 즉 ·와 ㅣ모음과 결합된 중모음은 ㅣ모음이 이들 모음의 뒤에 와서 ㅓ ㅢ등과 같이 되고, ㅣ모음이 앞에 오는 중모음은 ㅑㅕㅛㅠ 등인데 ·와 ㅡ모음의 경우에도 ㅣ모음이 앞에 올 수 있음을 설명한 것임. 여기의 설명은 훈민정음 해례 편찬자들이 얼마나 세밀히 중세국어의 음성을 관찰하고 있었던가 하는 점을 보여 주는 것이다. 현대 영남방언에서는 '여물다(熟)', '야물다(硬)'가 변별되듯이 [*yɔ]가 잔존해 있으며, 충청방언에서 '영:감'이 '욍:감'으로 장모음이 고모음화한 변이 형들이 확인된다.

하여 또 다른 자를 만드는 방식을 말한다.

병서에는 두 가지 방식이 있었다. 하나는 'ㄲ, ㄸ, ㅃ, ㅆ, ㅉ, ㆅ'처럼 같은 글자를 나란히 쓰는 각자 병서이고, 다른 하나는 'ㅅㄱ, ㅅㄷ, ㅄ, ㅄㄱ, ㅄㄷ'처럼 다른 글자를 나란히 쓰는 합용 병서이다.

연서는 순음(ㅂ, ㅍ, ㅃ, ㅁ) 아래 후음의 불청불탁자 'ㅇ'을 써서 글자를 만드는 방식이다. 이 방식에 의해 만들어진 글자가 'ㅸ, ㆄ, ㅹ, ㅱ'이다. 이 가운데서 'ㅸ(순경음 비읍)'만이 국어 표기에 사용되었고, 나머지 연서 자들은 동국정운식 한자음 표기에만 사용되었다.

합용은 모음의 기본자 11자를 운용하여 다른 모음자를 만들 때 사용된 방식이다. 즉, 중성 11자 중에서 2자 또는 3자를 결국하여 기본자 이외의 모음자를 만들었다. 예컨대 'ㅐ'는 'ㅏ'와 'ㅣ' 2자를 합용하여 만든 글자이고, 'ㅒ'는 'ㅑ'와 'ㅣ' 2자를 합용하여 만든 글자이다. 그리고 'ㅙ'는 'ㅗ'와 'ㅏ', 'ㅣ' 3자를 합용하여 만든 글자이다.

합자해에서는 우리말을 표기할 수 있는 최소한의 제한적 음소 문자 27자에서 한자음을 포함한 외래어 표기와 나아가서는 나라 안의 지리적 방언이나 연령별 사회언어적 차이에 의한 변이음까지 표기할 수 있도록 합자의 방식을 제안하였다.

용자례

용자례에서는 단음절 54개와 이음절어 40개 총 94개의 고유 어휘를 표기하는 실재적 용례를 들어 보이고 있다. 초성 용례는 34개, 중성 용례 44개, 종성 용례 16로 당시 표기법의 시행안이라고 할 수 있다. 먼저 초성 용례는 예의의 자모 순서에 따라 '아-설-순-치-후'의 방식으로 배열하였고 우리말 표기에서 제외될 전탁자 6자와 후음 'ㆆ'가 제외되고 'ㅸ'이 순음 위치에 추가되었다. 중성 용자의 예는 상형자(ㆍ ㅡ ㅣ)와 초출자(ㅗ ㅏ ㅜ ㅓ), 재출자(ㅛ ㅑ ㅠ ㅕ) 순으로 고유어 각 4개씩 중성 11자에 각각 4개의 어휘를 중성 제자 순서에 따라 제시하였다. 다만 중모음이었던 이자합용 14자 가운데 동출합용(ㅘ, ㆅ, ㅝ, ㆌ) 4자와 이자상합합용자 10자(ㆎ, ㅢ, ㅚ, ㅐ, ㅟ, ㅔ, ㅚ, ㅐ, ㅟ, ㅖ)와 삼자 상합합용 4자(ㅙ, ㆊ, ㅙ, ㆋ)의 용례는 제시하지 않았다. 종성 용례는 16개 어휘의 예를 밝혔는데 예의의 '終聲復用初聲' 규정과 달리 해례의 '八終聲可足用也' 규정에 따른 'ㄱ, ㆁ, ㄷ, ㄴ, ㅂ, ㅁ, ㅅ, ㄹ' 순으로 각 2개의 용례를 밝혔다. 결국 고유어의 사용 예만 94개를 들고 있다. 이 용자의 예를 보면 훈민정음의 창제 목적이 단순히 한자음의 표기나 외래어 표기보다는 고유어의 표기에 중점을 둔 것으로 볼 수 있다. 체언류에서 고유어의 어휘만 제시한 것은 훈민정음의 창제 목적이 단순히 한자음 통일을 위한 표기를 목표로 하지 않았다는 명백한 증거가 된다.

용자례에서는 단음절 54개와 이음절어 40개 총 94개의 고유어휘를 표기하는 실재적 용례를 들어 보이고 있다. 초성 용례는 34개, 중성 용례 44개, 종성 용례 16로 당시 표기법의 시행안이라고 할 수 있다. 먼저 초성 용례는 예의의 자모 순서에 따라 '아-설-순-치-후'의 방식으로 배열하였고 우리말 표기에서 제외될 전탁자 6자와 후음 'ㆆ'가 제외되고 'ㅸ'이 순음 위치에 추가되었다. 중성 용자의 예는 상형자(ㆍ ㅡ ㅣ)와 초출자(ㅗ ㅏ ㅜ ㅓ),

재출자(ㅛ ㅑ ㅠ ㅕ) 순으로 고유어 각 4개씩 중성 11자에 각각 4개의 어휘를 중성 제자 순서에 따라 제시하였다. 다만 중모음이었던 이자합용 14자 가운데 동출합용(ㆄ, ㅑ, ㅝ, ㆃ) 4자와 2자 상합합용자 10자(ㆍ], ㅢ, ㅚ, ㅐ, ㅟ, ㅔ, ㅢ, ㅒ, ㆌ, ㅖ)와 2자 상합합용 4자(ㅙ, ㅞ, ㅙ, ㅞ)의 용례는 제시하지 않았다. 종성 용례는 16개 어휘의 예를 밝혔는데 예의의 '終聲復用初聲' 규정과 달리 해례의 '八終聲可足用也' 규정에 따른 'ㄱ, ㆁ, ㄷ, ㄴ, ㅂ, ㅁ, ㅅ, ㄹ' 순으로 각 2개의 용례를 밝혔다. 결국 고유어의 사용 예만 94개를 들고 있다. 이 용자의 예를 보면 훈민정음의 창제 목적이 단순히 한자음의 표기나 외래어 표기보다는 고유어의 표기에 중점을 둔 것으로 볼 수 있다. 체언류에서 고유어의 어휘만 제시한 것은 훈민정음의 창제 목적이 단순히 한자음 통일을 위한 표기를 목표로 하지 않았다는 명백한 증거가 된다.

정인지 서문

정인지의 서문의 내용은 다음과 같다.

① 성음과 문자의 관계: 언어 풍토설에 따라 풍토에 맞는 문자의 필요함(是猶枘鑿之鉏鋙也)

② 한문과 이두의 불편함

③ 훈민정음 창제의 우수성

　　1) 계해년 겨울에 우리 전하께서 정음 28자를 지으시어 그 간략하게 보기와 뜻을 들어 보이시며, 그 이름을 훈민정음이라 하셨다.

　　2) 상형을 한 글자는 고전을 본뜨고 소리를 따른 결과 음은 칠조(七調)에

맞추었다.

3) 삼극와 이기의 성리학의 원리에 다 포함됨.

4) 이 28자로써도 전환이 무궁하고 간략함.

5) 배우고 익히기 쉬우며 이 글자로써 만일 한문을 풀이하면 백성들의 지식 기반을 강화할 수 있다.

6) 성운학과 악학에 고루 적용되며 외국의 모든 소리를 정음으로 쓸 수 있다.

④ 훈민정음 협찬자: 집현전 응교 최항, 부교리 박팽년, 신숙주, 수찬 성삼문, 돈녕 주부 강희맹, 집현전 부수찬 이개, 이선로 등과 함께 삼가 여러 풀이와 예를 지어서 그 대강의 줄거리를 서술하였다.

⑤ 세종의 독창성

⑥ 훈민정음 서문을 올린 일자

이상의 서문에서 우리는 훈민정음과 다른 학문과의 관련성도 알 수 있고 반포의 연월일도 짐작케 되니 이 문자에 의하여 우리는 해석되는 문제가 하나둘이 아님을 알 수 있다.

02.
'훈민정음', 그 오해의 깊은 늪

2006년 파주 출판도시문화재단 주최 '한글진흥정책공개토론회'에서 축사를 했던 기억이 새삼스럽습니다. "타이포그래피 시대에 디자인 정공자들과 국어학자들이 만나 새로운 문화 비전을 창출하는 순간입니다. (…중략…) 문자가 만들어지기 전에 인류는 소리로 소통했습니다. 지금도 아프리카의 어느 부족은 앞 세대 아버지의 삶의 지혜를 목소리로 전달합니다. 인간들은 공간적 시간적 경계를 뛰어넘기 위해 문자를 만들었습니다. (…중략…) 현재는 문자 시대에서 비주얼 시대로 건너가는 순간입니다. 다음 세대는 어디로 갈까, 음성 시대의 주술성과 신성성을 문자 속으로 끌어 담는 방식에서, 오디오나 비디오와 같은 개방된 매체에 우리 영혼을 담는 시대가 올 것이라 생각합니다. 이러한 문명적 전환을 앞에서 이끌고 계시는 한글지다이너 여러분께 감사의 인사를 드립니다."라는 메시지를 던졌던 기억이 나네요. 별로 틀린 예측이 아니었던 같습니다.

오늘 대한민국이 있기까지 우리들 선조들이 이루어낸 일 가운데 첫손가락으로 꼽을 만한 위업이 훈민정음, 곧 한글의 발견이라고 해도 별 이견은 없을 것입니다. 문자의 시대를 일찍 열어 나라의 정체성과 훌륭한 민족 문화를 이루어 낼 수 있었습니다. 한글이 만들어 지기 이전까지 중국의 한자를 빌어 활용한 이두, 향찰, 구결이라는 차용문자를 통해 우리 소리를 표기하려고 했지만 한계의 벽이 너무나 높았습니다. 표의문자인 한자로 음성 언어인 우리말을 표기한다는 것은 결코 녹녹한 일이 아니었습니다. 세종은 일찍 이 미명의 어둠을 헤쳐내기 위하여 이두를 뛰어넘어 조선의 말소리를 글자로 적을 수 있고 또 한자와 외국어까지 손쉽게 그 발음을 표기할 수 있는 훈민정음을 창제하였습니다. 우리 민족 독자적인 문자인 한글을 통해서 풍토의 차이를 보이는 중국 한자와 한문을 한글을 통해 학습할 수 있는 보편적인 소통 문화를 구현하는데 성공했습니다.

그동안 훈민정음 연구 성과는 질량적으로 매우 풍부했지만 실속 있는 연구 성과는 그렇게 많지 않다고 생각합니다. 초기 연구자들이 보여준 사료 중심의 실증적 연구나 혹은 현대 언어학적 관점에서 재평가한 성과들도 많았지요. 그러나 실증주의에 기반을 둔 연구라는 것도 대부분 결국 필자의 공허한 상상력에 의존함으로써 본질을 왜곡하거나 허구를 만든 것도 적지 않았습니다.

지금까지의 '훈민정음'의 연구는 사료 중심의 실증적 연구와 이에 대한 현대적 재해석이라는 큰 흐름을 이루고 있으며 최근에 와서 디자인, 컴퓨터공학, 음성공학, 의학 등 다학제적 연구 성과

들이 일부 전개가 되고 있어 무척 다행스럽습니다. 앞에서 2006
년도 파주출판도시문화재단에서 주최한 '한글진흥정책공개토
론회'에서 제가 밝힌 것과 같이 문자에서 디자인 등 예술 분야,
컴퓨터공학, 음성공학 분야 등의 지원으로 문자언어에서 비주얼
문자시대로 이미 발전되고 있는 게지요.

　문자 시대의 '훈민정음'에 대한 억측과 오해들을 한 번쯤 되돌
아 볼 여력이 생겨난 것 같습니다. the T의 정병규 편집인의 엄중
한 명을 받아 「훈민정음', 그 오해의 깊은 늪」이라는 글을 시작해
볼께요.

첫째, 훈민정음 창제 시기가 언제인가?

　이익李瀷(1681~1763)의 『성호사설』 권7상 〈경서문〉에 "우리나
라 언문자는 세종 28년 병인(1446)년에 창제하였다我東諺字剏於世宗丙
寅."라고 한 증언을 본다면 그는 훈민정음을 세종 28년 병인
(1446)년에 비로소 이루어 진 것으로 알았던 모양입니다. 신경준
申景濬(1712~1781)의 『저정서』에도 "정통 병인년 우리 세종대왕
께서는 훈민정음을 창제하셨다正統丙寅我世宗製訓民正音"라고 하였으
니 그 역시 『성호사설』과 동일한 견해를 가진 것으로 보입니다.
이 이후 세간에는 이 두 가지 논거를 가지고 오직 병인설을 믿을
뿐 아니라 최근에는 다시 『세종실록』 세종 26(1446)년 병인 9월
의 기록을 거기다가 끌어드려 9월로 달까지 정해버렸습니다. 매
우 실증적인 증거가 있으나 이 증거는 잘못된 『국조보감』의 기록
을 그대로 전제한 결과입니다. 한글 곧 '훈민정음'이라는 문자를
만든 시기와 『훈민정음 해례』 해례본이라는 책을 만든 시기가

각각 다릅니다. 한글 곧 '훈민정음'이라는 문자를 만든 시기는 세종 25년 1443년 12월이고, 집현전 학사들과 더불어 문자 '훈민정음'을 해설한 『훈민정음 해례』 해례본을 만든 시기는 세종 28년 병인(1446)년 9월입니다.

둘째, 훈민정음은 과연 반포하였을까?

훈민정음의 '창제'와 '반포'라는 용어 가운데 '반포'라는 용어는 사료에서는 전혀 확인할 수 없는 사실임에도 불구하고 훈민정음 창제 과정에서 마치 반포 과정을 거친 것처럼 왜곡시키고 있지는 않는지? 또 훈민정음 창제가 세종이 극비로 추진한 과제였다는 발상이나 훈민정음 창제 목적을 한자음 표기를 위해 많든 것, 한글 자모의 글꼴이 파스파 문자에서 따온 것이라는 등의 단순 논리에 기반 한 주장들이 그러합니다. "是月, 訓民正音成"에서 '成(이루다, 짓다)'의 해석을 두고 훈민정음 완성 시기로 삼고 그 날을 반포 기념일로 정한 조선어학회결정은 잘못된 것입니다. 이에 대한 비판을 한 방종현 교수(1946: 10)는 이 '成'자는 『훈민정음 해례』 해례본이 완성된 시기이지 문자가 완성된 시기가 아니라고 지적하였습니다. 그 이후 이숭녕 교수(1976: 12)는 "요새 말로 하면 원고가 탈고되었던 것이지 아직 책으로 출판되지 않았다", "한글날 반포 운운라고 하는 것도 어불성설의 이야기가 아니랴"고 하면서 한글날 기념일을 이 날을 기준으로 하는 것은 잘못되었다고 비판하였습니다. 옳은 지적입니다. 그러나 이미 관행화된 '한글날' 기념식은 계속되고 있습니다.

한글 28자모가 완성된 곧 새로운 문자가 창제된 시기를 그 기점으로 보지 않고 사료에 전혀 근거가 없는 '제정' 혹은 '반포'라는 용어를 만들어내어 창제 시점을 세종 28(1446)년 12월로 보고 이날을 양력으로 환산한 날을 기준으로 하여 반포하였다는 것은 문제점이 없지 않습니다. 앞에서도 살펴보았듯이 훈민정음이라는 새로운 문자를 세종이 창제한 이후 여러 단계에 걸쳐 지속적으로 보완하면서 해설본을 만든 것입니다. 곧 세종 25(1443)년 12월의 창제에 이어 이를 이론적으로 졸가리를 세워 해설한『훈민정음 해례』해례본의 완성 시기는 세종 28(1446)년 9월이라는 점에 대해서는 어떤 이론도 있을 수 없습니다.『세종실록』세종 26(1444)년 갑자 2월 20일에 최만리가 올린 상소문에 "이제 넓게 여러 사람의 의논을 채택하지도 않고 갑자기 서리 무리 10여인으로 하여금 가르쳐 익히게 하며, 또 가볍게 옛사람이 이미 이룩한 운서를 고치고 근거 없는 언문을 부회하여 공장 수십인을 보아 각본 하여서 급하게 널리 '광포廣布'하려 하시니, 천하 후세의 공의에 어떠하겠습니까."라는 기사에 '광포'라는 말을 확대하여 '반포頒布'로 해석함으로써 마치 법률적으로 선포식을 행한 것으로 오인하게 만든 것입니다. 최근 김슬옹 해제, 강신항 감수(2015),『훈민정음 해례본』에서도 훈민정음 반포를 기정사실화하고 있으나 실증적 근거를 찾을 수 없기 때문에 재고되어야 할 것입니다. 심지어『월인석보』권두(구권)에 언해를 실은 것을 가지고 반포했으리라는 억측(정광, 2006: 9)도 있습니다.

　셋째, 훈민정음 창제 목적에 대한 실증적 해석의 문제
　"國之語音◦異乎中國"에 대한 해석을 "한자의 국음운이 중국과 달라서 문자가 서로 통하지 않는다."라고 하여 '국어음國語音'을 한자의 동음東音으로 규정하여 "세종은 중국과 우리 한자음의 규범음을 정하기 휘하여 발음기호로서 훈민정음을 고안하였다", "훈민정음은 실제로 한자음의 정리나 중국어 표준발음의 표기를 위하여 제정되었다가 고유어 표기에도 성공한 것이다. 전자를 위해서는 '훈민정음', 또는 '정음'으로 불렸고 후자를 위해서는 '언문'이란 이름을 얻게 된 것이다"(정광, 2006: 36)라는 논의는 한글 창제의 기본 정신을 심하게 왜곡시킨 견해라고 할 수 있습니다. 세종 25년 세종이 창제한 문자는 정음이 아닌 '언문 28자'였으나 그 후 해례를 제작하는 과정에서 한자의 표준발음 표기 문자로 그 기능이 확대되면서 '정음(훈민정음)'이라는 용어로 정착된 것으로 보아야 합니다. 그 근거는 세종 26(1444)년 2월 16일 『운회』를 언문으로 번역하라는 지시나 같은 해 2월 20일 최만리의 상소문에도 '정음'이라는 용어는 나타나지 않고 '언문'이라는 용어만 사용되고 있습니다. 또한 세종 28(1446)년 11월에 궁중 내에 '언문청'을 설치하였다가 문종 원년 1450년에 정음청으로 그 이름을 바꾼 사실을 고려하면 세종이 창제한 언문 28자는 당시 우리말 표기를 위한 문자였음이 분명합니다. 그러나 그 이후 표기 문자로 활용하면서 정음(훈민정음)이라는 용어로 전환된 것으로 보입니다. 따라서 "國之語音◦異乎中國"에 대한 해석은 "국어음(우리말)이 중국과 달라서 문자가 서로 통하지 않는다."로 해석해야 할 것입니다.

넷째, 훈민정음의 창제 목적

이숭녕 교수(1976: 52)는 "훈민정음은 『동국정운』의 이해를 위한 연습장의 구실을 한 것이다. 그러고 보면 한자음의 개신을 둘러싸고 문제점이 많으며, 세종의 언어 정책의 진의가 어디에 숨겨져 있는가가 의심될 것이다"라고 하여 전혀 다른 관점에서 훈민정음 창제 목적을 설명하고 있습니다. 이러한 논점은 "훈민정음의 창제가 『동국정운』보다 선행되었다고 단언할 수 없다"(정경일, 2002: 65), "『동국정운』은 훈민정음 창제의 이론적 바탕을 만든 것이다"(이동림, 1968), "훈민정음은 『동국정운』을 이해시키기 위한 연습장적 구실을 했다"(남성우, 1979), 강규선·황경수(2006: 74)에 "『동국정운』을 만드는 것도 한자음 개신책으로 한글을 만든 것으로 예단할 수 있다"라는 논의로 번져갔습니다.

전면적인 우리말 표기의 수단으로 그리고 부차적으로 한자음을 비롯한 한어와 여진어를 포함한 외래어 표기 수단으로써 훈민정음이 창제되었음에도 불구하고 한자음 교정 통일이라는 측면을 지나치게 부각시키려는 연구 방향도 실증적인 사료를 근거로 하지 않는 일면입니다.

다섯째, 훈민정음 창제자

훈민정음 창제자에 대한 세종 친제설, 세종 협찬설 등 여러 가지 이설이 있습니다. 사료를 중심으로 세종 친제설을 부정할 결정적인 근거가 없음에도 불구하고 이견들이 분분한 까닭이 어디에 있을까요? 상상력에 의존한 연구방법 때문입니다. 민족문화의 한 원형으로써 유교적 합리주의를 극복하려는 노력이 절실히 필요합니다. 훈민정음 창제자에 대한 지금까지 제기된 학설은 매우 다양합니다.

① 친제설: 훈민정음은 세종이 친히 창제하였다는 '세종 친제설'(방종현, 1947; 이기문, 1974)

② 왕실 협력설: 왕실 협력설은 다시 세분하여 '대군 협력설'(임홍빈, 2006: 1385), '정의공주 협력설'(이가원, 1994; 정광, 2006)

③ 집현전 학사 협찬설: 집현전 학사 협찬설(이숭녕, 1958; 김민수, 1964; 허웅, 1974; 김진우, 1988; Albertine Gaur, 1995)

④ 세종 친제 협찬설: 세종 친제와 함께 해례본은 집현전 신하와 협찬설(강신항, 2003; 안병희, 2004)

⑤ 세종 창제 명령설: 세종의 명찬에 의해 이루어졌다는 세종 창제 명령설(이기문, 1997)

등 매우 다양한 학설이 제기 되어있습니다. 이 가운데 세종 친제설에 대한 비판적인 시각으로 이숭녕(1976: 85) 선생은 "훈민정음을 제정할 때의 세종의 건강 상태는 말이 아니었다. 특히 기억력의 쇠퇴와 안질로 정사 자체도 세자에게 맡길 정도이어서, 세종은 훈민정음 제정에선 집현전 학사에게 오직 원칙을 제시하고 방향만을 설정했을 따름이고 문제점을 상이했을 정도요, 세목의 연구에는 관계하지 않았을 것이라고 본다. (…중략…) 국어학사의 연구에서 구체적인 실증 자료를 갖지 못하고, 함부로 조작설을 근거도 없이 내 세운다는 것은 학문을 타락시키는 것이라고 본다. 그것은 심한 예가 세종대왕이 한글을 지으시다가 과로의 결과로 안질을 얻었다는 설은 허위와 조작의 산물임을 이상의 사실 규명으로 단정할 수 있다"는 견해는 한글 창제자가 결국 세종의 친제가 아니라는 논의로 연결될 수밖에 없습니다.

임금의 건강에 관한 기록은 실록에 매우 상세하게 기록될 수밖에 없는 당연한 처사일 것입니다. 그러한 세세한 기록을 다 모은 것을 실증주의적 근거로 삼은 주장이 오히려 전체적 맥락을 제대로 해독하지 못한 결과를 낳았습니다. 이러한 논의는 급기야 강규선·황경수(2006: 75)로 이어져서 "세종의 건강은 전술한 것처럼 안질, 소갈증, 부종, 임질, 요배견통, 수전, 언어곤란, 각통 등으로 세종 29년부터 세자 섭정 문제가 세종 자신의 주장으로 되풀이 된다. 또 온천 요양 차 자주 도성을 떠나는 날이 많았다. 안질 같은 병은 사물을 분간하기 어려운 지경이었다. 왕의 대행을 스스로 주장하던 세종이 연구생활을 했다는 것은 상상할 수 없는 일이다"라는 식으로 확대 재생산이 되었습니다.

최근 친제설에 대한 반론으로 정광(2006: 8) 선생은 "훈민정음이란 신문자를 세종이 친히 지은 것을 강조하여 문자의 권위와 그로 인한 어떠한 부작용도 제왕의 그늘 속에 묻어버리려는 뜻이 있을 것이지만 그래도 세종이 신문자 28자를 직접 제작했다는 실록의 기사는 어느 정도 신빙성이 있는 기사다"라고 하면서도 정의공주 협찬설을 주장하기도 합니다. 영향력 있는 학자가 한 이 논의가 엘버틴 가울(Albertin Gaur, 1995)이라는 외국 학자에게까지 영향력을 미쳐 "세종은 새로운 문자를 손수 발명한 공로자로 종종 묘사되지만 이런 헌사는 대개 예우와 새로운 관습에 새로운 권위를 부여하기 위한 정치적인 술수가 섞인 것이다"라고 하여 세종 친제설에 대해 부정적인 입장을 보여주게 되었습니다. 물론 이러한 비판도 필요하지만 어떤 실증적 근거 없는 논의는 도리어 문제의 핵심을 벗어나게 할 수 있다는 점을 잘 알아야 할 것입니다.

왕실 협력설 가운데 먼저 세종과 문종 협력설의 논거가 되어온 기록이 있습니다.『직해동자습』서문에 "우리 세종과 문종대왕은 이에 탄식하는 마음을 가져 이미 만든 훈민정음이 천하의 모든 소리를 나타내지 못하는 것이 전혀 없어[故號為宿儒老譯。終身由之而卒於孤陋。我世宗文宗慨然念於此。既作訓民正音。天下之聲。始無不可盡矣。]"라는 2차 사료에 근거하거나『운회』번역 등의 각종 사업에 왕자나 세자에게 일을 감독하도록 명한 내용을 들어 대군 협력설을 주장하기도 합니다. 그리고『몽유야담』〈창조문자〉에 "우리나라 언서는 세종 조에 연창공주가 지은 것이다"와『죽산안씨대동보』에서 "세종이 방언이 한자와 서로 통달하지 않음을 안타깝게 생각하여 비로소 훈민정음을 지었는데 변음과 토착은 오히려 다 연구하지 못하여 여러 대군으로 하여금 풀게 하였으나 모두 하지 못하였다. 드디어 공주에게 내려 보냈다. 공주는 곧 풀어 바쳤다"라고 하는 전거를 들어 정의공주 협력설이 제기되었습니다. 야담 소설이나 족보에 실린 2차 사료가 국가 기록물인 실록보다 실증적 우위를 차지하기는 쉽지 않다고 볼 수 있겠지요.

집현전 학사 협찬설의 논거로는『청장관전서』권54권〈앙엽기 1〉에 "장헌대왕이 일찍이 변소에서 막대기를 가지고 배열해 보다가 문득 깨닫고 성삼문 등에게 명하여 창제하였다"는 기록이나 병와 이형상이 지은 『악학편고』 권1 〈성기원류〉에 "정 하동 인지 신 고령 숙주 성 승지 삼문 등에게 명하여 언문 28자를 지었으니" 등 다수의 부정확한 조선 후기의 2차 사료들이 있습니다.

세종 친제설을 입증할 수 있는 신뢰할 만한 사료는 매우 많이 있습니다. 『세종실록』 세종 25(1443)년 계해 12월 30일 기사에는 "이달에 임금이 친히 언문諺文 28자를 지었는데"를 비롯해서 『임하필기』 제38권 〈해동악부〉에 "세종대왕이 자모 28자를 창제하여 이름을 언문이라 하였는데", 『정음통석』 서문에 "우리 세종대왕께서 창제한 언서로 중국 반절음을 풀이하면 맞지 않는 것이 없으니", 『홍재전서』 제9권 〈서인序引〉에 "우리 세종대왕께서 창제하신 언서諺書로 중국의 반절음을 풀이하면 맞지 않는 것이 없으니"라고 하여 세종 친제설의 근거가 됨직합니다.

여섯째, 상형이자방고전(象形而字倣古篆)에 대한 해석

한글의 기원을 ① 자모의 분류 기준, ② 자모의 글꼴, ③ 자모 결합의 기원으로 세부적으로 구분하여 논의해야 한다. 첫째, 자모의 분류 기준은 파스파 문자의 자모 분류 기준과 중국 성운학의 분류 오음과 청탁의 분류 방식에 근거를 두고 있으며, 둘째 자모의 글꼴은 초성은 상형과 가획의 원리, 모음은 처지인 삼재에 기반한 부서와 합자의 원리에 바탕을 두고 글꼴 자체는 방괘형(篆字)을 모방하였으며, 셋째 자모 결합의 기원은 3성 체계로 거란자나 여진자의 대소자의 결합 원리를 모방한 것이다. 곧 한글 자모의 글자체는 상형에 조직은 성운학에 그 근거를 두고 있다고 할 수 있다. 그런데 『훈민정음 해례』 해례본에 나오는 '象形而字倣古篆'이라는 대목에 대해 매우 다양한 해석들이 있다. 이 내용과 비슷한 기록으로 세종 25(1443)년 계해 12월 조에 "이 달에 임금이 친히 언문 28자를 지었는데, 그 글자는 옛 전자를 모방하고, 초성, 중성, 종성으로 나누어 합한 연후에야 글자를 이루었다[是月。上親制諺文二十八字。其字倣古篆。分爲初中終聲。合之然後乃成字。]"는 내용을 면밀하게 분석해 보면 '其字'의 개념은 초, 종, 종성으로 분리하기 이전의 곧 C+V+C로 구성된 음절 글자를 말합니다. 따라서 초, 중, 종성을 합한 글자의 모양은 방괘형으로 옛 전자(古篆)의 꼴임을 의미하는 것이지요. 자모는 발음 기관의 모양을 본뜬 것이고 자모를 모아쓴 음절글자는 고전을 모방했다는 의미입니다. 따라서 언문 28자의 낱글자가 옛 전자(古篆)를 모방했다는 견해는 타당성이 없을 수밖에 없지요. 한글과 마찬가지로 거란 대소자나 여진 소자의 모아쓰기 방식은 한글의 음절글자의 모양과 마찬가지로 옛 전자와 같은 방괘형(네모형) 문자입니다.

실록에서 "是月。上親制諺文二十八字。其字倣古篆。分爲初中終聲。合之然後乃成字。"이라는 내용은 세종이 한글을 창제했다는 최초의 자료입니다. 매우 간략하지만 한글 창제와 관련된 핵심적인 내용이 담겨 있습니다. ① "임금께서 친히 제작하였다(上親制)"에서 한글의 창제자가 세종임을, ② "언문 28자諺文二十八字"에서 한글 명칭이 '언문'이고 글자가 28자임을, ③ "그 글자는 고전을 모방하였으며(其字倣古篆)"에서 초, 중, 종을 합자하여 모아쓰기를 한 음절글자가 고전자古篆字를 모방했음을(바로 뒤에 자字가 초, 중, 종성으로 나눌 수 있다는 말에 근거하여 낱글자 28자를 의미하는 것이 아니라 C+V+C로 구성된 한 음절글자꼴이 옛 전자를 모방하였다는 의미), ④ "그 글자는 고전을 모방하였으며 그 글자를 분해하면 초, 중, 종성으로 구성되어 있고, 한 음절 단위의 글자로 합한 이후 글자(字)의 모양은 고전(古篆, 옛 한자 글꼴)을 모방한 방패형(네모형)임을, ⑤ "무릇 조선의 말뿐만 아니라 중국 한자나 주변 나라와 심지어 조선 내의 이어(변두리말)도 다 글로 쓸 수 있다[凡干文字及本國俚語, 皆可得而書]"는 표음 문자임을, ⑥ "글꼴은 비록 간략하지만 전환하는 것이 무궁하고 [字雖簡要, 轉換無窮]"라고 하여 28자는 제한적 음소문자일 뿐만 아니라 합자를 통해 동아시아의 여러 문자를 표기할 수 있는 표음문자 곧 음성문자임을, ⑦ "이것을 훈민정음이라 한다[是謂 訓民正音]"라고 하여 우리말을 표기하는 제한적 음소문자인 '언 문' 28자는 세종이 직접 창제하였음을 밝히고 있습니다. 먼저 '언문'과 '훈민정음' 명칭에 대한 명확한 정의를 지웠으며, 또 "其 字倣古篆, 分爲初中終聲"를 뒷 구절의 '分爲'의 전제가 '其字'이기 때문에 자소인 'ㄱ, ㄴ, ㄷ'과 같은 낱글자가 고전자에 기원했다는 학설은 전면 제고될 필요가 있습니다. 곧 초, 중, 종을 모아쓴 글꼴이 방패형인 고전자와 같다는 의미이지요. 모아쓰기를 한 거란대자나 여진소자와 같이 한 자형으로 구성된 글자꼴이 곧 방패형이라는 사실을 분명하게 밝힌 내용입니다.

『훈민정음 해례』해례의 제자해 부분을 언어학적 관점에서만 접근하다가 보니 당대의 성리학의 우주생성 원리의 구조주의적 기술 태도를 폄하하는 경향 또한 없지 않았습니다. 훈민정음의 제자 원리, 곧 글자를 만든 원리를 성운학과 성리학적 관점에서 해설한 부분입니다. 당시 동아시아의 통합적 우주관이 담긴 곧 송대 성리학의 자연철학적 순환 이론을 훈민정음 창제의 기본 원리로 활용하고 있습니다. 그런데, 이숭녕(1976: 50~51) 선생은 "세종 때에 명나라의 대표적인 사상전집이라 할『성리대전』, 또는 그 속에 있는『황극경세서』란 책의 사상이 그대로 옮겨졌다. (…중략…) 이것은 중국의 언어철학적인 설명으로 권위를 장식한 셈이다"라고 한 뒤 "오늘날 일면에서 언어 연구를 과학 운운 말하고 있는데, 성리학적 언어 연구란 도저히 성립될 수 없겠다고 하겠다."(이숭녕, 1976: 112)라고 하여 당대의 한글 창제의 성리학적 기반을 비과학적인 것으로 비판적으로 평가하고 있습니다.

역학, 악학, 천문학, 상수학, 성운학, 지리학 등 동아시아의 인문학적 사유의 기반이 음양 이원론에서 오행의 논리체계로 재구성된 결과입니다. 따라서『훈민정음 해례』의 연구는 역학, 악학, 상수학, 성운, 지리 등 당대 지식인들이 지녔던 융합적 사유 기반과 연계시킨 연구로 발전되어야 할 것입니다. 해례본에서 성리학적 이론으로 개편하지 않을 수 없었던 이유를 최만리 등의 반대 상소와 낡은 사대주의 유학자들을 무마하기 위한 방법이었다는 논의들을 들 수 있습니다. 조선조 후기까지 이어져 온 성리학에 기반을 둔 융합적 체계주의적인 연구 방법에 대한 당대의 현실을 현재적 관점에서 이해하지 않으려는 상상력은 물론 금물 가운데 하나입니다.

여덟째, 최만리 반대상소의 정체

최만리의 반대 상소문에서 '반대'의 핵심이 무엇인가? '한글'의 창제를 반대했는지 혹은 세종이 추진한 한자음 교정 정책을 반대한 것인지 규명할 필요가 있습니다. 먼저 한글 창제 반대라는 설명은 적절하지 않습니다. 왜냐하면 최만리가 반대 상소문을 올린 날자가 세종 26(1444)년 2월 19일쯤 승정원에 제출한 것으로 보이고 20일에 세종이 친국을 한 내용이 실록에 실려 있습니다. 한글 창제는 그 전해인 세종 25(1443)년 12월에 완료되었으니 반대 상소문을 올린 시기와 맞지 않습니다. 이숭녕(1976: 166~184) 선생은 한글 반대 상소문이 아니라 2월 16일 『운해』 번역 사업에 반대한 것으로 규정하고 있습니다. 정광(2005: 42) 선생은 "부제학 최만리를 중심으로 부제학 신석조 등 7인이 훈민정음 창제를 반대하는 상소를 올리게 된다"라고 하여 반대의 핵심을 훈민정음 창제에 두고 있으나 이미 훈민정음이 창제 된 이후의 지난 일에 반대를 한다는 것은 앞뒤가 맞지 않습니다. 본 상소문에 "언문을 빌어서 일시의 쓰임이라도 돕는다는 것은 오히려 가할 듯 하거니와"라는 내용에서 최만리도 전적으로 언문 창제에 대해 반대하지 않은 듯도 합니다. 다만 『운서』 번역 사업을 추진하기 위해 세종 26(1444)년 2월 16일에 의사청에서 왕세자와 하신들이 모인 것을 알고 있었던 최세진은 한글 창제 자체가 중국의 사대모화에 어긋난다는 대의명분으로 한글 사용한 운서 편찬을 원천 봉쇄하려는 의도로 보아야 할 것입니다. 따라서 최만리의 상소는 이미 한글이 창제되었기 때문에 '한글 창제 반대'를 위한 것이 아닌 한글로 중국 운서를 번역하는 일, 곧 '한글 사용 반대'라고 할 수 있습니다. 끝으로 지금까지 알려진 〈최만리 반대 상소문〉이 최만리가 쓴 것일까요? 아니면 가장 중형을 받은 정창손의 글을 대표자격인 부제학 최만리 이름으로 상소를 올린 것이 아닐지?

아홉째, 언문의 명칭에 대한 해석

'언문'은 '훈민정음'이라는 명칭과 함께 사용되었다. 이 '언문'이라는 명칭을 "특히 훈민정음 제정에 반대하는 사람들은 언문이라는 말을 즐겨 사용하였다"(유창균, 1993: 125)라고 하여 '언문'이라는 명칭이 마치 자기 비하적인 명칭인 것처럼 해석하고 있으나 그러한 근거를 입증할 만한 당대의 논거는 전혀 없습니다.[1] 특히 『조선왕조실록』의 기록에 '언문'이라는 명칭이 사용되고 있기 때문에 이러한 논의는 불필요한 논쟁의 불씨가 될 수 있습니다. '언문'은 28자의 음소 문자를 지칭하고 '정음훈민정음'

---

1) '언문'을 한자 혹은 한문에 비해 열등한 의미를 가진 것으로 잘못 이해하는 경향이 있다. 『표준국어대사전』에서도 '언문'의 뜻풀이를 "상말을 적는 문자라는 뜻으로, '한글'을 속되게 이르던 말"이라고 정의하고 있는데, 과연 훈민정음 창제 이후 쏟아져 나온 각종 언해들이 모두 상말로 적은 글이라는 뜻이었을까? '언문'이라는 용어를 "훈민정음을 낮게 일컬어 '언문'이리고 하던 이름을 버리고 '위대한 글자'라는 뜻으로 '한글'이라고 부르게 되었다"(강신항, 2010: 10)는 견해도 마찬가지이다. 조선 후기 잠시 낮춤의 의미가 없지 않았지만, 훈민정음 창제 당시에는 전혀 낮춤의 의미가 없었던 쓰임새에 따른 명칭이었을 것이다.

은 우리말을 물론 한자음 표기를 위시하여 몽고, 여진, 일본 등의 말을 표음하는 바른 소리라는 뜻으로 사용된 것입니다. '予若以 諺文譯'에서 세종 스스로가 "내가 만일 언문으로서 번역한" 세종 이 정창손에게 친국을 한 뒤 하교문 가운데 세종 스스로가 '언문' 이라는 명칭을 사용하고 있습니다. 최만리의 반대 상소문과 임금 의 하교문에서 26회에 걸쳐 '언문', '비언', '언자'라는 명칭이 나 타납니다. 그 가운데 '언문'은 세종이 3회, 최만리이 19회, 김문이 2회 사용하고 있으며, '비언'과 '언자'는 최만리이 각각 1회씩 사 용하고 있습니다. '언문'이라는 용어가 사용상의 목적에 따라 '훈 민정음정음'과 달리 불러진 이름입니다. 곧 우리말 표기에 사용 될 경우 '언문'으로 우리 한자음과 한음 및 외래어 표기에 사용될 경우 '훈민정음정음'으로 부른 것이 명확합니다.

열째, 훈민정음의 보급과 관련된 오해

훈민정음 곧 한글의 보급 과정에 대해 왕실에서 여성 중심의 소통문자로 발전되어 온 것으로 오해를 하고 있습니다. 물론 한 글을 소통문자로 활용한 계층은 여성이 주도를 해온 것만은 사실 이지만 이 문제를 이처럼 편협하게 평가할 문제는 아닙니다. 세 종의 훈민정음 창제 이후 백성문자 곧 국민 소통문자로 보급하기 위한 노력의 일환으로 불경을 포함한 경서류와 농서, 의서 등 대량 보급하였지요. 사대부나 남성들에게는 한문이 주된 소통문 자였고 한글은 보조적인 역할을 하였던 것은 사실일 것입니다. 세종이 조선의 풍토에 맞는 새로운 표음문자를 만들었지만 당대 의 사람들은 한자를 버리자고 주장한 적은 없었습니다.

조선조에 한자와 한글 소통자의 가상적 변화 추이를 나타내면 다음의 도표와 같을 것으로 추정됩니다. 한자 소통자는 서서히 줄어들고 그 대신 한글 소통자는 서서히 늘어나 고종 대에 이르러서는 한글 소통자가 급격하게 증가하여 나라의 소통문자를 한글로 바꾸지 않을 수 없게 된 것입니다.

이러한 관점에서 훈민정음을 쓰임새에 따라 '한문 학습의 보조적 수단'(홍기문, 1946)으로나 혹은 사용자 층에 따라 '비주류 문자'(김슬옹, 2014: 1)로 훈민정음의 위상을 폄하하는 것은 편협한 판단입니다. 훈민정음은 우리말을 전면 표기할 수 있는 표음문자인 동시에 한자 학습을 위한 '매개문자'로 그리고 한자음 표시를 비롯한 외래어를 우리말로 표기하도록 만든 문자이며, 실재로 그렇게 사용되어 왔습니다. 그런데 이 훈민정음의 보급과 확대 과정에 대해서는 성급하게 특정 계층이나 성별의 전유물이었던 것으로 평가해서는 안 됩니다.

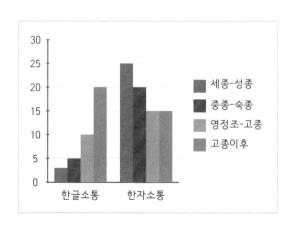

훈민정음의 보급 과정에 소위 연산군의 언문 탄압에 대한 논의에 대해 되돌아봅시다. 김윤경(1954: 299~253), 최현배(1946: 83~46), 홍기문(1947: 162~164), 이희승(1955: 38~39) 선생을 비롯하여 방종현 교수도 연산군이 한글을 탄압한 군주로 다루어 왔으나 이숭녕(1956: 245~247) 교수와 강신항(2008: 420) 선생은 이에 반론을 제기했듯이 언문 탄압은 언문 익명사건의 범인 색출을 위한 잠정적인 조치였음을 강신항(2008: 359~419) 선생은 밀도 있는 실증적 자료를 제시하여 종래 정설화 되었던 연산군의 언문 탄압에 대한 수정 견해를 제시하고 있습니다. 여기에 덧붙여서 광해군 2(1611)년 3월『내훈』을 인간하여 널리 배포하라는 전교가 있던 것을 근거로 하면 강신항 선생의 수정 견해가 타당하다고 판단됩니다.

마무리

훈민정음 창제 과정을 통해 조선조 중화 세계관을 그려낸 두 갈래의 자존을 관찰할 수 있습니다. 중화와 공존하는 주체적 소수 세력인 세종을 포함한 여덟 선비와 최만리를 포함한 무언의 다수 중화문화의 수호자들 간에 벌어진 어깃장은 450년의 세월이 지난 후 소수자인 세종의 승리로 결말이 난 것입니다. 아님 아직 그 결말이 난 것이 아니라 중화에서 미주로 그 대상성이 바뀐 채 갈등은 이어지고 있습니다.

현재 우리글이 아닌 우리말은 병들고 있습니다. 넘쳐나는 외국어 음차표기어 때문에 우리말이 급속하게 증발하고 있습니다. 최근 한국어의 기원문제에 대해 알타이어 기원에 대한 회의적인 생각을 가진 분들이 늘어나고 있는데 그러한 이유도 천여 년 한자의 침식과 일본어와 영어 등 외래어가 급격하게 침식되어 우리말의 바탕이 사멸되었기 때문입니다. 앞으로도 한국어는 조상을 잃어버린 영원한 미아어가 될지도 모릅니다.

임병 양란을 통한 명청 교체기와 같은 카오스시대, 우리나라의 역사의 일부인 훈민정음의 창제 과정의 어제와 오늘에 대한 각종 담론들이 과연 주체적인가? 그리고 학문 권력의 울타리의 안과 밖이 과연 어떻게 다른가? 진정성 없는 실증주의적 조각들을 끌어와 꿰어 맞춘 학문이 아닌가? 이러한 근본적인 회의를 어떻게 하면 해소할 수 있을까요?

이 나라의 자존이 걸린 한글의 위상을 고도화하기 위해서는 훈민정음 창제의 현대적 재해석이라는 관점도 매우 중요하지만 철저한 실증주의적 바탕 위에서 고증학적 이론의 수준을 높이는 방향으로 발전시킬 필요가 있습니다. 아울러 텍스트에 대한 고도의 정밀한 관찰과 이해가 선행될 필요가 있습니다. 내면과 변화의 궤적을 탐색할 수 있는 실증적 역사관에 대한 재무장이 필요하다. 그럴 때 엉켜있는 맥락의 거미줄을 조금이라도 풀어낼 수 있을 것입니다.

아울러 훈민정음은 이제 국어학자들의 전유물이 아닌 다중정보를 보급할 수 있는 언어정보화의 기술을 고도화한다거나 타이포그래프의 관점에서 예술적인 가치를 확대하는 방향으로 더욱 발전되기를 기원합니다. 시각의 문자 한글이 시각의 색깔과 만나고 소리와 손을 잡고 IT기술 문화의 세례를 받아 세계의 한 가운데로 나서 주기를 기대합니다.

한글 및 한국어 세계화와
우리 문화로서의 진흥전략

왜 한글의 시대인가

새천년 이후 우리나라 정보화 통신 사업이 눈부신 발전을 거듭하면서 한글, 한식, 한복, 한옥, 한류음반, 한류 비디오 등 전통적 가치의 이해와 활용에 대해 관심이 커지게 되었다. 소위 한류라고 말하는 전통적 가치가 국가 브랜드 확장을 위해 그리고 문화전통 산업과 정보 산업의 콘텐츠를 강화하는 핵심임을 이해하는 사람들이 차츰 늘어나게 되었다.

그 가운데 한글 및 한국어는 우리문화를 외부로 알리는 기본수단이며 방법이라고 할 수 있다. 현실적으로 전 세계에서 한글로 소통할 수 있는 이들은 남한의 약 4천 8백만, 북한의 약 2천 8백만을 합쳐 약 7천 6백만과 해외 교민 7백만과 2백만 남짓되는 국내 다문화 가족과 국내 거주하는 외국인 근로자와 해외 한국어

학습자를 포함하면 8천 5백만 정도 된다.[2] 거대하고 다양한 공동체이다. 한글 공동체는 『에스노로지Ethnology』 2010년판의 통계를 보면 전 세계 10위권에 육박하고 있는 프랑스 어와 어깨를 나누는 주요 언어Majour language이다.

우리문화의 창의적 도구이자 지혜의 문을 열 수 있는 유일한 열쇠가 바로 공동체의 언어와 문화이다. 사람들 사이에 지식·정보의 격차가 벌어져 소통의 차등이 계층화할 경우 서로를 존중하고 배려하는 사회와는 거리가 자연 멀어질 수밖에 없게 된다. 국제화 열풍과 함께 전국 곳곳에 영어마을을 만드느라 얼마나 많은 세금을 투입하였는가? 그 결과 어떤 변화와 성과가 있는가? 국가 지도자급에 속하는 인사들은 한자 교육과 한자공용화를 하지 않는다며, 1970년 1월 1일 이후 시행된 한글 전용화 정책을 기초로 하여 2005년 〈국어기본법〉과 〈국어기본법 시행령〉이 입안되었다. 한류의 열풍과 함께 찾아온 한글의 시대, 〈국어기본법〉을 기반으로 한 한글과 한국어를 국가 브랜드로 만들 적절한 시점이 도래하였다. 마침 2006년 1월 문화체육관광부 국립국어원장에 취임한 필자는 한글의 세계화의 기본 전략을 취임 추진 핵심 업무의 한 가지로 설정하였다.

왜 한글과 한국어의 시대인지 살펴 보자.

첫째, 2007년 스위스 제네바에서 열린 제43차 세계지식재산권기구WIPO 총회에서 한국어가 특허협력조약PCT: Patent Cooperation

---

2) 국립국어원이 9일 펴낸 『숫자로 살펴보는 우리말』에 따르면 세계에서 한국어를 사용하는 인구는 남북한과 해외동포 등을 합쳐 모두 7천 700여만 명으로 집계됐다.

Treaty 공식 공개언어로 채택했다. 지식재산권 강국으로서 위상을 드높인 쾌거로 국제 특허출원에 영어, 불어, 독일어, 일본어, 러시아어, 스페인어, 중국어, 아랍어 등과 함께 한국어가 이 이에 해당한다. 이로써 한국어의 국제화를 우리 과학기술이 디딤돌을 놓은 것이다.

둘째, 국제연합교육과학문화기구United Nations Educational, Scientific and Cultural Organization, UNESCO.에서 1990년부터 전 세계적으로 문해률의 증진을 위해 노력한 이에게 증정하는 상으로 '세종상'을 제정할 만큼 한글 창제자인 세종을 국제적으로 기리게 된 것이다.

셋째, 세종이 창제한 한글을 해설한 간송미술관 소장본인 『한글 해례』가 1997년 1월 유네스코 세계기록유산 국제자문위원회에서 '세계기록유산'으로 선정되었다. 전 세계적으로 창제자와 창제 경위가 밝혀진 유일한 문자를 해설한 귀중한 이 책은 전 인류의 문화자산으로 인정을 받게 된 것이다.

넷째, 현재 전 세계의 언어는 6천여 개이지만 소수의 언어가 급격하게 몰락하고 있어 인류의 지식 자산이 엄청나게 훼손되고 있다. 주요 언어만 중요한 것이 아니라 소수자 언어 한 예를 들어 Native American족의 나바호 부족의 언어도 그들 나름대로의 인류의 지적 가치를 가진 언어라 할 수 있다. 이와 함께 교통과 통신의 발달로 언어가 뒤섞이고 인족이 혼류되는 시대에 직면해 있다. 2006년 한국에서 국제 이주 여성은 가파르게 증가하여 30여만 명에 육박하고 있었으며, 한류 열풍과 함께 한국어와 한글을 배우려고 하는 사람들이 전 세계적으로 약 500만 명 정도로 추산되었다.

다섯째, 무엇보다도 중요한 것은 세계의 어떤 문자도 따라올 수 없는 과학성과 창의성이 있다고 할 수 있다. 때마침 국가정보화 전략과 함께 한글은 IT에 적합성 특히 데이터 입력의 속도는 영어, 중국어, 일본어를 능가하는 탁월함과 함께 정보 검색의 속도 또한 그들보다 앞선다는 사실이 입증 되었다.

이와 함께 인터넷을 통해 전 세계인가 접촉하면서 온갖 가치 있는 지식 정보를 소통할 수 있는 정보 민주화를 선도하는 위치에 서게 된 것이다.

여섯째, 유네스코 본관 현관 입구에 한글표기로 디자인 작품이, 영국 빅토리아 박물관 입구에 한글조형물(용비어천가 목가)이 전시되어 있고, 일본 전철과 지하철, 중국 동북 삼성 도로 표지판 등에 한글을 만날 수 있다. 한글은 이제 단순 의사소통의 방식을 넘어서서 문화산업이나 예술 분야로 확대되어 그 부가가치를 높여주고 있다.

한글은 이제 우리나라 사람만이 아닌 전 세계인의 언어생활에도 그 영향을 미치고 있다. 전 세계 어딜 가나 "안녕하세요", "코리아라면"이라면 다 통할 만큼 그 위치가 확대되고 있다. 한글과 한국어는 우리나라를 대표하는 자산이자 힘이다. 그 자산은 스스로 아끼고 발전시킬 때라야 더욱 힘을 갖는다. 후손들에게 자랑스러운 우리글을 물려주기 위한 노력이 더 필요할 때다.

세종학당 설립과 미래

세종이 한글 곧 한글을 창제한 동기가 한문을 모르는 어리석은 백성을 위해 쉽게 익히고 배워서 지식을 확장시키기 위한 애민,

편민, 민주 사상에 기반하여 한글을 만들었다. 오랜 동안 숙면 기간을 거쳐 한글이 본격적으로 소통문자로 사용된 지 100여 년, 이제 한글은 우리들만의 문자가 아닌 세계인들의 언어생활에 영향을 미치고 있다. 필자가 국립국워원장 재임 시인 2008년 9~11월 실시한 한국인 성인 기초 문해력文解力(글 해독 능력) 조사에서 1.7%만 한글을 읽고 쓰지 못하는 비문해자非文解者(문맹)인 것으로 밝혀졌다. 비문해자 비율은 70대 20.2%, 60대 4.6%, 50대 0.7%였지만 40대 이하는 거의 없었다. 이처럼 한글은 배우기 쉽고 익히기 쉬운 문자이다.

한국어교육 전공 교수와 관계 전문가들의 위원회를 구성하여 국립국어원에서는 2006년 한글의 전 세계적 확산 프로그램을 개발을 시작하였다.

당시 한글과 한국어 확산 교육 프로그램은 전무하였으나 지원기관은 외교부에 한국국제교류재단Korea Foundation과 전 세계 약 2천여 군데 설립되어 있는 '한글학교', 교육부에 '외문화원' 36군데가 있었다. 그러나 제대로 된 교육목표, 교과과정, 교재개발, 교사임용과 관리, 교육 현장의 관리 등 본격적인 확산 교육프로그램을 종합적으로 연구하기 시작한 것이다. 당시 중국에서는 공자학당이 개설되어 국내에 50여 군에 설립이 되어 있었고 프랑스의 알리앙스 프랑세즈, 독일의 괴테인스티투트 등 자국 해외 보급을 위한 각종 교육기관이 이미 자리를 잡고 있었다.

제일 먼저 심각하게 고려해야 할 사항은 바로 교육 목표였다. 지난 20세계 식민 지배의 경험을 통해 약육강식의 언어포식의 상처를 경험했던 많은 저개발 국가에서는 외국 언어의 유입을 매우 민감하게 저지하려는 의도가 없지 않기 때문에, 한국의 한글 및 한국어 해외 보급의 기본 정신은 "언어 문화 문화상호 존중"이라는 최상단의 교육 목표를 이끌어 내었다. 당시 유네스코에서도 '생물 다양성 선언'과 함께 현재 지구 상에 1,400만 종의 생물이 있는데, 빠른 속도로 멸종되고 있으며 이와 같은 방식으로 전 세계 6천여 종의 언어도 급격하게 소멸되고 있기 때문에 소수 언어를 존중하고 보호하려는 움직임이 곳곳에서 나타나게 되었다. 2008년 국립국어원에서는 고려대학교에서 전 세계 언어학자대회를 유치하고 그 주제를 "소수언어 보호를 위한 국제학술대회"라는 슬로건을 확정하였다.

이어서 〈세종학당〉이라는 학교 이름을 공모하여 정하고 교과과정 개발, 교재개발, 교원 자격시험과 선발 등에 이어 제1호 시범 세종학당KSIF, King Sejong Institute Foundation을 몽골 울란바타르 대학교(당시 윤순재 총장)와 업부 협정을 조인하였다. 국립국어원에서 2009년까지 전 세계 18개 세종학당을 설립한 다음 세종재단으로 모든 업무를 이관조치 하였다.

2008년 노무현 대통령께서는 국무회의에 "한글의 국제화와 경쟁력 제고 방안에 대한" 업무 보고를 하라는 지시에 따라 필자는 2006년부터 2년간 준비 해온 〈세종학당〉 운영에 대한 종합 보고를 국무회의에서 보고를 하였다. 이로서 〈세종학당〉이 국책 과제로 항해를 시작할 수 있는 역사적인 계기가 된 것이다.

2009년 앞에서 언급했듯이 외교부의 KOICA, 교육부의 해외 한국어문화원, 문과부의 KSIF 등의 업무가 일부 충돌되고 국가 예산이 중복 투자될 위험성이 크기 때문에 업무 조정을 위한 협의 기구로 7개부처(해외 노동자 한글교육−노동부, 다문화가정 여성 및 2세−여성부, 법무부, 농림부) 등 7개 부처의 합동 조정회의 가 마련되었으나 결실을 보지 못하고 유야무야가 되었다.

2011년 〈국어기본법〉과 〈국어기본법시행령〉 일부 개정과 함께 〈세종학당〉 설립 근거를 법안으로 마련하였다.

2013년 〈국어기본법〉 제19조 2항에 근거하여 문화부 산하 공공기관으로 〈세종학당〉 재단을 설립함으로써 독립적인 기관으로 한글 및 한국어 교육 지원을 본격적으로 펼치게 되었다.

현재 전 세계 54개국 171군데에 〈세종학당〉이 운영되고 있다.

〈세종학당〉 운영의 문제

한글과 한국어의 세계적 확산은 전 세계적으로 자국어의 문자가 없는 종족이나 나라에 그들의 문자로 활용할 수 있도록 한글을 공유화하는 일이야 말로 세종이 꿈 꾼 편민주의便民主義의 원칙을 실천하는 일이다. 우리와 함께 인류의 과거와 미래를 소통하고 나눔을 함께 할 수 있는 소통문자 한글을 전세계인이 공유하는 문화운동이라고 할 수 있다. 그러한 원대한 목표와 언어문화 상호 존중 프로그램으로써의 정체성을 지켜내지 못하면 세종학당의 미래는 더 이어나가기 어려울 것이다.

설립 당시 〈세종학당〉은 문화 상호 이해 존중을 바탕으로 한 문화 상호주의라는 설립 이념 아래 (1) 문화 상호주의의 원칙에 입각한 쌍방향의 언어문화 교류와 이해 촉진, (2) 지식인 중심 엘리트 교육에서 탈피, 대중적인 한국어 교육의 확대, (3) 국가

간의 문화적 연대와 공존을 위한 교류 협력 증진이라는 3대 설립 목적을 명시화하였다. 정부에서는 이를 위해 2012년 5월 2일 국무 회의를 통해 〈세종학당〉 재단설치를 위한 관련 법안인 〈국어기본법〉, 『국어기본법시행령』 개정안에 포함시켜 공포함으로써 한국어의 해외 보급에 대한 본격적인 국가 관리체계로 진입하였다. 이 법안을 근거로 하여 〈세종학당재단〉이 설립됨으로써 그 이전에 나타난 여러 가지 문제점들을 보완할 수 있는 계기가 마련된 것이다.3)

현재 외교부, 교육부, 문체부 등에서 그리고 해외 교민들의 자발적인 노력에 의해 한글과 한국어 보급기관은 2천여 개를 훨씬 상회하고 있으며, 이들 기관의 수강생은 25만여 명에 달한다. 외국인 학습자를 위해 국내외에서 발간된 한국어 교재는 3천 400권 가량인 것으로 조사됐다. 그러나 한국어 및 한극 학습자는 그 성층이 매우 복잡하다. 국내에는 외국이 취업 노동자, 국제결혼에 의한 다문화 여성, 그의 2세, 대학 유학생에 이르기까지 그 스펙트럼이 매우 넓다. 해외 또한 마찬가지이다. 단순한 문화 취향, 아이돌의 노래를 배우는 수준, 한국 노동자 비자 습득을 위한 이, 국제결혼, 한국 유학, 해외 교민 2~3세 등 한글과 한국어 보급의 전략을 쉽게 구성하기 힘들 정도로 복잡다단하다. 교육 대상이 이처럼 복잡다단하듯이 교재 및 교과 과정의 구성이나

---

3) 2007년 〈세종학당〉 설립 시기와 2012년 〈세종학당〉 재단설립을 위한 관계 법령 개정이 이루어진 시기를 기준으로 제1기 세종학당과 2기 세종학당으로 구분할 수 있다. 제1기를 준비기간이라고 한다면 제2기는 국가사업으로 〈세종학당〉이 본격적으로 출발한 시기라고 할 수 있다.

학습 환경 마련 또한 그렇게 용이한 일이 아닌 것이다.

첫째, 정부 부처별 한글과 한국어 보급기관은 제 나름대로의 정체성 확립이 매우 중요하다. 지나치게 교육 전공자들이 간섭으로 문화로서의 한글과 한국어 교육이 너무나 난해하도록 만들어 그 성층의 차이에 따른 지향성이 매우 불분명하다. 예컨대 지금 세종학당에서 만들어 보급하는 교재는 유학생 교육 수준의 눈높이로 만들어져 있어 너무나 난해하기 짝이 없다. 그 내용 또한 마찬가지로 문화상호주의라는 〈세종학당〉 설립 기본 정신을 전혀 반영하고 있지 못하다.

둘째, 교육방식이 시차성이 거의 없다. 대학에서 생산해 내는 6단계 한국어 교재는 그 내용의 정체성이나 난이도의 개별적 특성을 유지 하지 못하고 있다. 그렇지 않으면 아주 질이 떨어지거나 조악한 현지 출판사에서 보급되는 교재들이 넘쳐나고 있다. 문화부의 〈세종학당〉은 적어도 문화적인 교재, 오디오와 비디오를 결합한 한글 자모 교육을 위한 교재 개발에서부터 쉬운 교재 개발에 몰두하여 이를 온라인 교재로 무상 보급을 해야 함에도 불구하고 아주 고가의 교재롤 개발해 놓으니까 저개발 구가에서는 교재가 비싸서 구입할 엄두도 내지 못하는 사례들이 많이 있다.

그리고 교사들을 위한 현지 교안 개발, 문화상호주의적 관점에서의 교재 내용 구성에 이르기까지 장기적 안목을 가지고 세심한 전략을 수립하야 할 것이다.

셋째, 세종학당 재단 운영이 현재 지나치게 언어교육이론 중심가들에 의해 운영되고 있어 현실과 유리가 되고 있지는 않는지 되돌아보아야 할 것이다. 그리고 정부의 장기적 비전과 전략이 거의없기 때문에 현재 〈세종학당〉이 현지와 경영 마찰로 인한 잡음과 일부 폐쇄조치(미국 2개소, 몽골 2개소 등)가 이루어지고 있다. 그리고 현지 교원들이 문화부나 국민소청위원회에 제보한 목소리를 귀담아 들어서 수용하지 않고 도리어 비판 세력으로 몰아서 세종학당 운영에 배제하는 사례도 있는 것으로 알고 있다.

넷째, 남과 북의 언어가 표준어와 문화어라는 다른 규범의 틀 아래에서 서로 다른 길을 걸어온 지 한 세기 가까이 흘렀다. 남북 간의 언어 차이가 문제가 아니라 서로 다른 용어로 기술된 초중고교의 교과서 내용을 들여다보면 진짜 이게 한글 공동체인가 의심스럽다. 그뿐만 아니라 중국에서는 남과 북의 다른 문법책으로 교육을 해야 한다. 이를 극복하기 위해서는 적어도 해외 우리 글과 우리말의 보급운동은 남과 북이 함께 보조를 맞출 수 있는 한글공동체를 만들기 위한 노력을 아끼지 말아야 할 것이다.

다섯째, 정부부처 간의 한글과 한국어 보급 활동을 서로 견제하거나 경쟁할 일이 아니라 나름대로의 정체성을 확보하여 특징이 있는 활동으로 발전할 수 있도록 상호 노력할 필요가 있다.

다섯째, 무엇보다도 강조되어야 할 것은 옹색한 정부의 재정적 투자 의지이다.

여섯째, 한국어 교원의 관리 문제에서 한국어 교원 자격증이 없는 교원들이 해외 한글학교는 물론이거니와 국내 다문화가정 한국어 교육에 까지 차지하고 있다. 국어교사과 한국어 교원의 자격을 엄격하게 분리하여 그 전문성을 인증 받을 수 있도록 문체부, 교육부, 외교부 등 정부 기관에서 충분한 조율이 필요하다.

일곱째, 한국어 교원의 연수 계획이 정부 부처별 임의로 진행되고 있기 때문에 그 내용과 질을 재고할 수 없다. 더군다나 고급 호텔을 빌려 총리나 장관을 모셔와서 전시적인 행사로 진행되고 있어서 비용의 낭비와 교육의 효과와 질을 보장할 수 없다. 따라서 향후 정부 기관에 한국어 교원 연수원을 건립하고 국내외에서 활동하는 한국어 교원을 정기적으로 재교육을 실시할 수 있는 종합 계획이 조속히 수립되어야 한다.

여덟째, 한국어 교원 배출은 문체부에서하고 그 교육의 평가는 교과부에서 토픽을 실시하여 앞뒤가 전혀 맞지 않게 진행되고 있다. 한국어 교육은 실로 그 대상층이 매우 다양하기 때문에 그 평가 방법도 매우 고도의 기술이 필요함에도 불구하고 중구난방으로 진행됨으로써 시험의 질적인 문제뿐만 아니라 부정 출제 등의 관리상의 문제도 심각한 실정이다. 역시 조속한 시일 안에 전문적인 한국어 교육 평가 기관의 설립이 필요하다.

한글과 한국어 우리 문화로서의 발전 전략
첫째, 한글은 지식·정보화의 핵심

매체 기호는 인류가 발견하고 창조한 다양한 지식·정보의 다발이라고 할 수 있다. 활자화 시대에 책으로 전승되던 인류의 창조적 지식이 대량의 디지털 부호로 대체되어 서로 소통하고 나누고 협력하고, 또 검색하여 재활용함으로써 인류의 지식·정보는 동시다발적으로 새롭게 융합되고 재창조될 수 있다. 문화의 경계를 재편하면서 뒤섞이고 뭉쳐내는 힘을 가진 부호가 새로운 미래 지식 자본invention capitalism의 축을 형성하고 있다.

둘째, 한글의 과학성과 창조성

한국어종합기반사전의 편찬을 위해 한국어 정보화 사업이 함께 추진되어야 한다. 단순한 형태소 검색 수준에 머문 대량 코퍼스Corpus 구축에서 한 걸음 더 나아가 음성 언어와 문자 언어를 상호 자동 인식할 수 있는 글자 공학을 기반으로 한 음성 분석Sound-Tag, 의미 분석Meaning-Tag 등의 언어정보 기술이 증진되지 않으면 안 된다. 문자와 음성의 전환과 기계번역 등의 통합적인 과제는 어느 개인 연구자의 힘으로는 불가능한 일이다. 국가적 지원과 민간 사업자들과의 협업에 의해서만 도달할 수 있다.

셋째, 규범과 사전 편찬 사업, 정부에서 민간으로

다중의 지식 평준화는 선진 국가로 향하는 지름길이다. 다중의 지식을 고도화하는 가장 기초적인 일은 바로 다양한 언어 지식을 체계화하여 한국어 사전을 편찬하고 이를 웹 기반에서 공유함으로써 가능하다. 그리고 국민들의 의사소통을 규범에 맞도록 원활하게 하는 동시에 한국어를 국가 지식 기반을 관리하는 기관으로 발전하려는 의지가 필요하며, 규범의 기계화, 한국어로 생산되는 국가 지식의 총체적인 기계화와 정보화 등의 발전적인 전망을 제시하는 기관으로 다시 태어나야 할 것이다. 그러기 위해서도 학벌과 인맥을 초월하는 한국어위원회로 재편한 다음 국립국어원의 전문 인력들의 경쟁력을 강화하는 보다 적극적인 개혁 의지가 필요하다.

넷째, 한글의 창조성과 문화예술

한글은 문화 예술적 방면에서 다양하게 활용되고 있다. 위에서 언급한 시와 소설, 연극과 영화를 비롯한 문자를 소재로 한 그림이나 랩 음악 등 미술이나 음악과의 접목은 한글의 창조적 특성을 확장하는 매우 좋은 수단이 될 것이다. 캘리그래퍼(영화 제목, 드라마, 서책, 광고 휘호 등), 글꼴(서체 연구, 문화체 개발), 글자공학(휴대문자, 자판기), 글자디자인(패션, 문화 상품) 등으로의 인접 분야의 전문가들과 공동으로 한글이 지닌 장점을 지속적으로 발전시켜야 할 것이다. 그뿐 아니라 우리 고유어나 사어화된 토박이말, 문자 예술의 중요 영역인 시와 소설, 희곡 등에서 우리말의 은유적 확장을 위해 새로운 소생력을 강화해 줄 필요가 있다. 2008년 한국시인협회와 국립국어원이 공동으로 한글 자모를 낱낱이 한 편의 시로 창작하여 모음집을 만든 사례는 한글의 예술적 창의력을 살리는 노력 가운데 하나라고 할 수 있다. 사물의 본질에 다가서는 유일한 통로가 언어이며, 그것을 구체화한 형태가 문자라고 할 수 있다. 문자는 사물 본질에 대한 재해석의 노력이라는 측면에서 새로운 언어를 생성할 수 있는 예술적 창의성에 대한 이해를 좀 더 확대할 수 있는 기획이 필요하다.

다섯째, 한글과 글자 공학

언어와 문자의 흐름은 국력과 자본의 흐름과 매우 밀접한 관계를 맺고 있을 뿐만 아니라 최근에는 인터넷 소통의 힘과 매우 밀접한 관계를 맺기 때문에 정보화 환경에 더욱 긴밀하게 다가설 수 있는 끊임없는 연구와 국가 전략이 필요하다.

한글의 글자 배열 문제, 문서 작성기의 자판기, 휴대폰의 자판 배열 방식의 통일과 특수 문자 입력 방식의 국제 표준화 연구도 소홀하게 다룰 문제가 아니다. 향후 서사어의 디지털화를 위해 인쇄체와 필기체 글자 도형의 인식 문제에 대한 연구도 추진되어야 한다.

한글 정보 베이스는 이러한 한국어 공학의 한 분야로서, 한국어 공학에 필요한 정보 베이스를 구축하는 것을 목적으로 하고 있다. 정보 베이스란 자료베이스와 유사한 용어로서, 정보 영역의 사용자에게 유용한 정보를 여러 출처로부터 수집한 정보의 모음을 의미한다. 한글 정보 베이스는 한글을 위하여 또는 한글을 이용하여 연구하는 사람들에게 필요한 정보 베이스를 뜻한다. 여기에 속하는 분야로는 사전, 말뭉치, 음성 및 필기체 자료베이스, 용례 분석, 통시적 및 공시적인 언어 현상 연구 성과 등을 들 수 있다. 향후 이러한 지식 기반의 자료를 국가적 공유 플랫폼으로 구축하여 국내 모든 지식 자원을 통합하고, 그것을 공유함으로써 지식의 재생산의 효율화를 기할 수 있다. 곧 한국어 정보 베이스를 효과적으로 구축하기 위해서는 각 분야의 정보가 통합적으로 관리 및 유지될 수 있는 환경을 우선적으로 구축하는 것이 필요하다.

여섯째, 한글 서예와 캘리그래피

전통 예술의 한 가지로서 서예가 디자인에 접목되면서 캘리그래피calligraphy라는 이름으로 요즘 많은 인기를 얻고 있다. 전통 예술로만 알려져 왔던 서예가 본래의 생명력과 원동력으로 현대 디자인이라는 커다란 울타리 속에서 다시 태어나 새 영역으로 자리 잡고 있다. 캘리그래피란 의미 전달 수단인 문자의 형태에 순수한 조형미를 더한 것이다.[4] 우리만의 독보적 문자인 한글 캘리그래피의 가능성을 가늠해 보며, 디지로그 시대에 발맞추어 고전미와 현대미가 어우러진 한국적 캘리그래피의 지표를 열어 나갈 수 있을 것이다. 최근 영화 포스터, 책 표지, 상표, 영상 매체에서의 캘리그래피, 전각을 통해 한글에 내재된 기호학적 이미지와 리듬을 창조적으로 되살려 내는 노력들이 활발하다. 2008년 한글날 홍익대 앞에서 윤디자인 연구소가 기획한 '캘리 그래피와 문학과의 만남전'이나 국립국어원과 '한국시인협회'가 공동으로 기획한 한글과 디자인이 결합한 '한글 피어나다'와 같 은 기획이 서예의 진화를 예측할 수 있는 성과들이다. 그리고 윤디자인 연구에서 온라인으로 제공하는 〈온한글〉의 정보는 한 글 캘리그래피의 미래를 열어가고 있다. 우리나라의 타이포그래 피의 미래는 우리의 전통적인 서예 기반을 발전시키는 전략이 필요하다. 그러기 위해서는 서예를 전통적인 기법에만 묶지 말고 화상 도구나 기법을 보다 다양한 방향으로 발전시켜 나가야 할 것이다.

한글의 자모도 영어의 알파벳처럼 한 시대의 문화와 스토리텔 링을 담아내는 기획이 필요하다. 우리의 자모를 다양한 그래픽

---

4) 이상현, 「손글씨가 만들어 가는 한글세상」, 『온한글』 2007년 11월호.

문자로 개발하고 우리 문화의 전통 문양을 결속시키며, 나아가서는 자모에 우리 나름대로의 스토리를 담아내려는 시도가 필요하다. '세계적으로 아름다운 한글'로 다시 태어나려면, 과학성이나 예술성에 대한 학술 연구도 중요하지만 이 시대의 문화와 전통을 담아내기 위한 고뇌가 필요하다. 한글의 위대함을 단순히 기술하는 것만으로 한글의 우수성을 전달하던 시대는 지났다. 지금 우리는 비주얼 시대에 살고 있다. 문자는 더 이상 단순한 소통을 위한 기호가 아니고 한 시대의 문화와 예술, 인간의 심성과 사유 방식 등을 담아내는 비주얼 요소임을 생각해야 할 것이다. 데이빗삭스의 『알파벳』에서는 모든 알파벳이 스토리텔링을 담고 있다.[5] 'A'는 "처음, 그리고 가장 좋은 것", 'B'는 "2등급의 B", 'C'는 "골치 덩어리", 'D'는 "신뢰할 수 있는 D", 'F'는 "잊어버리기 위한 것", 'K'는 "경쟁자들competitors"과 같이 알파벳의 형성 과정에 담긴 오랜 문화 전통을 각인해서 다양한 스토리를 만들고 있다. 한글이 문화 상품을 개발하는 매체임을 직시해야 한다. 2008년에 국립국어원에서 "한글 피어나다"라는 주제로 『문화의 옷을 입힌 한글』을 한국시인협회 회원과 디자이너가 결합하여 24자모마다 시를 짓고 그래픽을 융합하는 시도를 하였다. 이처럼 끊임없는 창조적 시도와 시각적 변용의 시도를 통해 한글을 개발할 수 있을 것이다. 기호 속에 신화를 담는 작업이야말로 울림을 잃어버린 우리 문자를 되살려 내고 문화콘텐츠의 원형을 개발하는 것이라고 생각한다. 여기 아주 좋은 사례가 있다. 최근 미국에

---

5) 데이빗 삭스, 이건수 옮김, 『알파벳』, 신아사, 2007.

서는 알파벳을 미국의 전통 문양을 새겨 넣은『An Abecedarium』
(ILLUMINATED ALPHABETS FROM THE COURT OF THE
EMPEROR RUDOLF II)라는 책을 발간하여 미국 중심의 알파벳
문화를 알리고 있다.[6]

책의 디자인에서도 다양한 그림이 강력한 영향력을 가지고 있
다. 그만큼 문자 자체도 독서의 구미를 당기도록 하는 데 매우
주요한 요소이다. 한글에 내재하고 있는 문화와 전통을 어떻게
담아낼 것인지, 또는 그 가능성이 무엇인지 연구해야 한다. 한글
의 특수성과 우수성 그리고 필로타이포그래피로서의 철학성을
담아내는 동시에 가독성과 체계성을 고려하여 다양한 서체 개발
을 하는 것이 무엇보다 필요한 과제이다. 국립국어원에서는 이러
한 가능성을 탐색하기 위해 2007년도 〈곱고 바른 한글꼴 개발의
필요성 연구〉를 과제로 채택한 바가 있다.[7]

일곱째, 남북 학술·전문용어

남북 언어의 이질화를 막고 언어통일을 대비한 노력은 많으면
많을수록 좋은 것이라고 말할 수 있다. 그러나 남북 언어 통일을
추진하는 주체들이 중구난방이 되어서는 오히려 우리가 바라는
순수성을 훼손할 가능성 또한 피할 길이 없다.

전문용어를 관리하는 주체가 정부 각 부처와 학술단체총연합
회를 비롯하여 한국어공학센터, 기술표준원, 한국과학기술원의

---

6) 김민수,『필로디자인』, 그린비, 2007.
7) 한재준,「곱고 바른 글꼴 개발의 필요성 연구」, 국립국어원 연구과제 2007-
   01-56, 2007.

전문용어언어공학연구센터KORTERM,[8] 겨레말큰사전 남북공동 편찬위원회, 국립국어원(국어심의위원회) 등이 있다. 북에서도 국어사정위원회, 사회과학원 언어학연구소, 조선과학기술총연맹 등이 있다. 이처럼 남북학술·전문용어의 통일 사업이 산발적으로 진행될 뿐만 아니라[9] 그 내용에 있어서도 올림말과 뜻풀이를 단순 대응시키는 정도이며 양적인 면에서도 전면적인 접근이 아닌 부분적 접근을 하고 있어 오히려 혼란만 가중시키는 느낌이다.

온라인 〈세종학당〉

〈세종학당〉 설립 당시의 기본 목표 또한 (1) 현지인 중심 실용 한국어 교육, (2) 저비용 고효율 교육 체계, (3) 한국어와 한글 학습 기회 확대와 (4) 상호 문화 교류를 통한 문화 다양성을 실현하는 실천 방안이 마련되어 있다. 이 가운데 "언어문화 상호 이해 존중을 바탕으로 한 문화 상호주의"는 세종학당의 최상위의 설립 정신이자 철학이라고 할 수 있다. 곧 언어 식민지적 방식과 달리 언어문화 상호 교류주의 방식으로, 상대 국가의 역사와 문화적 배경을 존중하는 새로운 국제 교류의 소통방식을 위한 이중 언어 교육 방식은 향후 21세기 국가 간의 언어 교육의 참신한 비전이라고 말할 수 있다. 2008년 미국 버클리대학교 한

---

8) 21세기 세종계획의 일환으로 국립국어원과 공동으로 전문용어 관리 체계 구축과 분야별 전문용어 구축 사업을 10년간 추진해 왔다.
9) 손기웅, 「남북학술·전문용어비교사전 예비사업의 의의」, 『남북학술·전문용어비교사전』, 통일문제 연구협의회, 2007.

국문화연구소의 학술세미나에서도 세종학당의 설립 기본 정신은 가장 이상적인 21세기 언어문화 교육 모델이라는 평가를 받은 바 있다.

앞으로 〈세종학당 재단〉의 발전을 위한 핵심 과제는 다음과 같다.

첫째, 전 세계 한국어 교육기관에 대한 전면적인 조사를 통한 네트워크 구축, 둘째, 한국어 교원의 인적 네트워크의 구축, 셋째, 전 세계에서 유통되고 있는 교재 및 부교재와 학습 도구에 대한 전면적인 조사 보고서를 작성하고 온라인 도서관을 개설하여 양질의 교재를 제공할 필요가 있다.

넷째, 전 세계 교육기관을 중심으로 교육과정이 어떻게 구성되어 있으며 실제 운영이 어떻게 이루어지고 있는지 세밀한 조사와 이를 자료베이스로 구축하고 상시로 관리할 인력과 재원을 확보해나가야 할 것이다.

다섯째, 저비용 고효율화의 운영을 위해서는 온라인 〈세종학당〉(누리세종학당)으로 발전시킬 수 있는 디지털 한국어 교재 개발, 쌍방 화상 원격 교육 프로그램 개발 등 중장기적인 발전 전략을 수립하고 이를 차근차근 실천해나가야 할 것이다. 이 온라인 〈세종학당〉에는 4.에서 언급한 한글과 한국가 우리 문화로서의 발전 전략을 모두 담아낼 수 있어야 한다. 그리고 〈세종학당〉 재단은 보다 원대한 미래설계를 추진해 주기를 당부한다. 이와 함께 교육 목표와 이념을 충실하게 반영할 수 있는 교육과정의 재편, 교재 개발과 보급, 교원 양성의 장기 수급 계획, 공급 방법의 개선과 발전 방안 마련, 교육 현장 구성 등에 대한 대안을 착실하게 마련해 나가야 할 것이다.

마무리

일제강점기 동안 한글을 통해 민족 상상의 공동체로 결집하면서 한글을 지키는 일이 곧 나라를 되찾는 길이라 생각했다. 그러나 시대가 많이도 변했다. 이젠 한글을 지키는 시대가 아니라 한글을 나누는 시대라고 생각한다. 바르고 품격 높은 우리말과 글을 활용하여 우리 문화를 융성시키고 또 여력이 있다면 문자가 없는 이웃 나라와 종족들의 구어 자산을 한글로 기록하여 인류의 문화 자산을 보호하는 일들을 돕는 한글 나눔의 시대를 만들자는 것이 바로 필자가 구상하는 한글 공동체 기획이다. 이미 2007년 필자가 〈세종학당〉을 설립 기초를 만들면서 "언어와 역사 문화의 상호 존중과 이해"라는 국가 간의 교류 질서의 합목적인 미래 방향을 제시한 바가 있듯이, 한글 공동체는 그러한 의미에서 국지적 경계가 아닌 한국의 새로운 문화 변경을 열어낼 수 있다. 언어의 차별과 차등을 줄이며, 피를 흘리며 상처 받는 소통의 질서를 치유할 수 있는 방안을 제시할 수 있다.

참고문헌

강신항, 「신경준 훈민정음운해」, 신동아편집실, 『한국을 움직인 고전 백선』, 동아일보사, 1978.

강신항, 「신경준: 국학정신의 온상」, 『한국의 인간상』 4권, 신구문화 사, 1965.

강신항, 「신경준의 학문과 생애」, 『성대문학』 11호, 성균관대학교성균 어문학회, 1965.

강신항, 『운해 훈민정음 연구』, 한국연구원, 1967.

강신항, 「훈민정음 운해와 신경준」, 전남대 어학연구소 편, 『훈민정음 과 국어학』, 전남대학교 출판부, 1992.

강신항, 「『훈민정음운해』 해제」, 『훈민정음운해』, 대제각, 1974.

강신항, 「여암 신경준: 지리학」, 문자(음운)학자, 『실학논총』(이을호 박사 정년기념논총, 전남대학교, 1975.

강신항, 『국어학사』(증보개정판), 보성문화사, 1986/1994.

강신항, 『韻解 訓民正音』, 형설출판사, 1978.

강신항, 『훈민정음 창제와 연구사』, 도서출판 경진, 2009.

강신항, 『훈민정음』(문고본), 신구문화사, 1974.

강신항, 『훈민정음연구』, 성균관대학교 출판부, 2003.

고동환, 「旅菴 申景濬의 학문과 사상」, 역사문화학회, 『지방사와 지방
　　　문화』 6(2), 2003, 179~216쪽.

곽경 외, 『한글세계화와 한글확장: 한글확장자판 표준화 위원회의
　　　2011년 연구 성과 총람』, 미래형 한글문자판 표준포럼 한글확
　　　장자판 표준화위원회, 2011.

국립국어원, 『훈민정음 해례』(영어판, 중국어판, 베트남판, 몽골판, 러
　　　시아판), 2008.

국어학회, 『國語學資料選集 Ⅱ』, 일조각, 1971.

국어학회, 『國語學資料選集 Ⅳ』, 일조각, 1973.

권오성·김세종, 『역주 난계선생유고』, 국립국악원, 1993..

권재선, 『국어학 발전사』, 우골탑, 1988.

권재선, 『간추린 국어학 발전사』, 우골탑, 1989.

권재선, 『한글 국제음성기호 연구』, 우골탑, 1999.

권재선, 「자음 상형 원리와 그림풀이에 대해 다시 돌아봄」, 『한글새소
　　　식』 498호, 한글학회, 2014, 8~9쪽.

권택룡, 「「訓民正音韻解」臻攝·山攝之硏究」, 『동일문화논총』 10집, 동
　　　일문화奬학재단, 2002, 1~14쪽.

김동준, 「소론계 학자들의 자국어문 연구활동과 양상」, 『민족문학사연
　　　구』 35호, 민족문학사연구소, 2007.

김만태, 「훈민정음의 제자원리와 역학사상: 음양오행론과 삼재론을
　　　중심으로」, 『철학사상』 45호, 서울대대학교철학사상연구소,
　　　2012.

김문기, 「『용비어천가』의 구조」, 『신편 고전시가론』, 새문사, 2002.

김민수, 『신국어학사』(전면개정판), 일조각, 1982.

김민수, 『주해 훈민정음』, 통문관, 1957.

김병제, 『조선어학사』, 과학·백과사전출판사, 1984.

김상태, 「훈민정음 제자 원리와 한자 육서의 자소론적 연구」, 『국어학』 63호, 국어학회, 2012, 105~128쪽.

김석득, 「한국 3대 운서의 언어학사적 의의: 음소관 및 생성철학관 중심」, 『인문과학』 24·25합병호, 연세대 인문과학연구소, 1971, 1~20쪽.

김석득, 「실학과 국어학의 전개: 최석정과 신경준과의 학문적 거리」, 『동방학지』 16, 연세대 국학연구원, 1975, 117~143쪽.

김석득, 『우리말 연구사』, 태학사, 2009.

김석득, 「최소의 최대 생성의 끈 이론: 한글의 우리 있음과 국제화에 관련하여」, 『인문논총』 21, 서울여자대학교 인문과학연구소, 2011, 5~33쪽.

김세중, 「한글 자모 순서에 대하여」, 『훈민정음의 창제 원리와 한글 자모 순서』, 학술토론회, 2007.

김슬옹, 「세종과 소쉬르의 통합언어학적 비교 연구」, 『사회언어학』 16(1), 한국사회언어학회, 2008, 1~23쪽.

김슬옹, 『세종대왕과 훈민정음학』(개정판), 지식산업사, 2011.

김슬옹, 『조선시대의 훈민정음 발달사』, 역락, 2012.

김슬옹, 『맥락으로 통합되는 국어교육의 길 찾기』, 동국대학교 출판부, 2012.

김슬옹, 『조선시대의 훈민정음 발달사』, 역락, 2012.

김슬옹, 「세종학의 필요성과 주요 특성」, 『한민족문화연구』 42, 한민족문화학회, 2013, 7~42쪽.

김슬옹, 「한글의 힘, 한글의 미래」, 『쉼표, 마침표』(온라인 웹진), 국립
    국어원, 2013.

김슬옹, 「조선시대 '언간'에 나타난 우리말과 글의 아름다움과 가치」,
    『나라사랑』 122집, 외솔회, 2013, 190~210쪽.

김슬옹, 『한글 우수성과 한글 세계화』, Hangulpark, 2013.

김슬옹, 「세종의 '정음 문자관'의 맥락 연구」, 『한말연구』 35호, 한말연
    구학회, 2014, 5~45쪽.

김슬옹, 『조선시대의 훈민정음 발달사』, 역락, 2012.

김슬옹, 『훈민정음 논저·자료 문헌 목록』, 역락, 2015.

김슬옹, 『한글혁명』, 살림터, 2017.

김슬옹·남영신, 『누구나 알아야 한글 이야기 3+5』, 문화체육관광부,
    2014.

김언종, 『이형상의 『자학(字學)』 역주』, 푸른역사, 2008.

김언종, 『李衡祥의 『字學提綱』 譯註』, 국립국어원 연구보고서, 2007.

김영배, 「연구자료의 영인, 훈민정음의 경우」, 『새국어생활』 10(3), 국
    립국어연구원, 1994.

김영주, 「少論系 學人의 言語意識 硏究. 1: 「正音」 硏究를 중심으로」,
    『東方漢文學』 27집, 동방한문학회, 2004, 291~320쪽.

김완진, 『음운과 문자』, 신구문화사, 1996.

김원중, 『한문해석사전』, 글항아리, 2013, 1048쪽.

김윤경, 『朝鮮文字及語學史』, 조선기념도서출판관, 1983

김윤경, 『韓國文字及語學史』, 동국문화사, 1948(1954, 4판); 가로짜기활
    자전환본: 한결 金允經全集 1: 朝鮮文字及語學史, 연세대학교
    출판부, 1985.

김 일, 「신경준의 「훈민정음운해」와 그의 역학적 언어관」, 『중국조선어문 루계』 113호, 길림성민족사무위원회, 2001, 23~26쪽.

김정대, 「외국학자들의 한글에 대한 평가 연구」, 『국어학』 43, 2002.

김주원, 「훈민정음 해례본의 겉과 속」, 『국어생활』, 2007.

김진희, 「한글 창제 원리'의 교육 내용에 대한 비판적 고찰」, 『우리말교육현장연구』 11호, 우리말현장학회, 2012, 97~126쪽.

동악어문학회, 『訓民正音』, 이우출판사, 1980.

류 렬, 『원본 훈민정음 풀이』, 보신각, 1947.

문화재청, 문화재청 홈페이지, 『문화유산정보』, '세계의 기록유산'.

문화재청, 「『훈민정음 언해본』 이본 조사 및 정본 제작 연구」(보고서), 2007.

박병채, 『譯解 訓民正音』(문고본), 박영사, 1976.

박병채, 『홍무정운역훈의 신연구』, 고려대학교 민족문화연구소, 1983.

박종국, 『국어학사』, 문지사, 1994.

박종국, 『우리 국어학사』, 세종학연구원, 2012.

박종국, 『세종대왕과 훈민정음』, 세종대왕기념사업회, 1984, 182쪽.

박종국, 『훈민정음 종합 연구』, 세종기념사업회, 2006.

박종국, 『訓民正音』(문고본), 정음사, 1976.

박종국, 『훈민정음 해례』, 세종대왕기념사업회, 1984.

박지홍, 「원본 훈민정음의 월점에 대한 연구」, 『부산한글』 18, 1999.

박창원, 『훈민정음 해례』, 신구문화사, 2005.

박태권, 『국어학사 연구』, 세종출판사, 2002.

반재원·허정윤, 『한글 창제 원리와 옛글자 살려 쓰기: 한글 세계 공용화를 위한 선결 과제』, 역락, 2007.

방종현 저, 이상규 주해, 『훈민정음통사』, 올재, 2013, 416~420쪽.

배윤덕, 「신경준의 운해 연구: 사성통해와 관련하여」, 연세대학교 박
　　　사논문, 1988.

배윤덕, 『우리말 韻書의 硏究』, 성신여자대학교 출판부, 2005.

백두현, 「『훈민정음 해례』 해례본의 영인과 『합부훈민정음』 연구」, 『조
　　　선학보』 제214집, 2010.

서강대 인문과학연구소, 『月印釋譜』 권1~2, 서강대학교, 1972.

서병국, 「訓民正音 解例本 以後의 李朝 國語學史 是非」, 『논문집』 9, 경북
　　　대학교, 1965, 21~37쪽.

서병국, 『新講國語學史』, 학문사, 1983.

서병국, 『新講 訓民正音』, 경북대학교, 1975.

서재극, 「훈민정음의 한자 사성 권표, 우리말의 연구」, 『우골탑』, 1994.

세종기념사업회, 『훈민정음 해례』, 2003.

심소희, 「「성음해」를 통해 본 서경덕의 정음관 연구」, 『중국어문학논
　　　집』 58호, 중국어문학연구회, 2009, 67~96쪽.

심소희, 「최석정의 「經世訓民正音圖說」 연구: 「聲音律呂唱和全數圖」과
　　　「經史正音切韻指南」의 체제 비교를 중심으로」, 『중국어문학논
　　　집』 73호, 중국어문학연구회, 2012, 89~112쪽.

안경상, 『조선어학설사』, 사회과학출판사, 2005.

안병희, 「숙종의 「훈민정음후서」」, 『훈민정음연구』, 서울대학교 출판
　　　부, 2007.

안병희, 「중세국어 한글 자료에 대한 종합적 고찰」, 『규장각』 3집, 1979.

안병희, 「훈민정음 이본」, 『진단학보』 42집, 1976.

안병희, 「훈민정음 해례본 복원에 대하여」, 『국어학신연구』, 탑출판사,

1986.

안병희, 「훈민정음 해례본과 그 복제에 대하여」, 『진단학보』 84, 1997.

안병희, 『국어사 연구』, 문학과지성사, 1992.

안병희, 『국어사 자료 연구』, 문학과지성사, 1992.

안병희, 『훈민정음 연구』, 서울대학교 출판부, 2007.

안병희, 「훈민정음 해례본의 복원에 대하여」, 『국어학신연구』, 탑출판
　　　사, 1986.

안춘근, 「훈민정음 해례본의 서지학적 고찰」, 『한국어 계통론, 훈민정
　　　음연구』, 집문당, 1983.

양해승, 「「훈민정음」의 象形說과 六書의 관련에 대한 연구」, 『冠嶽語文
　　　研究』 37집, 서울대학교 국어국문학과, 2012, 179~210쪽.

유창균, 『신고국어학사』, 형설출판사, 1969.

유창균, 『國語學史』, 형설출판사, 1988.

유창균, 「'상형이자방고전'에 대하여」, 『진단학보』 29~30, 1996.

유창균, 『訓民正音』(문고본), 형설출판사, 1977.

유창균·강신항, 『국어국문학강좌』, 민중서관, 1961, 67~72쪽.

이　청, 『합부훈민정음』(석판본), 창란각, 1946.

이광호, 「훈민정음 해례본에서의 '본문(예의)'과 '해례'의 내용관계 검
　　　토」, 이병근선생퇴임기념논문집 『국어학논총』, 태학사, 2006.

이상규, 「잔엽 상주본 「훈민정음」 분석」, 『한글』 298호, 한글학회, 2012,
　　　5~50쪽.

이상규, 「「훈민정음」에 대한 인문지리학적 접근」, 『한민족어문학회 학
　　　술대회 자료집』, 한민족어문학회, 2014, 1~18쪽.

이상규, 「여암 신경준의 저정서(邸井書) 분석」, 『어문론총』 62호, 한국

문학언어학회, 2014, 153~187쪽.

이상규, 「『훈민정음 해례』 영인 이본의 권점 분석」, 『어문학』 100호, 한국어문학회, 2009.

이상규, "Hangeul, The Greatest Letters", *Koreana* Vol. 21 No. 3, 2007.

이상규, 「디지털 시대에 한글의 미래」, 『우리말연구』 제25집, 2009.

이상규, 「상주본 『훈민정음 해례』과 그 출처」, 『훈민정음 해례본과 학가산 광흥사』(주제 발표문), 2014, 21~22쪽.

이상규, 「여암 신경준의 『저정서(邸井書)』 분석」, 『어문론총』 62호, 2014.

이상규, 「잔본 상주본 『훈민정음 해례』」, 『한글』 제298집, 한글학회, 2012.

이상규, 「잔엽 상주본 『훈민정음 해례』」, 『기록인』 23, 국가기록원, 2013.

이상규, 「『세종실록』 분석을 통한 한글 창제 과정의 재검토」, 『한민족어문학회』 제65집, 2013.

이상규, 『한글공동체』, 박문사, 2014.

이상규, 『증보 정음발달사』, 역락, 2016.

이상규, 「훈민정음, 그 오해의 깊은 뜻」, 『the T』 제10호 혁신 2호, 2017년 봄.

이상규, 『명곡 최석정의 『경세훈민정음』』, 역락, 2017.

이상규, 「보한재 신숙주의 생애와 업적」, 『보한재 신숙주 선생을 다시보다』, 보한재 신숙주 나신 600돌 기념학술대회, 2017.

이상백, 『한글의 기원: 훈민정음 해설』, 통문관, 1957.

이상태, 「한국의 역사가: 신경준」, 『한국사 시민강좌』 제32집, 일조각, 2003, 185~206쪽.

이상혁, 「조선후기 훈민정음 연구의 역사적 변천」, 고려대학교 박사논문, 1998.

이상혁, 『조선후기 훈민정음 연구의 역사적 변천』, 역락, 2004.

이성구, 『訓民正音 硏究』, 동문사, 1985.

이숭녕, 『세종대왕의 학문과 사상』, 아세아문화사, 1981.

이숭녕, 『개혁국어학사』, 박영사, 1976, 15~16쪽.

이영월, 「훈민정음에 대한 중국운서의 영향: 삼대어문사업을 중심으로」, 『중국학연구』 50, 중국학연구회, 2009, 255~274쪽.

이정호, 『解說 譯註 訓民正音』, 보진재(原尺), 1972.

이토 히데토(伊藤英人), 「申景濬의 「韻解訓民正音」에 대하여」, 『국어학』 25, 국어학회, 1995, 293~306쪽.

이토 히데토(伊藤英人), 「旅菴의 한자음: 그 한국적 특징과 보편성」, 『여암 신경준 선생 탄신 300주년 기념 국제학술대회 논문집』, 전남순창군, 2012, 65~90쪽.

이현복, 『국제음성문자와 한글음성문자: 원리와 표기법』, 과학사, 1981.

임용기, 「훈민정음의 한자음 표기와 관련한 몇 가지 문제」, 『人文科學』 제96집, 연세대학교 인문학연구원, 2012, 5~44쪽.

임홍빈, 「한글은 누가 만들었나」, 이병근선생퇴임기념논문집 『국어학논총』, 태학사, 2006, 1378쪽.